ARSÈNE HOUSSAYE

VOYAGES
HUMORISTIQUES

PARIS. — TYPOGRAPHIE SIMON RAÇON ET COMP., RUE D'ERFURTH, 1.

ARSÈNE HOUSSAYE

VOYAGES
HUMORISTIQUES

AMSTERDAM

PARIS

VENISE

PARIS
LIBRAIRIE DE L. HACHETTE ET Cie
RUE PIERRE-SARRAZIN, 14
MDCCCLVI
Droit de traduction réservé.

VOYAGE HUMORISTIQUE

I

Julienne et ses deux canonniers.

Ce n'est pas pour moi que je voyage, — je voyage pour vous, madame. Je porte votre pensée. Je ne suis que la locomotive. Tout ce que je vois ne me semblerait pas curieux si je ne devais vous le raconter. On l'a dit il y a longtemps : le poëte est un miroir qu'on promène le long du chemin. Si je promène le miroir, vous savez bien que c'est pour vous.

Où suis-je? où vais-je? d'où viens-je? — Voilà un début de héros de tragédie. — Je vais à Amsterdam, si j'ai bonne mémoire. Je viens de Bruyères, — je m'en souviens, car mon cœur est resté là-bas. Partir sans vous! perdre pour huit jours ce profil grec qui me fait croire à Phidias, ces cheveux ondés comme les peignait Titien avec tant d'amour, ces yeux charmants taillés à vif dans le ciel un soir d'automne, — vous perdre, vous que je cherchais avant de vous connaître !

Je vous ai promis, madame, d'être un voyageur naïf, je veux tenir ma parole. Être bête est une qualité de plus en plus rare. Autrefois on était bête, aujourd'hui on n'est que sot. Je ne parle pas de ceux qui sont spirituels. Je suis un homme d'esprit, c'est là, vous le savez, mon plus grand tort. Aimez-moi toujours comme je suis. — Qui n'a ses défauts?

Aujourd'hui donc je veux être bête s'il est possible. Je commence bien : je m'étonne de tout. Tout à l'heure en traversant Cambrai, voyant un Fénelon chapelier, un Fénelon confiseur, un Fénelon pharmacien, j'ai demandé à mon voisin si c'étaient là des descendants de l'illustre archevêque de Cambrai. J'ai bien vu, à la mine ébouriffée de mon voisin, que je venais de dire une bêtise. Je m'en réjouis pour vous, madame.

Mais voilà que je raisonne au lieu de raconter. Il n'est si méchant livre qui n'ait sa préface. — Vous avez comme j'aime les préfaces. — Les préfaces dans la vie, — dans l'amour, — dirais-je si je ne parlais après la préface.

En route. Je ne vous dirai rien de ce joli paysage qui tient à la Champagne, à la Picardie et à l'Ile-de-France. A Bruyères, on se croirait dans le duché de Bade : montagnes à pic, roches moussues, bancs de sable d'argent, bois de chênes, verts étangs, rien ne manque au tableau. Seulement ici les teintes sont adoucies. Le Lorrain s'y trouverait mieux que Salvator. Ce paysage triste et gai n'a pas longtemps passé sous mes yeux. A trois lieues de là, j'étais en pleine Picardie, disant adieu de la main à ces majestueuses tours de la cathédrale de Laon que vous saluez tous les matins.

Je ne vous dis rien de mes voisins : attendu que je monte orgueilleusement sur l'impériale, comme les gens illustres et comme les gens qui n'ont pas le sou, je n'ai jamais de voisines. Au premier relais, pendant qu'on changeait de chevaux, j'ai changé de voisins. — Qu'importe? me disais-je. Cependant j'étais assez content. Par la même raison que je changeais de point de vue dans la nature, pourquoi ne pas changer de point de vue dans l'humanité?

Oui, nous étions en pleine Picardie; de larges pommiers étendaient fastueusement leurs branches, qui ployaient sous le fruit tour à tour jaune, vert et rouge. Le paysage était de plus en plus uniforme : de vastes champs fraîchement labourés pour les semailles; des tapis de trèfles et de luzerne; quelques rares carrés d'avoine en javelles; à l'horizon un moulin à vent qui tourne, une ferme où s'abattent les pigeons, un village caché dans les arbres de ses jardins.

Comme nous allions entrer à La Fère, nous fûmes arrêtés par la rencontre d'un artilleur qui traînait un sabre nu. Il avait l'air d'un homme ivre. Des enfants lui criaient : Prenez garde de tomber! Il arrivait droit à nos chevaux. Des soldats venant à passer firent cercle autour des chevaux et de l'artilleur. « Artilleur, qu'avez-vous? »

Il regarde son sabre. « Voyez, » répondit-il d'une voix haute.

Le sabre était taché de sang. « Eh bien? — Eh bien, j'ai tué Théodore! »

Il prononça ces mots avec calme, mais avec tristesse.

Nous regardions tous en silence. « Théodore ! dit un des soldats, c'était votre camarade de lit ? — Oui. — Pourquoi l'avez-vous tué ? — Pour un autre camarade de lit qui s'appelle Julienne. — C'est cela, dit le postillon, toujours les femmes ; c'est bien la peine. — Oui, mordieu ! s'écria l'artilleur en brandissant son sabre ; oui, celle-là en vaut la peine ! On pourra me fusiller, mais on ne me fera pas changer d'avis. »

La foule grossissait de plus en plus. « Il faut l'arrêter, » dit une petite voix perçante.

Il entendit ces mots. « M'arrêter ! dit-il en levant la tête, m'arrêter ! est-ce que j'ai l'air d'un homme qui s'en va ? Je vais moi-même tout dire au capitaine ; il a du cœur, celui-là ; je n'aurai pas besoin de lui dire que je me suis battu loyalement. Je ne suis pas un assassin. On me fusillera, très-bien ; mais Théodore n'ira plus chez elle. »

Il fendit la foule, prit fraternellement le bras d'un soldat et s'éloigna par le chemin de la caserne.

J'étais ému jusqu'aux larmes, non point de la mort de celui qui venait d'être tué, mais de celui qui va l'être.

Or quelle est cette Julienne qui est deux fois homicide ? Elle est donc jeune et belle, puisque deux hommes, jeunes, beaux, forts et braves, ont consenti à se sabrer pour ses charmes ? Ce qui va vous surprendre, c'est qu'en vérité elle est jeune et belle. Elle a vingt ans. Un officier nous a fait ainsi son portrait à l'auberge : « C'est la Madeleine pécheresse dans tout son éclat; elle serait la fille du diable, qu'elle ne serait pas plus jolie. »

Toujours est-il qu'à cette heure la plus belle femme de Paris, la plus tendre, la plus dévouée, la plus adorable, ne trouverait pas deux amants capables de mourir si vaillamment pour elle. Aphorisme : Il y a encore des amants, mais non plus comme aux beaux jours, — à la vie ! à la mort ! —

Je m'oubliais, car je puis vous dire : — A la vie ! à la mort ! —

II

La Tour. — Paul Potter. — Van Ostade.

Que vous dirais-je de Saint-Quentin ? C'est la patrie du peintre La Tour, qui semblait né pour faire le portrait de trois femmes charmantes, — à divers titres, — madame de Pompadour, madame du Barry et la reine Marie-Antoinette. La Tour seul, dans ses pastels, les a fait sourire avec leur esprit et leur grâce. Au temps où naquit La Tour, il n'y avait à Saint-Quentin ni fabriques ni houillères. La noire fumée de l'industrie ne couvrait pas le pays d'un linceul funèbre. C'est pourtant là un pays riche, — riche ! point de ciel, point de soleil. Les lazzarones ont une richesse plus vraie et plus poétique : le soleil, l'air, la liberté.

De Saint-Quentin au Câtelet, la route est bordée de cerisiers sauvages, je ne sais pourquoi. Grâce à l'automne, les feuilles déjà rougies donnent beaucoup d'accent à ce paysage un peu froid. Je ne regrette pas les pommiers. Du reste, comme toutes les maisons des villages du Nord sont bâties en briques, le paysage un peu vert même en automne prend ainsi du ton et de la variété.

Cambrai est une ville toute blanche, peinte de la cave au grenier. J'y ai passé une nuit à rêver et à dormir, — je ne dis pas à dormir et à rêver, car ce n'est pas la même chose.

Près de Valenciennes je me suis plus d'une fois rappelé les Paul Potter que nous avons vus ensemble. Dès le point du jour les vaches étaient éparpillées dans les prairies; les unes, un peu surprises de nous voir passer, levaient la tête entre les saules; les autres, — paresseuses et gourmandes, — couchées au bord de 'eau, mangeaient nonchalamment tous les brins d'herbe qu'elles pouvaient atteindre. Un troupeau de génisses toutes noires tachetées de blanc m'a surtout émerveillé. La civilisation moderne a supprimé le pâtre, ce qui est un malheur, non pas pour les vaches, mais pour le paysage. Le pâtre de Paul Potter était d'un très-bon effet, soit qu'il jouât de la flûte dans les roseaux, comme le dieu Pan, soit qu'il chantât l'air de Margot ou de Jacqueline.

A Valenciennes, il faut dire adieu à ces braves chevaux picards qui m'avaient appris la patience. Je vais saluer les ailes de flamme de la vapeur. Voilà les arbres qui dansent la sarabande et la mazurka. Quelle légèreté! quels tourbillons! c'est le bal de l'Opéra habillé de feuilles vertes. — Première station. — Un jeune homme se promène en fumant. Il est d'une exquise élégance. C'est le fils du prince de Ligne. Un goujat à moitié ivre lui demande sans façon à allumer sa pipe à son cigare. — C'est reçu dans la bonne compagnie. — Le jeune homme donne avec grâce du feu au goujat. Rien n'est plus simple. — Cependant qu'aurait dit, il y a cent ans, le fameux prince de Ligne, celui qui fut toujours un homme d'esprit grand seigneur et un grand seigneur homme d'esprit? — car il y aura toujours des grands seigneurs et des goujats, — quelle que soit la république.

Si nous n'allions pas si vite, j'aurais eu le temps de voir à Tubize un intérieur digne de Van Ostade. Figurez-vous un forgeron bien coiffé de travers, magnifiquement éclairé par le feu de la forge. Devant la porte, — car on le voyait par la fenêtre, — était une femme qui tenait un enfant par la main et qui donnait à boire à un autre. Sur la façade de la maison, encadrée par des saules, s'étendait un cep vigoureux que le soleil aurait bien dû griller un peu. C'était un joli tableau, très-franc, très-clair, très-gai, un Van Ostade authentique : il n'y manquait guère que la signature.

III

Bruxelles.

Je m'aperçois d'une vérité fâcheuse : — il y aura toujours des voyageurs, mais il n'y aura plus de relations de voyage, du moins dans les pays où fleurissent les journaux ; je ne parle pas des *voyages où il vous plaira*, ceux-là seront toujours charmants à écrire ; il ne faudra pour les faire que beaucoup d'esprit et d'imagination. Mais parlons des voyages à pied ferme, et non des voyages dans le bleu. Le moyen, je vous prie, de lutter avec les nouvelles diverses que publient à chaque heure du jour les organes de l'opinion, comme on disait au bon temps? Ici comme ailleurs il se passe des événements qui intéressent tout le monde ; mais aurai-je la patience de copier les gazettes? La plume me tombe des mains. Il faudrait voyager dans je ne sais quelle mer Pacifique où les sauvages n'ont pas l'erreur de se passionner avec les organes de l'opinion. Mais il n'y a plus ni sauvages ni forêts vierges ; l'espèce humaine a mis partout son vilain pied.

Ainsi je ne vous dirai rien des lois, de la politique, des événements du pays : c'était bon au temps de Regnard ; aujourd'hui tout a été dit : voilà pourquoi tant d'honnêtes gens passent leur vie à écrire des journaux : ils n'ont qu'à redire ce qui s'est dit la veille, et ainsi de suite durant tous les jours de l'année.

N'ayant pas à vous parler des *mœurs publiques*, je voudrais bien vous parler des *mœurs privées*. Rien n'est plus difficile ; ce n'est pas en passant comme la vapeur dans un pays que j'y puis découvrir ce que les anciens appelaient l'âme du foyer ; d'ailleurs, ici on n'ouvre pas sa porte à deux battants, on vit à l'ombre et en silence ; à peine si on entr'ouvre ses rideaux quand par hasard vient le soleil. (A propos du soleil, le voyez-vous toujours là-bas? nous nous sommes tout à fait perdus de vue. — Piron disait autrefois du bon Dieu : « Nous nous voyons, mais nous ne nous parlons pas; » je voudrais bien pouvoir en dire autant du soleil.)

Le poëte Gérard de Nerval et le libraire des Essarts sont là qui font un premier-Bruxelles sur les huîtres d'Ostende. C'est une haute question politique tout à fait à l'ordre du jour. Vous comprenez que je n'y entends rien du tout. Toutefois, pendant qu'ils écrivaient, j'ai mangé trois douzaines d'huîtres d'Ostende. Ç'a été toute ma collaboration.

Gérard est arrivé hier par une pluie battante. Comme il est habitué à tout, — vrai voyageur autour des mondes, — il est plein *d'humour* et non d'humeur, avec son charmant sourire; il était majestueusement drapé dans son manteau oriental, qui fait à Bruxelles tourner toutes les têtes, je ne dirai pas de l'autre côté.

Il y a ici une très-spirituelle manière de faire les journaux, qui sont en grand nombre. A Paris, on est armé de ciseaux et on coupe pour un journal ce qu'il y a de curieux dans un autre. De cette façon, on relit la même chose durant toute une semaine; c'est déjà bien; mais ici, à Bruxelles, dans le pays de la contrefaçon, on est beaucoup plus avancé dans cette industrie. Six journaux du même format s'entendent fraternellement. La composition tout entière du premier sert aux cinq autres. Il n'y a en vérité que le titre à changer. Aussi les abonnés ne se plaignent pas du désaccord de leurs journaux. Décidément nous sommes dans le pays de la paix et du silence. Des Essarts est le rédacteur en chef d'un de ces journaux, — position éminente et difficile : — il faut qu'il veille à ce qu'on ne se trompe pas de titre. Du reste, à l'heure qu'il est, des Essarts est un homme de lettre accompli, qui écrit aussi mal à Bruxelles que nous écrivons à Paris.

Gérard m'a remis une lettre à mon adresse signée Hetzel : « *Puisque vous voilà loin de Paris, vous pouvez écrire sur Paris. Faites écrire Gérard, et que Gérard vous fasse écrire* (pour le Diable à Paris). Nous n'en ferons rien ni l'un ni l'autre.

Adieu. Nous partons pour Anvers. Soyez mon ami aujourd'hui comme vous le fûtes hier, comme je serai le vôtre demain.

IV

En vue de Berg-op-Zoom.

J'avais promis de t'écrire, mon cher Lafayette ; ce n'est qu'en m'éloignant encore de toi, ô très-heureux poëte perdu dans les montagnes de l'Auvergne, que je taille ma plume pour toi. Je suis revenu dans cette bonne Flandre si hospitalière aux artistes par ses musées, ses prairies et ses biftecks, pour revoir de près les chefs-d'œuvre des maîtres hollandais. Il est bon d'ailleurs de quitter Paris tous les six mois ; c'est le seul moyen de juger ce qui se fait à Paris et de se juger soi-même : mes jugements, tu t'en doutes, n'ont pas été favorables.

Je t'avertis que je vais te parler au hasard de ce qui frappe mes yeux et mon esprit.

C'est une erreur de croire que nous arriverons à une

grande uniformité de mœurs. La civilisation, à mesure qu'elle éclaire un point, laisse tous les autres dans l'ombre, même ceux où elle a passé; elle fait le tour du monde, mais n'entoure jamais le monde. Il y aura toujours des voyages à faire. Il est vrai qu'on trouvera partout de plus en plus le même sentiment humain; il y aura partout des gens qui ne se lasseront pas de remédier aux effets pour n'être pas obligés de changer les causes, des gens qui feraient volontiers des pauvres rien que pour pouvoir exercer leur philanthropie.

Un pays qui gardera longtemps son caractère, c'est la Hollande. En effet, comment les Hollandais vivraient-ils en pleine mer comme nous vivons en terre ferme? comment rêver à Amsterdam sous les brumes du Nord comme on rêve à Naples sous l'éclat du ciel? Les chemins de fer, en transportant à tous les bouts du monde le même homme et le même esprit, ne transporteront pas le soleil.

De Bruxelles à Anvers on sent déjà venir la Hollande. C'est déjà la prairie humide qui a l'air de voguer sur l'eau. Nous avions hier un ciel de France après l'orage. Le soleil avait fini par se montrer un peu, à moitié, — de profil, — de trois quarts, — de face, — çà et là. Le soleil est comme les Anversoises : on ne les voit qu'à travers leurs rideaux ou à travers leurs voiles.

Les Anversoises ne sont guère de leur pays; ce sont pour la plupart de vraies Espagnoles, brunes, légères, dorées d'un rayon du Midi. Le paradis n'est pas dans leurs yeux.

Nous sommes arrivés sur le soir à Anvers, où nous avons eu tout à coup un spectacle imprévu : en débouchant sur le port, nous fûmes éblouis par le soleil, qui se couchait dans un lit d'or, de pourpre et de feu ; il répandait sur l'Escaut un magnifique jet de lumière. Je n'ai jamais vu plus solennel spectacle ; Van der Velde en eût pâli de joie. Je ne puis te peindre tout le tableau, — le ciel qui avait les tons les plus riches, — les vaisseaux gaiement parsemés de matelots chanteurs, — les blanches maisons du port, dont chaque fenêtre encadrait des femmes amoureuses du soleil !

Après avoir dîné comme des Flamands ou plutôt comme des poëtes, nous allâmes voir danser les Anversoises, dans les *musico*. Hélas ! le croiras-tu ? elles qui dansaient, il y a quelques années à peine, des danses originales, elles dansaient hier la polka.

Anvers a pourtant conservé de sa physionomie sombre et gaie, catholique et profane. On y fait son salut et on s'y donne au diable avec la même ferveur. Ici il n'y a point d'indifférents. Il est bien entendu que nous y avons fait notre salut.

Nous sommes dans un accord parfait avec Gérard. Seulement, comme c'est un *voyageur expérimenté* et que je suis un *voyageur insouciant*, nous ne partons pas toujours du même pied. Il a toujours peur d'arriver trop tard, j'ai toujours peur d'arriver trop tôt, — tu le sais ; — voilà le seul point qui nous divise. Nous arriverons tous les deux [*].

A l'heure qu'il est, — en vue de Bath, — un peu avant Berg-op-Zoom, — nous écrivons pour Hetzel. De temps en temps nous regardons par les fenêtres. Pour tout spectacle nous voyons l'Escaut ; sur l'Escaut des

---

[*] Mon pauvre compagnon de voyage est arrivé le premier.

goëlands qui marchent sur l'eau du bout de leurs ailes : sur les rives de l'Escaut des bouquets d'arbres, des moulins à vent, des prairies tachetées de vaches blanches et noires; dans le lointain, des clochers aigus. Nous rencontrons çà et là un bateau pêcheur. Il vient d'en passer un dont j'ai vu les mœurs : un homme qui fume, une femme qui lave, un enfant qui fait tourner un petit moulin; — sans parler d'une bonne odeur de soupe aux choux et au lard que j'ai humée au passage. Cela m'a rappelé le peintre Jean Griffier, qui aimait la mer avec passion. Ayant gagné un peu d'argent, se trouvant mal logé sur terre, il acheta un vaisseau, disant qu'il y voulait vivre et mourir. Il fit avec la mer un bail de trois ans. Sa femme et ses enfants s'ennuyant à la fin de ce genre de vie, il les mit à terre et retourna dans sa maison voyageuse.

Dieu veille sur la mienne et sur la tienne, ô mon vieil ami !

V

Pourquoi on a inventé l'imprimerie.

Autrefois on voyageait un peu pour perdre de vue ses amis; en montant dans le coche, on se détachait tout d'un coup de ses idées, de ses habitudes, de sa perspective journalière. Durant tout le temps du voyage, on n'entendait plus parler de sa famille ni de ses amis, de sa fortune ni de soi-même; c'était le bon temps, car alors un voyage était une nouvelle vie. Aujourd'hui on emporte toute sa vie avec soi ; la vapeur vous suit pas à pas pour vous dire ce qui se fait chez vous, non-seulement dans votre pays, mais au foyer de vos amis. On se croyait délivré des ennuis de la veille, mais voilà le journal, cet enfer de l'esprit, qui vous suit, qui vous atteint, qui vous devance partout. Je demande à dîner à Dordreck, on m'offre le *Constitutionnel*, où je suis forcé de me lire moi-même. Je descends dans le bateau à vapeur qui va me conduire d'Arvez à Rotterdam, j'y trouve la Revue de Paris et l'Artiste.

La Revue de Paris et l'Artiste ! Eh bien, salut donc à mes amis ! Voilà mon nom d'un côté comme de l'autre. Quoi, après quinze jours d'absence, on ne m'a pas oublié ! Mais je m'aperçois avec une profonde tristesse que mon nom se trouve de part et d'autre jeté en arme de guerre. De quoi suis-je donc coupable? d'un mauvais roman, à ce qu'il paraît, du moins c'est l'avis de la Revue de Paris, qui veut dire la vérité même à ses rédacteurs ; mais voilà qu'il se trouve à l'Artiste des amis imprudents qui ne sont pas du même avis, c'est bien la peine d'allumer la guerre ! La Revue de Paris a raison, le livre est mauvais, laissez passer la justice de la Revue. Jusque-là, ce n'est rien ; mais voilà que la Revue, qui me sait absent, déclare que les absents ont tort. Le critique ordinaire déclare qu'en ma qualité de rédacteur en chef de l'Artiste je suis auteur de tout ce qui s'y dit de mauvais, même quand je suis à Rotterdam. Rédacteur en chef! Est-ce que ce n'est pas le public qui est le rédacteur en chef d'un journal? Vous le savez aussi bien que moi, le rédacteur en chef ressemble un peu à l'archevêque de Paris qui demandait à Piron s'il avait lu son mandement. On pourrait répondre souvent à cette question du rédacteur en chef : Avez-vous lu mon journal? — *Non, monseigneur, et vous?*

Je croyais la guerre terminée, mais voilà encore l'Artiste et la Revue de Paris qui escarmouchent plus vivement; voilà que d'autres noms se mêlent aux débats : sous prétexte de me défendre, on attaque trois ou quatre de mes amis.

En vérité, il serait temps que les journaux de sérieuse littérature donnassent l'exemple de la dignité dans les lettres.

Aujourd'hui que la pensée est la souveraine du monde, même dans les contrées où ne règne pas la liberté d'écrire, les penseurs sont les rois de l'univers : noble royauté dont les États n'ont pas de bornes, la seule qui sera reconnue dans un avenir fécond, dont nul n'ose nier l'approche. La royauté de la pensée admise, ne peut-on pas dire que les journaux sont ses ministres, eux qui vont partout répandre ses bienfaits, dans la chaumière où l'on espère, dans la lande où l'on défriche, dans le cabaret où l'on se console; — partout où il y a une forge ou une échoppe, un château ou une métairie? Jamais, en aucun temps, une si splendide aurore ne se leva sur le monde; il y a encore des ténèbres, — la brume du matin, les dernières vapeurs de la nuit; mais ne voyez-vous pas déjà les premiers rayons du soleil? Bayle, Voltaire, Diderot, n'ont pas cultivé un champ aride; déjà plus d'un épi d'or a poussé sur leurs pas. Le moment est beau pour les écrivains qui se sentent dans la main un bon grain à semer. Le journal est un oiseau voyageur qui traverse le monde : jetez votre idée sur le bout de ses ailes, pour que votre idée aille fleurir jusque dans les déserts les plus ignorés.

Il serait bien curieux d'étudier la marche d'un paradoxe, d'un sentiment, d'une idée emportée au hasard par un journal, qui la transmet à ses milliers d'abonnés, à ses millions de lecteurs. Qu'est-ce que la tribune de la chambre des députés auprès de la tribune du journal? Le journal est devenu la vie de toute la France; — un journal qui ne paraît pas à temps, c'est une éclipse de soleil. — Le plus souvent, les journaux, il est vrai, paraissent et ne disent rien; ils réimpriment ce qu'ils ont réimprimé la veille. Les intelligences supérieures n'y trouvent rien, mais les hommes d'esprit eux-mêmes lisent les journaux. N'est-ce pas pour eux un baromètre qui leur indique le degré de bêtise humaine de chaque jour? Par le journal, ils tâtent le pouls à la nation.

Le journal, depuis quelque temps surtout, doit donner aux observateurs une triste idée de notre dignité politique, littéraire, religieuse et philosophique. Gutenberg a-t-il donc permis que des démentis honteux et des injures grossières fussent imprimés chaque jour chez le peuple le plus civilisé de la terre?

Il serait temps que les écrivains songeassent qu'ils sont en spectacle au monde entier; qu'on les juge et qu'on juge le pays sur leurs tristes querelles. S'ils deviennent les chefs de la république des lettres par la force de leur plume, qu'ils se gardent d'avilir cette noble et fière puissance, œuvre de leur talent. Ils ressemblent trop à des écoliers taquins qui s'injurient en brisant les vitres de l'école. Si la presse veut prévenir une décadence profonde, si elle veut garder son empire sans bornes, elle doit veiller de près à ses œuvres ; elle doit, gardienne de nobles passions, se défendre des petites colères. Puisqu'elle arrive à tant de force, puisque le monde l'écoute comme l'ancien oracle, qu'elle se tienne dans la majesté de la puissance. Aujourd'hui qu'on ne croit plus à rien, si ce n'est à la presse, faites au moins qu'on ne perde pas cette dernière croyance. Les prêtres ont souvent perdu leur cause, — je ne parle pas de Dieu, — pour avoir manqué à la dignité de l'autel : perdrez-vous pareillement la vôtre ? L'univers est à vous, sachez-le donc ; soyez grands, nobles, fiers de vous-mêmes ; faites de la pensée humaine un culte et non un odieux trafic. Donnez l'exemple des vertus qui s'en vont. Au lieu d'avoir des laquais, ayez des cœurs d'homme et de citoyen ; c'est plus riche et plus distingué. Est-ce que Diderot, qui était un vrai journaliste, a jamais songé à faire asseoir la fortune à la porte de l'*Encyclopédie* ?

Oui, plus que jamais la plume est toute-puissante. L'écrivain tient une place immense, soit qu'il veuille parler au cœur par le sentiment, soit qu'il cherche à séduire l'esprit par la force de l'idée ou l'éclat du paradoxe. Ce qu'il écrit aujourd'hui, demain tout Paris le lira, après-demain la France, dans huit jours l'Europe, dans un mois les cinq mondes : ainsi il ira porter la lumière dans la nuit. Il fera d'un sauvage un homme, d'un homme un poëte, d'un cœur une bonne action, d'une âme un héroïsme. Il tient toutes les clefs d'or et d'intelligence.

Dans les arts, depuis quelque temps, la fortune projette son ombre inquiétante. Les artistes ont vu, il y a quinze ans, leurs beaux jours de fraternité, vont-ils donc faire tous de leur atelier une boutique? La peinture à la toise va-t-elle envahir tous nos monuments? Le pinceau subira-t-il toutes les dégradations de la plume? Jeunesse, foyer sacré, jeunesse, où es-tu?

AU CRITIQUE ***

Monsieur, vous êtes, j'imagine, un homme d'esprit; cependant, depuis trois mois, depuis les premiers beaux jours de la saison, vous avez passé votre temps à lire de mauvais livres pour écrire d'excellents articles sur ces mauvais livres. Vous avez daigné me donner des conseils ; me sera-t-il permis de vous donner à mon tour un petit avertissement? Croyez-moi, monsieur, laissez passer les mauvais livres; n'apprenez pas si jeune à vous indigner : la vie est bonne; il y a sous le ciel de belles choses qui valent mieux que les livres, même les plus beaux. Est-ce que votre cœur n'a jamais battu pour vous l'apprendre? Ne savez-vous pas l'histoire de cette femme qui disait au buste de Descartes : *O l'ignorant!* Ne vous offensez pas, monsieur; je ne veux pas faire de comparaisons. Si vous êtes né avec le levain de la critique au cœur, pourquoi faire fomenter ce levain dans la lecture des pages que nous imprimons? Contentez-vous donc d'étudier les pages toujours belles, toujours jeunes, toujours puissantes, que Dieu daigne écrire chaque jour dans le livre universel. Je ne doute pas qu'en changeant ainsi de lecture vous n'arriviez bientôt à changer de point de vue; peu à peu vous reconnaîtrez que la vie d'un critique négatif est une vie manquée. Prenez garde, croyez-moi, de vous habituer à ne voir que le mauvais côté des choses. Parce qu'une jolie femme a un cheveu blanc, vous dites qu'elle est vieille; admirez la femme et ne regardez pas le cheveu blanc. L'autre jour, pendant que vous faisiez votre critique, un doux soleil d'automne égayait le monde : quelle bonne journée vous auriez passée à vous promener, le cœur ouvert, l'esprit flottant, dans quelque forêt éloquente, au pied de la vigne généreuse où l'on vendangeait, partout où passait un rayon du ciel! Est-ce la rage d'écrire qui vous pousse à ce triste métier? Eh bien, au lieu de prouver aux autres qu'ils se sont trompés, que ne vous trompez-vous vous-même? Vous dites qu'ils n'ont pas d'imagination, pas de style, pas de talent; vous qui avez l'esprit si juste, que n'écrivez-vous un roman, une comédie, un poëme? Je m'empresserais de signaler toutes les beautés de votre œuvre, car moi, Dieu merci! je ne vois que le beau côté des choses de ce monde. Ne croyez pas que j'aurais le mauvais goût de vous appliquer mon aphorisme connu : « Les poëtes sont vengés des critiques, dès que les critiques se font poëtes. »

VI

Entrée en matière.

La Hollande n'est plus tout à fait la république faite de hasard dont parle Hugo Grotius : « *Respublica casu facta, quam metus Hispanorum continet;* » mais c'est toujours un pays où les quatre éléments ne valent rien. On peut lui conserver encore ses vieilles armes : le démon de l'or couronné de tabac, assis sur un trône de fromage.

J'ai promis de vous écrire sur la Hollande. Jusqu'ici j'écris sur tout, excepté sur la Hollande. Quand on entreprend un voyage au long cours, c'est surtout à l'heure du départ qu'on se trouve en verve de raconter ses aventures ou ses impressions. Je vais arriver en Hollande ; j'ai bien peur de n'avoir plus la patience de reprendre ma plume. Parler de la Hollande avant d'y arriver, c'est bien naturel ; mais, quand on entre de plain-pied dans ses vertes prairies, on a bien le temps d'écrire ! Les relations de voyage sont écrites, j'imagine, par des gens qui restent au coin de leur feu ; les vrais voyageurs n'écrivent pas.

Nous sommes toujours dans le bateau à vapeur qui va d'Anvers à Rotterdam. Il n'y a pas d'autres passagers français dans notre humide maison. On parle flamand autour de nous, — ou hollandais, — car je n'entends ni l'une ni l'autre langue. On fume des cigares de Batavia, on boit du vin du Rhin et on mange des biftecks de Berg-op-Zoom. Nous avons déjeuné avec l'appétit des héros de Lesage. Comme on ne boit pas une goutte d'eau dans ce pays où il y en a tant, nous avions à choisir entre le café et le vin du Rhin. Nous avons choisi l'un et l'autre, nous avons bu le vin du Rhin comme vin ordinaire et le café comme vin de Bordeaux.

Un passager attire mes regards ; c'est, il est vrai,

une passagère. — Ne vous alarmez pas, c'est une petite fille qui n'a guère que douze mois. — Je crois retrouver ma fille. Elle est toute surprise de me voir écrire. Sa mère a un peu l'accent des vierges de Rubens. Elle pleurait beaucoup tout à l'heure en s'embarquant au-dessus de Oud Vosmaar. On nous dira pourquoi : c'est tout un roman. Elle est là près de nous qui habille et déshabille son enfant. Les jolis petits pieds mignons ! mais que ceux d'Edmée sont bien plus jolis quand elle les prend dans sa main !

Les Hollandais sont de grands paysagistes. Pour égayer les tons froids et tristes de leurs rives, ils peignent leurs maisons et habillent leurs paysans en rouge. Leurs moulins à vent, qui ont le pied dans l'eau, rivalisent d'élégance avec leurs clochers ; rien de plus svelte, de plus gracieux, de plus aérien. A les voir ainsi voler dans les nues, au-dessus des lacs, on se rappelle les demoiselles au corselet d'or qui voltigent si légèrement sur les ruisseaux.

Je viens de voir Willemstadt : c'est une petite ville jolie et coquette comme les villes chinoises. Elle jette un vif éclat par la peinture de ses maisons. Jamais on n'a mieux varié les nuances ; on dirait un village d'Opéra. Il n'y a pas moins de trois ou quatre églises où règnent et où ne gouvernent pas divers dieux très-fêtés : les dieux des papes, les dieux de Luther, les dieux des juifs. Le plus petit village en Hollande est divisé par plusieurs religions. Avant de bâtir, en Hollande, la première maison d'un village, on commence par élever deux temples qui se tournent le dos.

Au premier aspect, on s'imagine que Dordreck est

une ville de moulins à vent. C'est un bien curieux spectacle que la vue de ces centaines de moulins bariolés, d'une forme très-svelte, qui ont l'air d'hirondelles ou de cigales courant la poste. Ces moulins ne font pas de farine, ils scient du bois, ils battent du beurre et promènent les eaux de l'éternel canal hollandais. Ainsi ils ont une roue comme les moulins à eau ; mais, au lieu de se laisser aller au courant, ils le précipitent. Ces moulins sont pour la plupart gaiement juchés au haut d'une maison pareillement bariolée, bâtie au milieu d'un joli jardin chinois : aussi nous avons beaucoup de peine à prendre ces moulins au sérieux.

Je vous salue, ô Rotterdam, berceau d'Érasme, tombeau de Bayle! N'est-il pas curieux de remarquer ici que la ville du monde la moins spirituelle a vu se lever celui qui fut surnommé le soleil de l'esprit et s'éteindre celui qui le premier en France a annoncé la lumière? Ces deux hommes illustres sont morts exilés, l'un de Rotterdam, l'autre à Rotterdam; mais exile-t-on le génie, le génie dont la patrie est partout?

La maison d'Érasme est à cette heure une taverne où, comme dans toutes les tavernes hollandaises, on fait plus de fumée que de bruit. Cette maison, qui se trouve dans le Breede Kerkstraat, porte une petite figure d'Érasme avec cette inscription :

Hæc est parva domus, magnus qua natus Erasmus.

Érasme a une statue.
Sur le piédestal j'ai traduit, tant bien que mal, ces vers hollandais :

« Le grand astre, le flambeau des langues, le sel des
« mœurs, la merveille brillante, ne se contente pas des
« honneurs d'un mausolée, c'est la voûte sacrée qui
« seule couvre dignement Érasme. »

Qui songe à la statue de Bayle? En France, n'y a-t-il
point assez de marbre pour glorifier tous les génies de
la nation? mais en France le droit divin de la pensée
n'est point encore reconnu. Molière n'a une statue
qu'à la condition de verser à boire aux Auvergnats,
à l'ombre d'un horrible pignon. En France, — en
1845, on a refusé une place à la statue de Voltaire;
sous prétexte que les rois seuls ont le privilége d'occuper les places publiques. J'ai le premier parlé, dans
l'Artiste, d'élever une statue à Voltaire; des architectes
et des sculpteurs sont venus offrir leur talent avec enthousiasme; des écrivains ont offert le marbre; la ville
de Paris a refusé la place.

La statue d'Érasme est en bronze. Je vais vous donner une idée de la propreté hollandaise : on tint conseil
en 1622 pour décider s'il fallait frotter la statue; on
n'était pas habitué aux statues dans le pays. On décida
qu'elle serait frottée; on la rendit bientôt polie et brillante. Quelques hommes raisonnables, — propres, mais
artistes, — déclarèrent qu'avec ce système on altérait
tous les traits délicats. Depuis on n'a plus frotté, mais
les bons bourgeois de Rotterdam n'ont plus admiré la
statue.

Rotterdam, comme Nuremberg, est la patrie des
poupées : aussi les femmes du peuple ressemblent beaucoup aux poupées; c'est la même coupe de figure, c'est
le même vermillon des joues, c'est la même grâce de

corsage. Avant de juger les *œuvres d'art* d'un pays, faut y avoir voyagé.

Il y a toujours beaucoup de libraires à Rotterdam; mais il n'y a point du tout de littérature. Tous les livres français, — ceux qui sont imprimés en Belgique, — sont pompeusement étalés aux vitres des libraires de Rotterdam, malgré le traité entre la France et la Hollande touchant la contrefaçon. Certes, si les Hollandais violaient un traité sur les lins ou sur les tabacs, les ministres français réprimeraient l'abus; mais violer un traité sur la propriété littéraire, ruiner la librairie et appauvrir les écrivains! qui est-ce qui s'inquiète de cela?

Rotterdam est une ville d'un aspect magique, avec ses mille vaisseaux, ses rues liquides, ses moulins à vent, ses arbres centenaires, son peuple de matelots et d'écaillères. Le pittoresque domine à chaque coin de rue; l'œil s'arrête tout surpris à la vue de ces maisons d'un joli goût architectural, toujours fraîchement peintes et défendues de grilles noires. On entrevoit çà et là une femme à la fenêtre, qui jette tour à tour un regard sur son aiguille et sur le miroir curieux qui lui montre sans relâche le tableau changeant de la rue.

On voyage peu en Hollande. On nous regardait d'un air surpris, d'abord parce que nous étions étrangers, ensuite parce que nous n'avons pas l'habitude de nous faire la barbe, ce qui est là-bas une grande singularité.

Sur le soir nous sommes sortis dans la campagne pour respirer en toute liberté l'arome des prairies. Nous avons retrouvé ces belles vaches brunes qui sont bien sur leurs terres ; les unes s'agenouillaient mélancoliquement aux approches de la nuit devant leur table verte ; les autres allaient et venaient dans leur champ coupé de ruisseaux. Quelques chèvres espiègles gambadaient gaiement ; quelques moutons frileux s'abritaient l'un contre l'autre. Déjà dans les lointains la brume se dessinait comme des montagnes de neige. Ce vaste paysage un peu froid, égayé par les nuages empourprés du couchant, coupé par les moulins, les clochers et les maisons de campagne, nous avait poétiquement attristés. Nous n'avions plus rien à nous dire, tant notre esprit s'était laissé prendre aux harmonies de cette nature nouvelle pour nous, toute pleine d'un charme mélancolique. Il ne manquait que votre adorable figure dans ce divin tableau.

Nous fûmes distraits de cette impression par l'arrivée d'une cinquantaine de paysannes venant de divers points pour se rassembler au *melkplaets*. Quelques-unes chantaient, quelques autres appelaient les vaches. Toutes portaient à la main de grands seaux de fer-blanc. Peu à peu les vaches se réunirent en troupeau ; les paysannes s'agenouillèrent et leur saisirent les pis. Nous distinguâmes, à travers leur babil, leurs cris et leurs chansons, le bruit argentin du lait jaillissant dans les seaux. Le soleil répandait des teintes pâlies sur ce tableau, qui a charmé les rêveurs, même avant Théocrite, par sa poésie agreste. C'était la bonne mère nature, celle que les chemins de fer, les fabriques et les paysages d'Opéra, n'ont pas encore gâtée. Aujourd'hui il faut faire du chemin pour rencontrer cette nature-là.

2

VII

Comme quoi il n'y a pas de buveurs d'eau en Hollande.

Sans hyperbole, nous avons mangé un bœuf durant les trois semaines de notre séjour en Hollande. Or vous savez que c'est le pays des beaux bœufs. Il est vrai qu'en Hollande on ne mange que du bœuf, sous toutes les formes. Comme variété, on vous sert du veau ; mais n'est-ce pas du bœuf en herbe? Dans les premiers jours, nous nous étonnions de ne pas voir paraître d'eau sur la table, en revanche on y voyait en profusion des vins de France et d'Allemagne; les vins du Rhin, les vins de la Moselle et les vins de Bordeaux se faisaient surtout remarquer par leurs bouteilles d'une forme engageante. Ceux qui n'aimaient pas le vin se désaltéraient, non pas au courant d'une onde pure, mais avec du café noir. Nous avions essayé de ce moyen, qui ne nous avait pas réussi.

« Il paraît, me dit un jour Gérard, que, dans ce pays qui trempe dans l'eau, on ne boit jamais d'eau.

— Demandez-en, » lui dis-je.

Gérard ne voulut pas d'abord faire une pareille demande, craignant de passer pour un sauvage. Nous tînmes conseil. A la fin, après bien des débats, je pris la ferme résolution de demander de l'eau, au risque d'égayer tous les graves habitués de la table d'hôte.

« Garçon, apportez-moi de l'eau. »

Le garçon me regarda d'un air surpris.

« De l'eau ! il n'y en a pas.

— Eh bien, allez-en chercher. »

Toute la table se mit à rire. Gérard était enchanté de n'avoir point pris l'initiative. J'avoue que je commençais à me repentir de ma précipitation. Le garçon n'osait pas rire, bien qu'il eût l'air d'en avoir envie. Il se tenait immobile devant moi, ne sachant que répondre.

— Je m'armai d'un nouveau courage.

« Garçon, je vous ordonne de m'apporter de l'eau. »

Le pauvre diable ne savait plus à quel saint se vouer; l'hôte me fit en hollandais un superbe discours que je n'entendis pas, ce qui achevait de répandre la gaieté autour de la table. Gérard essayait de traduire les paroles de l'hôte, car Gérard est très-versé dans les langues du Nord. Mais l'hôte avait beau dire, j'avais résolu d'avoir de l'eau, il m'en fallait à tout prix. A la fin, ce brave homme se frappa le front et ordonna au garçon d'ouvrir un certain buffet au fond de la salle. Le garçon obéit; bientôt il revint vers nous, ayant à la main deux petits verres en forme de calice, qu'il nous offrit d'assez mauvaise grâce. En effet, c'étaient deux verres d'eau, du moins quelques gouttes d'eau et non pas de l'eau de roche. Aussi à peine y eûmes-nous goûté, que nous redemandâmes du vin du Rhin pour nous rafraîchir. Notre voisin de table nous apprit alors que l'eau à boire était la chose du monde la plus rare en Hollande, — quand il ne pleuvait pas. — Or, par hasard, il n'avait pas plu depuis quinze jours. En effet, la mer, se promenant par toute la Hollande, empoisonne jusqu'au Rhin lui-même. Pas un ruisseau n'y coule de source. Les Hollandais, qui vont les pieds dans l'eau, sont obligés d'attendre qu'il pleuve pour boire un coup, ce qui explique suffisamment leur goût décidé pour les voyages. On a écrit de gros livres pour savoir l'origine de leurs perpétuelles migrations. La vraie cause est là. Quand les Hollandais ont soif, ils s'en vont — boire.

VIII

La belle Hélène de Harlem.

En voyant Harlem, gaiement bâtie dans une belle campagne ceinte d'une guirlande de jardins, on se rappelle involontairement quelque gracieux conte de fées. Nous ne voulions pas passer en Hollande sans admirer les tulipes de Harlem, sans écouter un peu cet orgue merveilleux qui est le plus beau du monde chrétien, disent les Hollandais. Il est vrai que les Suisses disent la même chose de l'orgue de Fribourg.

Nous arrivâmes à Harlem par un de ces soleils *si doux au déclin de l'automne*, qui répandent dans l'âme tout à la fois la mélancolie et la gaieté. Nous allâmes droit à la cathédrale; nous fûmes bien une demi-heure pour découvrir la porte ordinaire. On nous avait dit que, moyennant douze florins, l'organiste nous ferait entendre, pour nous seuls, toutes les magnificences de cet orgue à cinq mille tuyaux. Nous n'étions pas fâchés de nous offrir ainsi cette représentation extraordinaire; nous espérions bien ne pas être distraits dans cette immense église déserte où l'harmonie allait prendre pour nous ses mille figures fantastiques, ses mille visions vaporeuses qui ne touchent point à la terre et qui pourtant descendent jusqu'à nous.

L'organiste nous avait offert un programme, nous prenant sans doute pour des Anglais. — Un programme de musique à des poëtes!

Nous avions fermé la porte sur nous. Nous nous promenions gravement, admirant en silence les tombeaux de l'église, qui en sont les seuls ornements. Un de ces tombeaux, placé sous les orgues, est une merveille sculpturale en marbre blanc, qu'on dirait échappée à Coysevox. C'est, du reste, une œuvre païenne qui rappelle les autels de Vesta. A peine l'organiste eut-il débuté par un adagio, que la porte de l'église s'ouvrit : nous vîmes entrer deux jeunes filles, — bientôt suivies de jeunes garçons; — deux femmes vinrent ensuite. — On eût dit une procession. En moins de cinq minutes, plus de cent personnes se répandirent dans l'église, attirées par la musique, les hommes le chapeau sur la tête et le cigare à la main, les femmes riant et chuchotant. La piété existe peut-être à Harlem, mais non pas dans l'église. Nous avions payé les frais d'une promenade et d'une distraction pour les désœuvrés et les oisives du pays.

Cependant l'organiste allait son train, il nous avait transportés par je ne sais quel chant de guerre : nous entendions tour à tour la trompette, le tambour, le canon. Nous reconnûmes bientôt Mozart, Beethoven et Weber. Nous reconnûmes aussi le *Ranz des vaches*,

2.

qui fut suivi d'une pastorale accompagnée d'une tempête. Cette tempête est le triomphe de l'orgue et de l'organiste de Harlem, qui rendent merveilleusement la fraîcheur calme des champs, le retour des troupeaux, la gaieté naïve des paysans, la prière du soir. Tout à l'heure le ciel était pur, les oiseaux sautillaient amoureusement de branche en branche, la fontaine coulait en silence sur son lit de mousse, une brise légère secouait l'arome des tilleuls, des voix mystérieuses chantaient dans la forêt profonde. Mais tout à coup des nuages montent au ciel, les oiseaux inquiets se réfugient sous les arbres, un silence craintif a succédé aux poétiques rumeurs de la nature, les tilleuls fleuris sont immobiles. Silence! un bruit terrible a retenti dans les airs; c'est le premier éclat de l'orage, voilà l'éclair qui sillonne la nue, voilà le vent qui siffle dans la forêt, voilà le tonnerre qui roule majestueusement sous la voûte du ciel. — J'étais violemment ému. La musique m'avait transporté dans une vraie tempête.

« Ce temps-là, dis-je à Gérard, va nous empêcher de visiter les jardins. »

Néanmoins le talent de l'organiste n'avait pu m'entraîner tout à fait dans les pays imaginaires. Je remarquais depuis un instant une jeune fille ou une jeune femme qui me rappela, par sa pâleur charmante et sa grâce délicate, les plus pures créations d'Ossian — que je n'ai jamais lu.

« Voyez donc, dis-je à mon compagnon, est-ce que c'est là une tulipe de Harlem?

— Songez, me dit-il, que nous n'avons pas le temps de devenir amoureux. »

A ce moment j'entendis prononcer le nom de cette jolie créature.

« Songez qu'elle s'appelle Hélène, c'est un beau nom !

— Ah ! oui, un beau nom par le souvenir de celle qui l'a portée. En effet, poursuivit mon ami d'un air railleur, un souvenir charmant, car Hélène a eu cinq maris : Thésée, Ménélas, Pâris, Deiphobe, Achille ; elle fut pendue dans l'île de Rhodes par les servantes de Polixo ; en outre, dans les guerres célèbres dont elle fut cause, il mourut à peu près quinze cent mille hommes.

— Oui, mais c'était en Grèce ; en Hollande, Hélène ne mettra jamais sa nation à feu et à sang. »

Ayant entendu prononcer son nom, la belle Hélène de Harlem nous regarda d'un air surpris et charmé. On comprend bien que je demeurai dans une admiration muette : j'étais allé en Hollande pour voir des tableaux, je m'étais arrêté à celui-là sans arrière-pensée ; voilà tout.

Nous sortîmes de l'église pour visiter les jardins. Un gamin nous conduisit du côté des plus beaux, au delà des murs de la ville. Notre cicerone voulut nous mettre en rapport avec un amateur célèbre, qui nous reçut avec beaucoup de bonne grâce, mais qui ne voulut jamais consentir à nous ouvrir la porte de son jardin, sous prétexte qu'il n'y avait plus un seul jardin à Harlem en automne. Nous nous présentâmes à la porte voisine. Là, comme l'amateur était dans sa serre, nous pûmes pénétrer dans le jardin. Voyant des étrangers fouler la terre sacrée des tulipes au temps où il n'y a plus de tulipes, cet autre amateur vint à nous d'un air un peu renfrogné. Sans doute il nous eût éconduits comme son voisin, si une jeune femme, traversant rapidement une allée, ne lui eût fait signe de nous laisser promener.

C'était la belle Hélène de l'église.

Elle nous accueillit par un sourire charmant. Comme elle parlait français, elle se chargea de nous faire les honneurs du jardin, ou plutôt du champ de sable coupé de palissades et d'échaliers où nous étions. Elle commença par une élégie fort touchante sur l'absence des tulipes. Son amant eût été à Batavia ou à Canton, qu'elle ne l'eût pas regretté avec plus de mélancolie. De plus en plus émerveillé de la dame : « Décidément, dis-je à mon compagnon, voilà une Hélène digne des plus belles créations des poëtes rêveurs; voyez donc quel profil pur! comme ses yeux sont d'un bleu tendre! quelle fraîcheur délicate sur ses lèvres! cette femme-là doit vivre de fleurs et de rosée; attachez-lui des ailes, et elle va s'en aller au ciel.

— Vous rêvez, me dit Gérard, qui craignait toujours que mon enthousiasme ne nous fît manquer le convoi de deux heures ; est-ce qu'elle serait aussi fraîche si elle vivait de fleurs et de rosée? cette beauté-là vous représente beaucoup de rosbifs et de biftecks. »

Comme j'ai un oncle qui aime les fleurs rares, je priai le maître du jardin de me céder quelques oignons précieux. Il m'en choisit cinq, qu'il me fit payer vingt florins. Je trouvai la somme un peu ronde; mais, la belle Hélène m'ayant elle-même vanté l'éclat des fleurs futures, je ne pouvais plus refuser les oignons. Elle avait mis tant de feu à me prôner ces merveilles du jardin, que je commençais à la trouver moins jolie; je finis par n'emporter d'elle qu'un souvenir mercantile ; on va voir pourquoi.

Comme nous étions sur le point de nous en aller, je remarquai une plante grimpante de l'Amérique du Sud, qui étendait avec profusion ses rameaux sur un pignon dominant le jardin. Jusque-là, je n'avais pas vu une seule fleur à Harlem ; je découvris sur le pignon une grappe d'un rouge ardent qui jetait un éclat merveilleux.

« La belle fleur ! m'écriai-je avec admiration.

— Oui, dit la belle Hélène, c'est une fleur rare ; depuis six ans que mon père a rapporté cette plante d'Amérique, voilà la seule fleur qui se soit montrée. Vous ne sauriez croire, monsieur, comme cette fleur me charme les yeux ; depuis près d'un mois je viens la voir tous les matins ; voyez quelle couleur éclatante ! comme cette grappe se balance avec grâce ! elle me rappelle mon frère qui doit en avoir chaque jour sous les yeux... La voulez-vous ? »

Disant ces mots, elle courut légère comme une fée vers le pignon, abaissa les rameaux et leva sa blanche main vers la grappe.

« La voulez-vous ? » dit-elle encore.

Elle avait l'air d'offrir la fleur avec un plaisir si vrai, que je ne crus pas devoir refuser ce qui faisait la joie de ses yeux et l'ornement du jardin.

« Dix florins, » dit-elle gravement.

A peine eut-elle prononcé ces mots ou plutôt ces chiffres, qu'elle détacha la grappe et me la remit dans les mains, en laissant sa main dans mes mains et son sourire dans mes yeux.

« Je vous aime pour dix florins, » lui dis-je.

Je n'avais qu'un parti à prendre, c'était de payer. La belle Hélène, comme on le voit, aimait beaucoup les fleurs; — j'ai voulu dire les florins.

IX

Les tulipes.

La Bourse de Paris n'offre pas encore la fureur que nous avons remarquée à la Bourse d'Amsterdam. Tout le cœur de la ville est là qui bat avec violence. C'est un horrible tableau.

La Hollande est le vrai pays de la banque. Harlem a eu sa Bourse : on cotait les tulipes comme les fonds publics. On les achetait et on les vendait « sans savoir où l'on pourrait les prendre, dit un historien hollandais; même avant la saison des tulipes on en avait vendu plus qu'il n'en pouvait fleurir dans tous les jardins de la Hollande; et jamais il ne fut passé plus de marchés pour le *semper Augustus* que lorsqu'il fut impossible de s'en procurer à aucun prix. A la fin ce jeu devint une telle fureur, que le gouvernement s'en inquiéta et y mit un terme. » Ce beau temps est passé pour Harlem. On sait peut-être qu'au siècle dernier, quand il n'existait que deux *semper Augustus*, l'un à Amsterdam, l'autre à Harlem, un agioteur offrit de celui de Harlem quatre mille six cents florins, un carrosse neuf et une paire de chevaux gris tout harnachés; l'agioteur allait triompher et faire sa fortune, quand un de ses pareils offrit pour le même *semper Augustus* une maison de campagne avec ses dépendances.

On m'a raconté qu'un Anglais, qui aimait les oignons crus, passant un matin devant un marchand de tulipes, mordit à belles dents à un *semper Augustus*. « C'est dix mille florins, » lui dit le marchand. C'est sans doute depuis ce déjeuner que les oignons crus font pleurer ceux qui les mangent.

Harlem n'a pas seulement la prétention d'avoir inventé les tulipes. On voit sur la grande place la statue de Laurent Coster, par Van Heerstal. Il tient d'une main un coin marqué de la lettre A, et de l'autre une épreuve, ce qui veut dire que Laurent Coster est l'inventeur de l'imprimerie. On voit à l'hôtel de ville, dans une cassette d'argent, le premier livre imprimé par lui : *Speculum humanæ salvationis* (le Miroir de notre salut). On assure que la date de ce fameux livre est de 1440.

Après avoir vu la statue, le livre et l'inscription, comment refuser à Laurent Coster la gloire de l'invention de l'imprimerie? Les Hollandais en doutent si peu, qu'ils ont célébré, en 1820, par des fêtes publiques, le beau jour de cette invention. Les Allemands prétendent que Laurent Coster n'eut que l'idée d'appliquer sur du papier des caractères de bois en relief imbibés d'encre; mais les Hollandais, répliquant sur ce point, déclarent que Gutenberg a reçu l'idée d'assembler les types de métal d'un serviteur de Laurent Coster, qui s'était enfui en les dérobant. Ce qu'il y a de certain, c'est que l'imprimerie est inventée. Je pense que celui qui rechercherait patiemment l'origine de l'imprimerie la trouverait chez les Chinois, qui, longtemps avant Laurent Coster, imprimaient des livres (avec des planches entières, il est vrai); or les Hollandais ont toujours beaucoup voyagé.

Mais faut-il glorifier bien hautement l'invention de l'imprimerie? Sommes-nous plus profondément poëtes que les Hébreux, les Grecs et les Romains? Au lieu d'une médaille d'or gravée par un grand maître, destinée aux rois de l'intelligence, nous avons de la petite monnaie qui court le monde. Un journal qui a cinquante mille abonnés fait-il autant de bruit qu'un chant de David ou de Salomon? qu'un vers d'Homère ou de Virgile? L'imprimerie a placé l'esprit humain dans une tour de Babel. Nous commençons à ne plus nous entendre, le temps n'est pas éloigné où nous ne nous entendrons plus du tout. Heureusement que les livres écrits par les hommes, — je ne parle pas des poëtes, — sont détruits par les hommes, pour donner de temps à autre un peu d'air à l'intelligence, qui étoufferait sous ses propres richesses. Les Romains ont brûlé les livres des juifs et des chrétiens; les juifs ont brûlé les livres des chrétiens et des païens; les chrétiens ont brûlé les livres des juifs et des païens. Les Espagnols ont brûlé cinq mille Alcorans; les Anglais ont brûlé tous les monuments de la religion catholique, — non-seulement les manuscrits, mais les monastères; — enfin Cromwell a mis, d'une main joyeuse, le feu à la bibliothèque d'Oxford.

Si la ville de Harlem comprenait sa véritable gloire, elle élèverait plutôt des statues aux cinq ou six grands peintres nés dans ses murs et admirés du monde entier. Ruysdaël n'a pas de statue!

X

Le Paradis perdu.

Il n'y a pas de poëtes en Hollande, mais la poésie y fleurit comme ailleurs ; je veux parler de la poésie du cœur et de la nature. Voyez cette histoire du paradis de Breughel de Velours que nous nous racontions dans le Musée de La Haye.

Après ses voyages en Allemagne et en Italie, Breughel, jeune encore, déjà célèbre et déjà riche, fit son entrée à Anvers dans un carrosse traîné par quatre chevaux, à la suite du grand-duc, qui l'avait noblement accueilli à Bruxelles. Grande fut la surprise des Anversois, que Rubens, Téniers et Van Dyck n'avaient pas encore accoutumés à voir un peintre dans l'équipage d'un prince. Rubens lui offrit son amitié, quoiqu'il le trouvât un peu extravagant : Breughel choquait le peintre d'Anvers par la coquetterie toute féminine de son costume. Ils n'en devinrent pas moins de francs amis. Toutes les grandes maisons de la ville furent ouvertes au nouveau venu, tous les jeunes seigneurs recherchèrent sa compagnie. Il ouvrit un vaste atelier qui fut presque une académie et un musée. Les grands peintres du temps y discutèrent et y peignirent, entre autres, Rubens, Van Baëlen, Cornille Schut, Rottenhamer

Après quelques aventures amoureuses et cavalières,

Breughel se maria. Il s'était épris d'une violente passion pour la belle Madeleine Van Alstoot, qu'il avait rencontrée à un bal de l'archiduc.

Madeleine était orpheline ou veuve; elle avait, selon Cornille Schut, qui l'a chantée en vers enthousiastes, certains airs de parenté avec la Madeleine de l'Écriture. Voici son portrait en peu de lignes, tel que l'a peint Rubens. Ses cheveux bruns éparpillés en longues boucles prenaient au soleil des couleurs de flammes; ses yeux, d'un bleu de pervenche, étaient ombragés de beaux cils noirs; les lignes de sa figure étaient des plus pures et des plus harmonieuses. Fraîche, grande et forte, elle était bien de son pays; mais, grâce à ses cils bruns, elle avait le regard doucement passionné d'une Italienne. En un mot, elle semblait faite pour le pinceau de Rubens. Ce qui surtout avait séduit Breughel, c'était un parfum de volupté heureuse que Madeleine Van Alstoot répandait autour d'elle. Le peintre se mit à l'adorer comme une amante et comme une madone avec les yeux de l'esprit et les yeux du cœur. Elle se laissa épouser de très-bonne grâce, fière d'avoir un mari qui fût un grand peintre et un grand seigneur, espérant courir le monde avec lui, enfin se créant une vie toute de soie et d'or, de fêtes et de chansons. Mais à peine cet hymen fut-il célébré, que Breughel changea brusquement de manière de vivre; séduit par le doux et calme horizon de l'amour dans le mariage, il voulait se reposer à l'abri du foyer.

Madame Breughel, qui n'avait pas connu le monde, ne voyait pas la vie sous le même aspect. Elle trouvait qu'on a toujours trop le temps de rester chez soi. Elle disait que les belles fleurs ne s'épanouissent qu'au soleil, que Dieu ne l'avait pas créée pour la voir s'éteindre dans la cellule du mariage, que le vrai soleil des femmes était le lustre d'une salle de bal. Ce qu'elle aimait avant tout, c'était la danse. Il fallait la voir, elle qui n'avait rien d'aérien, s'élancer avec la légèreté du faon, enlevée par la musique et le plaisir. Breughel, qui ne dansait plus, regardait danser avec trop de philosophie; il trouvait que la danse n'aboutissait à rien de bon pour les maris. Breughel était jaloux. Loin d'être touchée de sa jalousie, Madeleine en fut irritée : l'ardeur de la coquetterie, qui n'était d'abord qu'un caprice, devint bientôt chez elle une vraie passion. Elle pria, elle supplia son mari de la conduire aux fêtes d'Anvers. Breughel se contentait de la conduire en pleine campagne, lui parlant sans cesse du paradis terrestre, qui n'était habité que par Adam et Ève. Madeleine, ennuyée de ce cours de solitude, répondait avec une moue charmante qu'Ève ne s'était pas fort amusée dans le paradis, et qu'elle s'était empressée d'en sortir après avoir poussé la curiosité jusqu'à prêter l'oreille aux discours du serpent.

Ce fut vers ce temps-là que Breughel commença ce magnifique poëme en peinture, le paradis terrestre, cette grande page écrite avec tant de patience en un si petit espace, ce souvenir biblique éclairé d'un rayon divin. Breughel, qui peignait ce tableau sous les yeux de sa femme, se garda bien de montrer le serpent dans le paradis. Toute la création est là qui palpite, qui vole dans les airs, qui chante sur les branches, qui sommeille sur les herbes, qui se baigne dans les eaux. Ils sont tous là, l'abeille qui bourdonne, le cygne nonchalant, le lion superbe qui se repose ; ils sont tous là, hormis le serpent. Le premier entre tous les peintres, Breughel représentait le paradis sans le fruit défendu ; vous avez vu ce paradis charmant dont chaque feuille vous sourit, dont le moindre bruit vous enchante, dont la lumière vous transporte. Que l'ombre est douce aux pieds de ces arbres ! comme cette eau qui coule est embaumée par les fleurs aquatiques ! que ces horizons égayent bien l'âme par leurs vapeurs aériennes ! On respire à chaque pas la paix et l'amour, la sérénité et le bonheur, le calme et la joie ; à chaque pas c'est un songe charmant qui vous arrête. Les fleurs secouent une neige odorante, les plus beaux fruits semblent là pour apaiser la soif du corps et de l'âme ; il y a tous les fruits, hormis la pomme amère.

Breughel ne montra donc pas le serpent dans le paradis terrestre ; il y montra Dieu ; c'était moins piquant et moins poétique, mais c'était plus orthodoxe, maritalement parlant. Il eut beau faire un chef-d'œuvre, il eut beau créer dans cette toile immortelle un personnage invisible, l'amour, qui l'inspirait dans ses promenades agrestes avec Madeleine : il ne put la convaincre des charmes de la solitude, elle persista à dire qu'on s'ennuyait beaucoup dans tous les paradis du monde, même dans celui de Breughel.

« Insensée ! s'écriait le peintre, tu ne vois donc pas rayonner la joie sur le chaste front d'Ève, qui s'égare dans tous les bosquets touffus en compagnie de Dieu et d'Adam ? Quand nous nous promenons ensemble par cette belle campagne fleurie, écoutant le merle qui siffle, respirant l'arome des violettes sous ce ciel d'été qui nous sourit, n'es-tu pas, comme Ève, avec Dieu et avec Adam ?

— Hélas ! disait madame Breughel, tout cela était à merveille quand il n'y avait que Dieu et Adam ! »

On comprend que, loin de s'apaiser par les raisonnements de sa femme, la jalousie de Breughel n'en devint que plus violente. Il avait brisé avec le monde, quoiqu'il y trouvât pour lui-même l'argent comptant de la gloire, c'est-à-dire des louanges sans nombre.

On s'étonnait à bon droit de cette retraite, on avait bien de la peine à comprendre pourquoi ce peintre si élégant et si mondain était devenu tout d'un coup, comme par une métamorphose d'Ovide, un misanthrope farouche. C'était bien la peine d'épouser la belle Madeleine Van Alstoot. On le trouvait ridicule d'avoir une femme pour lui seul : « Qu'il nous montre sa femme et qu'il nous cache ses tableaux, à la bonne heure ! »

Sans trop s'inquiéter du vain babil du monde, Breughel poursuivait gravement son œuvre; s'il déposait le pinceau, c'était pour une étude d'histoire naturelle au bord d'un bois ou d'un étang. En digne spectateur du grand drame de la création, il prenait plaisir aux moindres scènes : pas un acteur qui ne le touchât ou ne l'amusât.

Il suivait, dans son poétique vagabondage, le papillon ou la demoiselle; mais le plus souvent, comme Madeleine était près de lui, il oubliait tout le reste de la création pour Madeleine. La folâtre jeune femme ne lui savait point gré de ce culte amoureux; il lui avait fermé les portes du monde, au moment où le monde séduit, enivre, éblouit les imaginations de vingt ans par le bruit et l'éclat; à cette heure trompeuse où tous les cœurs qui souffrent cherchent à s'oublier dans le tourbillon, où toutes les figures prennent un sourire pour masque : elle rouvrait par la pensée ces portes dorées qui lui cachaient le monde, et, ce qui était bien pis, qui la cachaient au monde.

Breughel finit par s'ennuyer lui-même de cette retraite trop conjugale; à son retour d'Anvers il avait organisé des bals vénitiens qui avaient tourné toutes les têtes dans l'austère ville flamande. Un soir, sachant qu'il y avait une fête de carnaval chez un jeune seigneur de ses amis, il ne put s'empêcher d'y paraître un instant; il avait revêtu un costume de chevalier français du temps des croisades. Madame Breughel fut avertie par une suivante; mille desseins extravagants lui montèrent à la tête : elle voulait se déguiser, aller au bal, danser, faire damner ce pauvre Breughel, se venger ainsi de sa jalousie et de ses mystères. Comment se déguiserait-elle? Elle avait un magnifique costume napolitain; mais, depuis qu'elle n'allait plus au bal, ce costume était plutôt à ses amies qu'à elle-même. Une jeune veuve de son voisinage devait s'en parer pour cette fête. Comme il n'y avait pas de temps à perdre, elle mit trois valets en campagne pour lui trouver un déguisement digne d'elle; un petit marchand juif, nouvellement débarqué à Anvers, lui apporta, sur la demande d'un de ses valets, un joli costume d'odalisque.

Quand elle arriva au bal, elle chercha vainement

Breughel d'un regard ébloui ; l'éclat des lumières et des costumes, le bruit des paroles et de la musique, achevèrent de lui tourner la tête, au point qu'elle oublia bientôt pourquoi elle était venue. A son entrée, elle fut recherchée des plus beaux danseurs ; malgré son masque, on devinait encore sa beauté à la première vue. En dansant, elle retrouva toute l'ivresse étourdissante de ses jeunes années ; çà et là cependant le souvenir de Breughel venait glacer son cœur et paralyser ses pieds et son cœur : mais bientôt elle s'élançait plus folle que jamais, comme ces pécheurs insensés qui oublient la trompette du jugement.

Breughel, à l'inverse de sa femme, n'avait trouvé à la fête que le bruit et l'éclat de la folie. Pour la première fois il avait jugé que ces oripeaux dorés cachaient bien des cœurs malades. Il s'était réjoui d'avoir, depuis son mariage, suivi le bon chemin, le chemin de la science, le chemin du bonheur. Il avait pris en pitié tous ces pauvres fous qui riaient sans gaieté, qui aimaient sans amour ; il s'était enfui en toute hâte vers Madeleine, qui devait dormir du sommeil des anges. Il arrive à sa maison, il ne s'inquiète pas de la surprise de ses serviteurs, il va droit à la chambre de sa femme. Cette chambre est encore un poëme digne de ses tableaux. Jamais grande duchesse italienne n'a vu tant de trésors autour d'elle : toutes les richesses de l'Orient sont là éparpillées par une main prodigue. Porcelaines du Japon, étoffes des Indes, tapis de Perse, pierreries de Golconde, forment le paradis terrestre de cette autre Ève curieuse. Il voulut lui parler en entrant, lui confier qu'il avait été au bal et qu'il en revenait plus désabusé que jamais sur les plaisirs qu'on y recherchait; qu'il était mille fois heureux d'avoir pour compagne dans la vie une femme comme Madeleine, qui renfermait toutes les joies de l'univers. Voyant que sa femme n'était pas couchée, il appela la suivante, qui trouva tout simple de lui dire que madame Breughel était allée le rejoindre au bal. Cette découverte fut un coup terrible qui le frappa au cœur. Lui aussi il perdit la tête; après s'être promené quelques minutes dans la chambre, il sortit soudainement pour aller retrouver Madeleine. Sa jalousie venait de s'allumer plus ardente; il rentra à la fête sans pouvoir cacher son inquiétude. Il dévora du regard tous les groupes de femmes; il parcourut tous les salons; la jalousie le troublait au point qu'il ne voyait ni n'entendait rien; s'il ne se fût retenu, il aurait à chaque pas arraché un masque; enfin, après de vaines recherches, son regard fut frappé par le costume italien que sa femme avait maintes fois revêtu. La cruelle! pensa-t-il. La voilà qui danse avec tout l'abandon et toute l'ardeur d'une femme qui ne croit ni à Dieu ni à son mari! A cet instant, un jeune seigneur qui dansait en face de la femme au costume italien lui saisit la main et la baisa mystérieusement; loin de s'irriter, elle parut lui sourire; elle continua son pas avec plus de grâce et de nonchalance, il semblait que le baiser surpris lui eût donné tout le charme de la volupté. Éperdu, Breughel se précipita vers elle, saisit le poignard qu'elle avait à la ceinture et l'en frappa dans le sein avec égarement. Elle poussa un cri perçant qui retentit dans toute la salle; la gaieté s'évanouit tout d'un coup, la musique se tut, les danseurs furent paralysés, tout le monde courut vers cette victime de la jalousie.

Elle était tombée à demi morte dans les bras de son cavalier. Breughel, pâle et glacé d'horreur, regardait tour à tour le poignard et celle qu'il avait frappée. Tous les démons de l'enfer étaient dans son cœur, il ne tenait à rien qu'il ne se donnât à lui-même un coup de poignard. Peut-être aurait-il accompli cette seconde vengeance si on n'eût démasqué sa victime. « Grand Dieu! » s'écria-t-il en découvrant que ce n'était pas sa femme.

Il se vit soudain entouré d'un cercle de jeunes seigneurs qui se démasquèrent tous pour lui demander raison de ce crime insensé. Le peintre se démasqua lui-même. « Breughel de Velours! s'écria-t-on de toutes parts. — Oui, Breughel de Velours, dit-il en jetant l'arme ensanglantée. — Vous êtes donc devenu fou? lui demanda un ami. — Oui, fou, si vous voulez. »

Il parcourut la salle avec désespoir.

Le bruit se répandit que la blessure n'était pas dangereuse; la lame du poignard avait glissé sur le satin. « Que vous avait donc fait madame Van Artwelt? — Vous ne devinez donc pas que je croyais que c'était ma femme? »

Il se jeta aux pieds de madame Van Artwelt; il voulut parler, mais la parole expira sur ses lèvres. D'ailleurs, qu'avait-il à dire? On emporta la dame en avertissant qu'un médecin était là. Breughel, relevé par ses amis, voulut mourir. « Où est ma femme? demanda-t-il d'un air farouche. — Elle était là tout à l'heure, lui répondit-on. — Dieu soit loué ! s'écria-t-il ; si je frappe encore, je saurai qui je frappe et où je frappe. »

Disant ces mots, il échappa à ses amis et courut chez lui, croyant y rejoindre sa femme. Madeleine n'était point revenue ; le peintre passa le reste de la nuit dans un sombre désespoir. « Hélas ! murmurait-il en se tordant les bras, si je l'avais trouvée à mon retour, nous serions morts tous les deux ; j'échappais ainsi au ridicule ; je laissais mon nom sans tache ! Qu'ai-je à faire maintenant ? Mourir ! il est trop tard. Le monde ne pardonnerait pas un accès de jalousie qui dure si longtemps. Vivre ! ma vie est gâtée. Vivre seul ou vivre sans amour ! »

Il passa dans son atelier, comme pour confier son malheur à tous ses gracieux chefs-d'œuvre.

Dans la matinée, un frère de sa femme vint l'avertir qu'elle ne rentrerait pas sous le toit conjugal, et qu'elle allait lui intenter un procès en séparation pour le coup de poignard dont elle avait failli être victime. Breughel ne répondit pas un mot ; il sourit avec amertume et soupira douloureusement. Cet avertissement fut bon à quelque chose : la lutte qui devait s'engager ôta au peintre toute idée de suicide. Le même jour il se rendit au logis de madame Van Artwelt. Il l'avait vingt fois rencontrée dans le monde ; c'était une jeune veuve qui avait quelque ressemblance avec Madeleine Alstoot, moins fraîche peut-être, mais plus délicate, moins belle et plus jolie. Son mari, vieux procureur blanchi sous la poussière des dossiers, avait eu le bon esprit de mourir la seconde année du mariage et de lui laisser de la fortune. Quoique d'une nature un peu mélancolique, madame

Van Artwelt passait, comme on voit, gaiement son veuvage. Elle habitait une des plus jolies maisons d'Anvers, en vue de l'Escaut. « Elle ne voudra pas me voir, pensait Breughel, mais du moins elle saura que je suis venu. » A sa grande surprise, la dame lui fit dire de passer dans sa chambre. Il se présenta un peu troublé, sans trop savoir quelle figure il allait faire. Madame Van Artwelt était couchée dans un lit à baldaquin de velours. Sous ces rideaux de couleur sombre, sa pâleur n'en ressortait que mieux; deux jeunes femmes étaient assises en avant; un jeune homme, tenant en main un feutre à grand plumet, s'appuyait au coin d'une cheminée sculptée. Breughel de Velours s'inclina profondément. « Madame, je viens vous exprimer mes regrets; je ne sais vraiment comment me faire pardonner cet acte de folie. S'il fallait payer de tout mon sang... — Je ne vous demande pas votre mort, seigneur Breughel, bien loin de là; mais on me conseille de vous intenter un procès pour établir clairement que le coup de poignard ne m'était pas destiné; car il y a de mauvaises langues capables d'inventer un roman entre vous et moi. — Ainsi, dit tristement le peintre, me voilà poursuivi par deux femmes charmantes, l'une pour le fait, l'autre pour l'intention. Le croiriez-vous, madame? Madeleine s'est réfugiée dans sa famille avec le dessein bien arrêté de plaider contre moi en séparation. — Vous avez eu là une belle idée; il est trop simple que cette idée porte ses fruits. En vérité, madame Breughel a bien raison de vous fuir; il n'est pas une femme qui vous eût pardonné. — Peut-être, dit une des jeunes dames qui étaient auprès du lit. — Peut-être, comme vous dites, reprit madame Van Artwelt avec un sourire mélancolique ; ne reçoit pas qui veut un coup de poignard d'une main aimée. — Mon Dieu ! dit le peintre, cela se passe le plus galamment du monde en Espagne et en Italie. »

La conversation prit un tour charmant. Je ne puis la reproduire mot à mot. Je dirai seulement que madame Van Artwelt fut si bonne dame, que Breughel obtint la liberté de revenir le lendemain. Cette fois il la trouva seule. « Je sais toute votre histoire, lui dit la jeune veuve : mais racontez-moi vous-même pourquoi vous en êtes arrivé là. — Vous allez me comprendre tout de suite, madame, je le vois dans vos beaux yeux. J'ai connu le monde ; je l'ai vu sous toutes ses faces ; il m'a d'abord amusé quand j'étais curieux ; mais bientôt il m'a fatigué quand j'ai aimé Madeleine. J'ai trouvé que mon vrai théâtre était la nature, qui me parlait par la voix des oiseaux, des fontaines et des fleurs. J'ai voulu, comme tant d'autres, me faire un paradis ici-bas à force d'art et d'amour. Hélas ! qu'est-il arrivé ? Mon Ève n'a pas voulu de mon paradis ; j'aimais les joies de la solitude, elle aimait les fêtes du monde ; j'aimais le silence, elle aimait le bruit. Vous comprenez que j'ai manqué mon œuvre. Le paradis n'était plus qu'un enfer : au lieu des purs et suaves parfums de l'amour, j'avais dans le cœur les serpents enflammés de la jalousie. L'ingrate ! je l'aimais avec tant d'extase divine ! Je secouais à ses pieds toutes les roses du chemin, toutes les guirlandes de ma palette, toutes les richesses de mon âme. Hélas ! elle se détournait pour jeter un regard de regret vers ce monde d'où j'essayais de la détacher. L'insensée ! elle a perdu bien des heures d'ivresse, bien des promenades enchantées, bien des rêves envoyés par Dieu! J'avais espéré le bonheur à deux, je suis réduit à le chercher seul. Mais le bonheur est-il fait pour moi? — Est-ce que le bonheur est fait pour quelqu'un ici-bas? dit madame Van Artwelt en souriant. Moi qui vous parle, j'avais aussi rêvé le bonheur; or vous savez que je passe ma vie dans un désœuvrement qui me fatigue. Est-ce que le bonheur consiste à voir des gens ennuyeux, à parler pour déguiser sa pensée, à rire quand on a envie de pleurer? Mon histoire est bien simple, une triste histoire qui me fait pitié à moi-même. Vous avez connu M. le procureur Van Artwelt? Je ne veux pas dire de mal des absents. Le pauvre homme! il fut, à coup sûr, de ceux qui font mentir le proverbe. Dieu le garde et lui fasse paix. Il m'épousa que j'avais à peine dix-sept ans; il était riche, ma famille venait de se ruiner, cela se comprend. Vous croyez peut-être qu'il m'aima? Est-ce qu'on aime à cinquante-huit ans? Il m'épousa par vanité : il voulait couronner ses cheveux blancs d'une guirlande de roses. S'il eut un carrosse, ce ne fut pas pour moi, mais pour ceux qui me voyaient passer; s'il me conduisit dans le monde, ce fut pour entendre dire à chaque pas : « Madame Artwelt est bien jolie! » Voilà comme la destinée s'amuse toujours à nous détourner de notre vrai chemin. Le croiriez-vous... Mais, puis-je vous le dire?... Moi, j'avais le cœur bien fait; ce que je demandais à Dieu sur cette terre, c'était un peu d'amour, un peu d'ombre, un peu de silence. Au milieu des vains plaisirs qui m'environnaient, je rêvais une promenade dans les prés, où j'aurais pu tout à mon aise m'épanouir comme une fleur des champs. »

Breughel se jeta à genoux devant le lit, et saisit une main blanche que madame Van Artwelt laissait pendre sur la courtine de satin. « Hélas ! murmura-t-il en jetant un regard passionné sur la jolie veuve, pourquoi nous sommes-nous rencontrés trop tard ? — Pourquoi ! pourquoi ! C'est un mot qui bien souvent a passé sur mes lèvres, » répondit la jeune veuve en baissant les yeux.

Un autre horizon venait de s'ouvrir au peintre. Ivre d'espérance, de joie et d'amour, il baisa tendrement la main de madame Van Artwelt. « Je remercie le ciel de l'aventure bizarre qui m'a amené à vos pieds. »

La jeune veuve sourit en dégageant sa main. « En effet, dit-elle, ce coup de poignard ne vous a pas fait grand tort; je ne sais vraiment pourquoi j'y mets tant de bonne grâce. »

Donc, pendant que madame Breughel intentait un procès en séparation, madame Van Artwelt devint la maîtresse du peintre. Elle avait été séduite par cette jalousie ardente qui répandait tant de poésie sur l'amour ; elle s'était surtout laissé entraîner par l'idée de vivre dans le doux, calme et souriant horizon que Breughel avait vainement créé pour sa femme. Ce fut un grand scandale dans la bonne ville d'Anvers, renommée pour ses mœurs patriarcales. Cependant grand nombre de juges indulgents, touchés de ce bonheur silencieux qui se cachait à l'ombre des bois, leur pardonnaient de bon cœur. Pourquoi faire la guerre au bonheur ?

Vint le procès. Le mari n'eut garde de se présenter pour se défendre; on l'eût condamné si, au moment suprême, Madeleine Alstoot n'eût demandé un délai.

La leçon du bal ne lui avait pas servi, mais l'infidélité du peintre lui avait ouvert les yeux. Elle n'avait pas été la dernière à apprendre ce qui se passait dans son ancienne maison. Chaque jour des amis officieux lui rapportaient, pour l'irriter davantage, comment le peintre et sa maîtresse se promenaient dans la campagne comme des amoureux de quinze ans. L'un les avait vus dans une nacelle, cueillant les roseaux du fleuve; l'autre les avait rencontrés dans le sentier, en contemplation devant un nuage; celui-ci leur avait parlé à l'église, où ils allaient paisiblement comme s'ils n'étaient pas coupables; celui-là, entrant à l'atelier, avait surpris un baiser mystérieux. La jalousie, qui jusqu'alors avait fait rire de pitié Madeleine Alstoot, prit belle et bonne racine dans son cœur : avec la jalousie, l'amour était revenu. Elle finissait par comprendre tout le charme de la vie d'intérieur; elle regrettait les heures si douces dont elle n'avait pas savouré les délices.

Elle comptait sur la présence de Breughel au procès. « Il viendra, disait-elle toute pleine d'espérance; il s'avouera coupable, et moi, au moment de la condamnation, j'irai me jeter dans ses bras. »

Mais, comme on l'a vu, le peintre n'alla pas au tribunal. Désespérée, Madeleine, résolue à tout, courut droit chez lui : elle ne trouva que les valets; Breughel et madame Van Artwelt, sans souci du jugement, se promenaient dans la campagne depuis le matin. Elle voulut attendre; elle se jeta dans un fauteuil et y demeura tout éplorée pendant deux heures. Breughel, n'étant point averti, rentra le soir avec sa maîtresse. Voyant une femme dans l'ombre, il s'approcha d'elle avec une surprise inquiète : « C'est moi ! » dit Madeleine en se levant.

A cette voix longtemps aimée qui vint le frapper au cœur, le peintre se sentit chanceler. « Oui, c'est moi ! » dit Madeleine en se jetant dans les bras de son mari.

Breughel tourna la tête vers madame Van Artwelt, qui, en femme d'esprit, avait compris tout d'un coup ce qui lui restait à faire. « Adieu ! adieu ! dit-elle ; ce n'était qu'un rêve, le rêve est fini ; adieu ! »

Le même soir elle partit pour Londres, pressentant bien qu'elle n'aurait pas la force de rester si près de celui qui ne devait plus être son amant.

Le mariage refleurit chez Breughel de Velours. Madeleine mit au monde, l'année suivante, la belle Anne Breughel, qui épousa David Téniers.

XI

Les tableaux.

Le hasard conduit le monde et les tableaux à travers la gloire et l'obscurité. La fortune et les voyages d'une toile de maître feraient un roman en quatre tomes. Figurez-vous ma joie à Anvers : j'ai trouvé une Vierge de l'école italienne, peut-être d'André del Sarte, encadrée de fleurs par Daniel Seghers. C'est un chef-d'œuvre d'expression douce et reposée. Oui, celle-là a porté un Dieu dans ses entrailles sans se douter qu'elle allait

enfanter toutes les grandes révolutions de la terre.
— Je vous salue, Marie, pleine de grâce! Le Seigneur soit avec vous; vous êtes bénie entre toutes les femmes!

Rien n'est plus rare en Hollande que les tableaux hollandais, hormis dans les musées et les cabinets d'amateurs. La plupart des bourgeois hollandais accrochent dans leur salon de mauvaises gravures françaises d'après les chefs d'école de l'Empire, des caricatures anglaises, des portraits de famille au daguerréotype. Quelques-uns, voulant par tradition protéger la peinture nationale, achètent quelque paysage douteux, quelque marine impossible d'un Paul Potter ou d'un Backuysen moderne.

Tout en voulant étudier en Hollande l'ancienne peinture hollandaise, je tenais aussi à étudier la nouvelle. J'avais, dans ce dessein, choisi pour le voyage l'époque de l'exposition d'Amsterdam. Le jour même de l'ouverture, j'étais dans les salles de l'Académie. Je me crus d'abord à une exposition de Paris, non-seulement parce que beaucoup d'artistes français avaient envoyé des tableaux déjà connus à l'exposition d'Amsterdam, mais parce que certains artistes hollandais imitent littéralement notre école moderne, ce qui est une grande faute. Ainsi, pendant que nos peintres vont à Amsterdam étudier les vieux maîtres, ceux du bon temps, les artistes hollandais s'ingénient à reproduire tous les défauts brillants de nos diverses manières. Comprenez-vous qu'il se trouve en Hollande des imitateurs de M. Biard et de M. Jacquand, en Hollande, la patrie de Brauwer et de Metzu?

Dans cette exposition d'Amsterdam, il n'y avait pas un seul tableau religieux, tout simplement parce qu'en Hollande, où l'on n'aime pas ces sujets-là, le débit en est impossible. Qu'on vienne encore dire que la foi seule, au beau temps de Raphaël, créait les chefs-d'œuvre de la peinture religieuse ; ce n'était pas la foi, mais l'art, qui a en lui sa religion; si ce n'était pas toujours l'art, c'était l'argent. Si à cette heure, en France, la peinture religieuse domine aux expositions, c'est parce que la religion est en hausse et fait payer au gouvernement les frais du culte et de l'art.

J'avais très-sérieusement pris à l'exposition trois à quatre cents notes sur les artistes hollandais, car, malgré la mauvaise direction de l'école, plus d'un peintre rappelle qu'il est d'un bon terroir. En partant, j'ai oublié mes notes à l'hôtel de Londres. Je voulais écrire pour les réclamer, mais déjà l'impression s'effaçait ; même avec ces notes j'aurais pu me tromper; j'ai mieux aimé ne pas m'en servir que de m'exposer à dire une bêtise. On en dit déjà bien assez sans prendre de notes*.

A cette exposition les peintres étrangers faisaient beaucoup de tort aux peintres nationaux. Un peintre de Venise, qui est dans les bonnes traditions de l'ancienne école, avait envoyé deux études de femmes qui pourraient s'appeler, si j'ai bonne mémoire, le *Souvenir* et l'*Espérance*. Gérard s'est arrêté beaucoup devant

---

* J'ai remarqué, parmi les petits tableaux de chevalet, un *Érasme étudiant*. C'est une étude délicate, qui rappelle d'assez près les légers chefs-d'œuvre de Meissonnier. La figure d'Érasme est naturellement pensive; c'est bien là ce front qui renfermait un monde, c'est bien là cette lèvre dédaigneuse qui prononçait un jugement immortel sur notre folie.

ces deux figures, qui tiennent tant de place dans la vie :
le souvenir! tout ce qui fut charmant; l'espérance!
mensonge adoré qui fuit toujours. L'artiste a représenté le Souvenir sous la figure d'une belle jeune fille
un peu nue, qui rêve aux amours envolés. La volupté
donne à sa rêverie je ne sais quel charme inconnu. Le
peintre a mieux habillé l'Espérance; c'est une figure
naïve qui semble attendre. Elle a moins de séduction que la figure voisine, mais elle est plus belle.
Gérard ne savait à laquelle donner la pomme d'or du
poëte. En effet, on vit entre ces deux figures sans jamais s'en approcher. Qui voudrait donner un souvenir
pour une espérance, ou une espérance pour un souvenir?

La critique de La Haye fait avec beaucoup de bonne
grâce l'hospitalité aux artistes étrangers. J'aurais donc
mauvaise grâce à me montrer trop sévère pour les artistes de La Haye; je reconnaîtrai volontiers qu'il y a
plus d'un paysagiste moderne digne d'éloge ou d'encouragement. Si le matin même je n'avais revu le
musée de La Haye, peut-être serais-je plus indulgent.

Je ne puis pardonner aux chefs d'école la mauvaise
voie où ils engagent la jeune génération. Que ceux qui
sont appelés par leur position à guider les tentatives
des jeunes artistes leur conseillent d'étudier, non pas
avec eux ni d'après eux, mais dans l'atelier de Rembrandt et de Ruysdaël.

XII

Comment on devient poëte.

Leyde fut surnommée l'Athènes du Nord pour l'éclat de son Université. Elle pouvait citer avec un juste orgueil Juste Lipse, Hugo Grotius, Descartes, Scaliger, Boerhaave, Vander Doës. Ce charmant poëte latin du seizième siècle figure parmi mes plus doux souvenirs de voyage. J'avais à tout hasard acheté ses *Baisers* à un bouquiniste centenaire de Leyde; c'était une très-ancienne édition déchiquetée par les vers, exhalant un bon parfum de l'ancien temps. Le matin, près d'arriver à Harlem, je pris un vrai plaisir à feuilleter ces poésies. Puisque je retrouve comme un écho amoureux ce souvenir du poëte hollandais, laissez-moi vous raconter son histoire en peu de mots. Vous n'y trouverez pas, à coup sûr, le charme que j'y ai trouvé moi-même, à une demi-lieue de cette bonne ville de Harlem, dont les toits s'égayaient peu à peu aux rayons timides d'un soleil levant de Hollande.

Jean Vander Doës, ou Janus Dousa, seigneur de Nortwich, en Hollande, naquit en cette seigneurie vers 1545. Il étudia à Lin, dans le Brabant, à Louvain, enfin à Paris. A Lin et à Louvain, il étudia la science; à Paris, il étudia la poésie latine et l'amour.

Son séjour dans cette ville fut semé d'aventures vulgaires qu'un annotateur reproduit péniblement; la seule qui vaille la peine d'être conservée est reproduite ici dans toute sa simplicité.

Près de l'église Sainte-Geneviève, Vander Doës habitait un joli cabinet perché tout en haut d'un vieil hôtel délabré, un vrai gîte de poëte. La vue était des plus variées : des toits gris en amphithéâtre, des cheminées rouges enfumées, quelques bouquets d'arbres, des clochers sans nombre, la Seine qui brillait çà et là au soleil, enfin la campagne pour horizon. Vander Doës se trouvait là fort à son aise pour rêver; son cabinet était ouvert aux quatre points cardinaux : il avait donc sous les yeux un spectacle infini.

Mais l'horizon qu'il aimait le plus à revoir était tout simplement une horrible petite fenêtre, sombre, sans ornements, sans pots de fleurs, où le soleil ne descendait jamais, mais où, à certaine heure du soir et du matin, une jolie fille apparaissait en chantant. Elle était pauvre et fière, douce et noble.

« Votre nom? lui demanda un matin Vander Doës.

— A quoi bon savoir mon nom?

— C'est que je veux le mettre dans mes vers. »

La jeune fille ne comprit pas, mais elle répondit qu'elle se nommait Rosine.

A partir de ce jour Vander Doës fit tous les matins un *baiser*, un écho des *Baisers* de Jean Second. « O front de nacre, cheveux d'ébène, bouche de rose, qui pourrait se défendre de vous toucher d'une lèvre frémissante? » *Le premier baiser* est une invocation au génie de Jean Second, le vrai chantre du *Baiser*; le deuxième est l'éloge de ce poëte charmant; après cette double préface poétique viennent le *Désir du baiser*, l'A-

pothéose des baisers, les *Guides de l'Amour*, la *Morsure*, *Vivre et mourir par les baisers*, quelques autres encore. Ce qui semble étrange toujours, et ce qui pourtant arrive souvent, c'est que Vander Doës, inspiré par Rosine, raconte les baisers qu'il lui donne et qu'elle lui rend, quoiqu'ils ne se soient jamais touché le bout du doigt : on chante l'espérance, on s'enivre tout bas du souvenir.

Après avoir été un poëte en vers, il voulut être un poëte en action ; il se garda bien d'adresser ses vers latins à Rosine : c'eût été perdre son latin. Il fit comme eût fait le premier venu, et il fit bien. Il alla trouver Rosine : il franchit quatre à quatre l'escalier sombre et tortueux d'une vieille maison chancelante ; il frappa au bout de l'escalier à une petite porte disjointe.

« Rosine, c'est moi, moi, celui qui vous aime depuis trois semaines ; ouvrez-moi la porte pour l'amour de Dieu. »

Rosine alla ouvrir, tout en se disant qu'il ne fallait pas ouvrir.

« Rosine, je vous aime de toutes mes forces et de tout mon cœur. »

C'était débuter en amoureux bien inspiré. Rosine rougit et baissa les yeux en silence. « Oui, Rosine, je vous aime ; ne voyez-vous pas comme je suis tout éperdu et tout palpitant ? »

Il lui prit la main : « N'est-il pas vrai que mon cœur bat avec violence ? Qu'avez-vous à répondre à tant d'amour ? »

Rosine était une fille de bonne foi et de bon cœur ; elle pencha languissamment la tête sur l'épaule de Vander Doës.

« Me croirez-vous si je vous dis que je suis un grand seigneur; que je veux vous emmener en Hollande et vous y donner la moitié de ma seigneurie?

— En Hollande! c'est bien loin! » dit Rosine.

Ce qui voulait dire : Si nous nous aimions d'un peu plus près.

« D'ailleurs, reprit-elle, est-ce qu'on peut être amoureux en Hollande, dans le brouillard et la pluie? J'aime mieux Paris avec ma pauvreté : un rayon de soleil est une miette de bonheur tombée du ciel; croyez-moi, il faut s'aimer où l'on se trouve. »

Vander Doës ne s'attendait pas à rencontrer un cœur si poétique.

« Et puis, poursuivit Rosine, j'ai là, dans cette maison, une vieille mère et une jeune sœur dont je suis toute l'espérance : la guerre nous a ruinées, il ne nous reste plus à toutes les trois que cette aiguille, qui ne s'entend pas trop mal à ce travail de fée. »

Elle souleva dans sa main une broderie presque achevée dont Vander Doës admira la délicatesse inouïe.

« Rosine, lui dit-il, je vous aimerai partout. »

La pauvre fille devint si confiante, que bientôt ce fut elle qui alla au rendez-vous; elle pénétra d'un pied léger dans la retraite de Vander Doës. Il a chanté ce pied léger qu'il entendait dans son cœur comme dans l'escalier. Ils s'aimèrent toute une charmante saison dans la verdeur et la liberté de la jeunesse, — un amour en plein vent, ayant le ciel pour abri.

Cependant Vander Doës était rappelé en Hollande par sa famille, par ses amis et par le roi lui-même, qui voulait donner un emploi au seigneur de Nortwich. Il fallait partir, il partit. Un soir il entra chez Rosine avec une certaine tristesse qu'il voulait cacher en vain.

« Adieu, Rosine, je reviendrai demain.

— Pourquoi cet adieu qui me glace le cœur? » se dit-elle tout bas.

Il se détourna pour soupirer. « Ah! que le dernier baiser est triste à prendre! » pensait-il en tressaillant. Enfin il toucha pour la dernière fois d'une lèvre tremblante la lèvre émue de Rosine, et en même temps elle sentit tomber deux larmes sur sa main,

>Quand Vander Doës chanta les baisers de Rosine,
>Il chantait des baisers qu'il attendait encor;
>Et, dès qu'il fut l'amant de sa belle voisine,
>Il garda les baisers comme un divin trésor.
>
>L'espérance dit tout; c'est la folle alouette,
>C'est l'abeille qui chante en butinant son miel.
>Le souvenir se tait; c'est la rose muette
>Qui parfume le cœur et lui fait croire au ciel.
>
>Vander Doës un matin partit pour sa patrie.
>« Adieu, Rosine, adieu! je reviendrai demain. »
>Il l'embrassa deux fois, et Rosine attendrie
>Sentit deux fois tomber des larmes sur sa main.
>
>Le lendemain, hélas! pleurez, pauvre voisine!
>Elle attendit en vain, cherchant à s'abuser.
>Il ne revint jamais. « Ah! s'écriait Rosine,
>Sur mes lèvres du moins j'ai son plus doux baiser! »
>
>Ce baiser ne fut pas chanté par le poëte,
>Mais il fut pour toujours dans son cœur imprimé.
>L'espérance dit tout, la chanteuse alouette!
>Le souvenir se cache au fond du cœur charmé.

Rosine fut douloureusement atteinte par l'abandon : elle brisa sa vigilante aiguille, elle répandit toutes les larmes de son cœur. A chaque heure du jour, quelquefois même de la nuit, elle regardait par la fenêtre, mais il était si loin déjà ! Enfin elle se consola dans le travail, dans l'amour de Dieu, dans le cœur de sa mère, et, le dirai-je? dans un second amour.

Vander Doës, parti à la hâte, avait laissé dans sa chambre, avec un parfum d'amour, de jeunesse et de poésie, les *Baisers* de Jean Second*. Un jeune écolier en droit, fraîchement débarqué d'Auvergne, poëte et rêveur comme Vander Doës, était venu habiter le même lieu avec un cœur prêt à s'enflammer. Ce jeune homme, qui fut célèbre plus tard, se nommait Jean Bonnefons. Rosine, depuis qu'elle avait aimé et pleuré, était plus touchante et plus belle encore. Il vit Rosine, il l'aima.

Il l'aima tout en feuilletant les *Baisers* de Jean Second; vous devinez qu'il voulut, à son tour, inspiré par Rosine et par le poëte, soupirer ces poëmes mignons si brûlants et si légers. Il demanda à Rosine comment elle se nommait; il la baptisa dignement de deux mots grecs : *Pan-Charis (toute de grâce)*; son premier *baiser*, c'est l'*Amour poëte*; le deuxième, c'est le *Portrait*, où il s'arrête complaisamment sur toutes les beautés de Rosine, « l'arc d'ébène qui couronne ses yeux, son menton qu'une fossette partage avec tant de grâce, cette gorge plus blanche que le marbre le plus pur; toutes ces beautés sont fixées dans mon cœur; c'est par elles que Pancharis m'a chargé des chaînes d'or de l'amour.

---

* Cet exemplaire est aujourd'hui dans les mains d'Albéric Second, son arrière petit-fils.

Ô tendres gardiens de ma prison! ô douces chaines! bienheureux liens! » Au quatrième baiser, il chante l'aiguille de Rosine : « Dis-moi, cruelle aiguille, qu'a donc commis la main de ma maîtresse, cette main plus blanche que les troënes; quels sont les crimes de ses doigts si légers et si délicats pour t'exciter à les piquer si souvent? » La main de Rosine n'était pas très-fine, mais Bonnefor la voyait de loin, par le prisme de la poésie.

Bonnefons alla trouver un soir la maîtresse de Vander Doës. — Il y retourna. — Elle finit par venir à son tour.

« Ah! Dieu soit loué! vous voilà venue chez moi. — J'en savais le chemin, » répondit Rosine en soupirant.

Ici s'arrête le récit de l'annotateur. Ainsi il n'est pas étonnant que Vander Doës et Jean Bonnefons aient chanté sur la même gamme; ce sont deux échos du même poëte, deux flammes allumées au même regard.

Vander Doës ne fut pas seulement poëte et amoureux, il fut brave. Le prince d'Orange l'ayant nommé gouverneur de Leyde, il soutint fièrement le siége de cette ville, en 1574, contre les Espagnols, qui avaient à leur tête le commandeur de Requesens. Je reproduis tout un alinéa de l'annotateur : « Ce qu'il y eut de rare dans ce siége, c'est que, par un privilége qui ne pouvait appartenir qu'à un favori des Muses, Doës ayant intercepté des lettres que le général espagnol faisait passer dans la place pour engager les bourgeois à se rendre, il y répondit en écrivant des vers latins au bas de chacune d'elles [*]. Fatigué d'une résistance aussi gaie que glo-

---

[*] On trouve, dans les poésies de Daniel Heinsius, une pièce de vers grecs et une autre de vers latins sur des colombes dont le vainqueur de Leyde s'est servi pendant le siége pour tromper son ennemi.

rieuse, Requesens leva le siége et laissa en s'éloignant de Leyde à Vander Doës sans aucune altération la double couronne de laurier dont les Muses et le dieu de la guerre couvraient à si juste titre son front victorieux. »

A la suite de la guerre avec l'Espagne, Vander Doës redevint un poëte et un savant. L'arbre avait secoué toutes ses fleurs dans le printemps, le soleil de juillet allait mûrir les fruits. Il avait trop d'ardeur dans l'esprit pour se contenter de gouverner durant la paix ; il fonda une université qui devint bientôt brillante sous sa direction. Il écrivit un grand nombre de livres savants sur les historiens et poëtes latins ; il composa en vers élégiaques un poëme, ou peu s'en faut, ayant pour titre les *Annales de la Hollande*. Mais plus il alla, et plus il s'éloigna de la vraie poésie, la poésie de l'amour, qui chante dans la fraîcheur du matin les joies du cœur et des lèvres, les délices et les tourments de l'âme.

Bientôt il lui resta si peu de poésie à chanter, que, sur le point d'épouser une jeune et fraîche Hollandaise, il ne trouva rien de mieux pour lui faire sa cour que de lui adresser les *Baisers à Rosine*. Il changea le nom bien entendu. Au lieu de Rosine ce fut Ida. Heureusement c'étaient la même teinte de cheveux, la même blancheur de dents, le même azur des yeux.

En dépit de ce disgracieux préambule, il recueillit dans ce mariage autant de bonheur qu'il peut s'en trouver là. Sa femme lui donna quatre fils dignes de lui, qui furent des savants et des poëtes à leur tour. Le plus jeune, Jean, mort à vingt-six ans, a laissé des poésies latines « couvertes des lauriers du Pinde, » selon l'annotateur.

Vander Doës mourut peu de temps après ce fils, qu'il appelait le Benjamin des Muses; il mourut très-prosaïquement de la peste, à l'âge de cinquante-neuf ans. Pour oraison funèbre, on écrivit sur son portrait : *Jean Vander Doës, le Tibulle et le Varon de la Hollande, guerrier durant la guerre, poëte et savant durant la paix.*

J'ai traduit quelques baisers de Vander Doës, mais ce ne sont que des baisers en prose.

BAISER XVIII

LE DÉSIR

La rosée qui brille le matin, le souffle alizé du zéphyr, plaisent moins aux cigales babillardes durant les chaleurs de juillet; le repos à l'ombre, au léger murmure de l'eau, charme bien moins le voyageur fatigué que les lèvres prodigues et avares ne m'enchantent par leurs doux frémissements. Mais d'où vient qu'au milieu de mes ravissements mon cœur inapaisé désire encore? Au delà du bonheur, qu'y a-t-il donc? Ah! le désir est un aigle qui s'envole au delà des régions humaines; le désir nous dépasse de toute la distance de la terre au ciel.

BAISER XIX

LA MORSURE

Volupté de mon âme, ô Rosine! plus suave et plus douce que le miel, aimons-nous dans la vie; la vie est un combat, que notre vie soit un combat de baisers; mais ta dent criminelle m'a déchiré la lèvre! cette lèvre qui t'a appelée sa colombe aux doux roucoulements, sa fauvette gazouilleuse, le trésor et l'honneur de l'amour; cette lèvre qui t'a nommée tant de fois ses délices, son nectar, son diamant, son ambroisie; qui t'a élevée au-dessus des glorieuses amantes de Catulle et de Jean Second. Voilà donc le prix de tant d'hymnes amoureuses! une morsure! Ah! cruelle trop douce! mon autre lèvre est jalouse.

BAISER XX

L'AMOUR FAVORISE LA HARDIESSE

De sept baisers que Rosine m'avait promis, je n'ai pu lui en ravir qu'un seul, un seul baiser pris au vol ; il exhalait un si doux parfum, que Jupiter l'a savouré, croyant que c'était son ambroisie. Depuis ce jour, elle devient cruelle, elle répond de travers à mes plus tendres adorations. Amour ! amour ! comment lui ravir les six autres baisers ? Cupidon se prit à rire et à se moquer — Quoi ! Vander l'oës est devenu timide et craintif ? Songe donc, insensé, que l'audace et la hardiesse sont mes flambeaux les plus éblouissants. Sois brave et sans peur ; si ta Rosine se plaint, ferme-lui la bouche par un baiser : il n'est pas de femme qui ne se taise à cette raison-là.

On le voit, Vander Doës était de cette phalange de demi-poëtes, amoureux du bout des lèvres, qui passa comme un nuage rose sous le ciel orageux du quatorzième siècle. Un peu de grâce gazouillante, le souvenir antique doucement rajeuni, le rêve de l'amour plutôt que l'amour : voilà à peu près le bagage de tous ces demi-poëtes échos l'un de l'autre qui ont chanté sur la gamme des rouges-gorges et des mésanges. Vander Doës a brillé un instant, feu follet de la poésie, à côté de Sannazar. Scaliger lui accorde le laurier d'Apollon ; mais l'oubli est venu, qui a répandu sa poussière dévorante sur le poëte et sur ses œuvres. L'oubli a toujours raison.

XIII

Les tabagies.

Dans certaines tabagies, non loin du port, on retrouve encore à Amsterdam la physionomie franche et joyeuse qui séduisait Franz Hals et son école. Aujourd'hui pourtant les tableaux ne sont plus guère que des esquisses, on n'y reconnaît plus l'entrain naïf du beau temps, les vives couleurs en ont pâli ; c'est encore la fumée qui monte en spirales, la bière qui coule sur les tables, la débauche qui rit autour de la table et quelquefois sous la table ; mais la débauche enluminée que peignait Brauwer dégrafait son corsage avec une gaieté et un laisser aller qui ne se retrouvent plus.

Nous avons fumé dans trois ou quatre de ces tabagies. La fête commence à huit heures du soir et finit avant minuit. Des musiciens, juchés sur une estrade, vous étourdissent par la musique la plus aiguë du monde. Les matelots des quatre nations accourent dans ces tabagies comme dans l'Eldorado. Quand ils sont sur la mer, ils parlent des musico d'Amsterdam avec une vraie ferveur ; les mines de Golconde et celles du Pérou, les beautés du sérail et les filles de l'Andalousie ne sont rien pour eux, auprès des joies du cabaret hollandais. D'ailleurs, dans le cabaret hollandais, on a sous la main, réunies dans le même cadre, des filles de tous les pays. Mais ce qui surtout fait battre le cœur du matelot, c'est la Frisonne avec sa coiffure pittoresque, sa large dentelle lui voilant le front, sa lame d'or ou d'argent en demi-cercle qui s'épanouit aux tempes, en deux spirales chargées de larges boucles d'oreilles. Ainsi coiffée, la Frisonne est charmante avec ses regards naïfs et doux, ses joues fraîches et roses, sa bouche qui sourit avec innocence, même après avoir parlé à tous les matelots du globe.

Une de ces tabagies, plus ancienne que les autres, a conservé tout l'accent pittoresque de celles qu'a peintes Brauwer. Nous y trouvâmes, à notre entrée, une vingtaine de matelots flamands, anglais, américains, qui étaient venus là pour s'amuser, et qui, en attendant, ne trouvaient rien de mieux à faire que de boire du geniévre. Ils étaient tous gravement assis sur une seule ligne, entre le comptoir et les musiciens. A eux seuls, les musiciens formaient tout un tableau d'un bon style; ils étaient vieux et rubiconds. Il y avait, à ce qu'on nous dit, plus de cinquante ans qu'ils jouaient tous les soirs les mêmes airs dans cette tabagie. Béga n'a jamais exprimé de physionomies plus vives, plus gaies, plus réjouissantes. Il fallait les voir donner à tour de bras leur premier coup d'archet et continuer jusqu'à la dernière note avec la même fureur de main; il fallait les voir aussi appeler la fille du cabaret et tendre leur choppe pour puiser dans la bière une verve de plus en plus éclatante. Il n'y a que les musiciens ambulants qui puissent vous donner une idée de la fière allure de ceux-là.

Au comptoir, une espèce de duègne, coiffée avec

une certaine recherche et un grand luxe de dentelles, trônait majestueusement, avec une gravité toute béate, au milieu des pots, des pipes, des flacons de liqueurs, des bouteilles de vins rares. Dès qu'il entrait quelqu'un, elle versait à boire et envoyait par sa servante un plateau chargé de choppes, de petits verres et de noix vertes au nouveau venu. En entrant dans la tabagie, il faut en suivre les mœurs; on y est libre de ne pas boire, mais on n'y est pas libre de refuser à boire.

Pour ne rien déranger à l'harmonie de la salle, nous allâmes nous asseoir sur la même ligne que les matelots, tout en nous demandant quel plaisir ils pouvaient trouver dans cette position symétrique.

Enfin, la porte s'ouvrit, et nous vîmes défiler deux par deux une troupe de jeunes beautés, de quinze à quarante-cinq ans, qui, à un signal du chef d'orchestre, après trois ou quatre processions vraiment solennelles, entamèrent avec beaucoup d'entrain une polka hongroise, dans toute sa passion et dans toute sa fureur. Les matelots, jusque-là taciturnes et résignés, s'épanouirent tout à coup; les uns applaudirent, les autres se levèrent avec enthousiasme, mais nul d'entre eux n'osa s'aventurer dans cette polka vagabonde. Faute de danseurs, les almées d'Amsterdam continuaient à danser entre elles; comme elles jetaient avec une belle désinvolture leur bonnet par-dessus les moulins, comme elles étaient diversement vêtues, les unes en Frisonnes, les autres en Flamandes, celle-ci en paysanne de Saardam, celle-là en marchande de modes de la rue Vivienne, le tableau était d'une variété piquante, d'un vif coloris, d'un entrain étourdissant.

Une paysanne de Saardam vint offrir à un matelot anglais de trinquer avec elle.

« Ne trouvez-vous pas, dis-je à mon compagnon, que c'est là le minois chiffonné de la rue Notre-Dame-des-Lorettes? »

Elle se retourna vers nous, et nous parla en bon français, celui des coulisses de l'Opéra. La Frisonne vint lui prendre le bras.

« Et la Frisonne, dis-je d'un air de doute, de quel pays est-elle ?

— De Bordeaux, répondit la paysanne de Saardam ; mais, en revanche, cette Française que vous voyez là-bas est de Brock, à deux lieues d'ici. Nous nous figurons que nous sommes au bal de l'Opéra, et nous voilà enchantées de la métamorphose ; mais voyez si ce n'est pas désolant : ne pas trouver ici un seul danseur ! »

A cet instant, un cri de joie retentit dans la salle : un danseur venait d'entrer. J'espérais voir un matelot à moitié ivre qui allait s'abandonner à toutes les divagations de la danse. C'était un commis voyageur en vin de Champagne, qui nous avait offert ses services sur le bateau à vapeur.

O vieux caractère hollandais, où te retrouver pur de tout alliage européen?

XIV

Une ferme hollandaise.

Me voilà en pleine campagne, dans une ferme isolée, dont je vais vous peindre les mœurs. La ferme est bâtie en briques et couverte en chaume. Elle n'a ni murs ni haies pour la défendre contre les gens ou les bêtes mal-intentionnées. Elle est ceinte d'un petit canal où se pavanent quelques escadres de canards ; ce canal offre à peu près l'image d'un serpent qui se mord la queue. Un verger touffu, d'une fraîche verdure, ombrage la maison. J'étais vivement recommandé au fermier par un propriétaire riverain qui m'avait invité à dîner à sa maison de campagne. Je fus bien accueilli à la ferme par une petite femme toute rubiconde et toute naïve qui traînait deux enfants à ses jupes. Elle commença par m'offrir du café. Le fermier rentra, tout en se plaignant que les avoines ne jaunissaient pas. Il désespérait de les faire faucher avant quinze jours : on était à la fin de septembre.

« Pourquoi faites-vous des avoines? lui dis-je ; contentez-vous de vos riches prairies. Un beau bœuf ne vaut-il pas mille javelles?

— C'est vrai, monsieur ; mais, si vous saviez comme cette éternelle prairie nous ennuie à la longue! Quand l'eau ne donne pas trop, c'est pour nous un vrai plaisir de labourer la terre, au risque de ne rien récolter.

L'an passé j'ai semé du blé, je n'ai guère recueilli que de la paille, mais j'ai été bien heureux de voir des gerbes. »

Tout en parlant ainsi, le fermier me conduisit dans ses prés, où plus de cent cinquante vaches étaient éparses ; il commençait un cours d'économie rurale à propos des bêtes à cornes, quand un boucher vint faire sa tournée dans le pré. Comme il pleuvait un peu, je rentrai seul à la ferme, où la maîtresse du logis m'offrit une seconde tasse de café, cette fois accompagnée de pain et de beurre.

Pendant que je suis attablé devant un feu clair de fagots, la fermière, apprenant qu'un boucher est dans la prairie, se hâte de courir à lui pour empêcher son mari de faire un mauvais marché.

Une petite fenêtre cintrée me permet de voir tout ce qui se passe de curieux dans la cour. Une ferme est une république où tout le monde — bêtes et gens — vit en communauté. Le soleil a déchiré la nue ; le pays, tout à l'heure si morne, se ranime comme par enchantement. Les poules caquettent avec éclat ; les lapins viennent au grillage de leurs niches et semblent faire la causette en s'accroupissant. — Un paon s'avance vers la grange à la tête d'une armée de dindes noires plongées dans une humilité profonde ; leurs cris me rappellent le glouglou des bouteilles. Le paon se pavane et déploie sa queue au soleil. — Oh ! qu'une femme serait glorieuse d'avoir un pareil éventail et qu'un peintre serait heureux d'avoir une palette aussi riche ! — Le vent vient de renverser une échelle, les pigeons s'envolent je ne sais où, le soleil se cache et les lapins disparaissent dans le fond de leurs cabanes. Tout a changé dans le tableau, qui est redevenu triste et sombre : je suis réduit à regarder la mare, l'échelle, le fumier désert et les roues embourbées d'un chariot. Voilà un chat qui s'élance sur le bord de ma fenêtre et qui se tapit dans un coin. Le traître a l'air plus doux et plus affable qu'un courtisan. Le chat n'est pas un courtisan, c'est une noble bête qui a confiance en ses griffes, qui méprise souverainement les hommes, qui caresse sans amour la main qui le nourrit, qui déchire courageusement celle qui le blesse. — Mais voilà toutes les poules qui s'ameutent devant les portes de la grange, autour d'un coq superbe qui bondit au milieu d'elles, qui balaye la terre de ses ailes et qui prend les libertés amoureuses d'un pacha dans son harem. Le coq est beau, mais les poules sont laides ; le coq songe à becqueter les poules, mais les poules ne pensent qu'à becqueter le fumier. — Une troupe de cochons, poursuivis par un enfant, passent au galop au milieu de l'armée caquetante, qui ne s'effarouche pas de si peu. Les gentilshommes, comme dit un proverbe nègre, vont se jeter dans un bourbier au fond de la cour, où ils baignent voluptueusement leur nez en se moquant de celui qui les chasse. Le soleil reparait : le chat s'abandonne aux plus douces rêveries ; le coq a changé de couleur ; ses plumes noires ont un reflet vert et bleu ; les plumes blanches de ses ailes ont l'éclat de l'argent ; les plumes jaunes de son cou brillent comme des franges d'or. Sa queue forme le plus beau panache du monde. Le dix-septième siècle fut surtout le siècle du coq. — Mon tableau manque de verdure ; nul arbre d'alentour ne lève son front au-dessus de la grange : en me penchant vers le chat, j'entrevois pourtant une branche de marronnier que le vent, dans ses plus grandes secousses, abaisse vers la girouette. — Un coq blanc survient dans le sérail des poules ; le sultan s'y pavane avec dédain et veille en murmurant sur son honneur en danger. Son chant se perd dans les beuglements lointains d'un taureau. — Autre tableau : la servante passe portant d'une main un seau de lait et de l'autre un escabeau ; le pâtre, qui vient de la vacherie dont je vois à peine la porte, l'attire contre la charrette, où il suspend une nippe qui lui sert de manteau. — Ils devisent et se font les mines les plus grotesques.

J'ai changé de perspective en m'avançant au seuil de la porte, je n'aperçois plus ni la girouette ni la cime du marronnier ; je vois toujours le ciel ; la brume secoue par intervalles quelques gouttes de pluie. Mon regard s'envole vers un coin de paysage dont l'horizon est formé par une avenue de pommiers. — Une belle vache brune rumine au bord du chemin. — Le ciel s'éclaircit ; tout s'anime. Rien ne me plaît tant qu'un vieux pan de mur dont les pierres grises sont parsemées de quelques touffes d'orties en fleur. Un lilas sauvage y grimpe sur un framboisier, que la vache brune menace de briser sous sa dent. — Me voilà distrait par la servante qui s'avance vers le puits, dont la margelle est en pierres verdâtres. Le pâtre la poursuit encore. Elle accroche son seau ; il la saisit et fait semblant de la jeter dans le puits ; il a ses raisons pour cela, car elle, de son côté, fait semblant d'avoir peur : elle se presse sur le sein du gars et tout est pour le mieux ; mais voici la sermière, la servante repousse le galant et descend la corde. — Quatre faucheurs de regain, armés de faux, passent devant la porte en admirant la vache. — Le beau coq sort de la cour ayant à sa suite un essaim de poules amoureuses ou affamées. — Un marmot entraîne un chien anglais qui le renverse sur le fumier. Rien de plus svelte et de plus éveillé que ce beau chien; rien de plus rose et de plus gai que le marmot. Que de bonds! que de cabrioles! que de lutineries! — Le pâtre, que l'ardeur égare, revient à ses amours; il se penche au-dessus de la servante qui regarde son image dans le puits. Mais la fermière se fait entendre; la servante se relève et détache son seau. — La fermière impatientée demande au pâtre ce qu'il fait là. — Je ne sais pas, répond-il. — Le ciel se découvre. Le pâtre, qui n'a pas mis son manteau le matin, sans doute dans la crainte de la pluie, l'endosse à l'heure du beau temps. — La servante tourne la tête en revenant à la maison : je ne puis voir le regard d'adieu qu'elle jette au pâtre. — Un regard langoureux, humide, troublé, car le drôle en est ému.

Il pleut toujours un peu; le paon juché sur le toit de la vacherie se fait un parapluie de sa queue. — Encore une émeute parmi les poules; ce n'est plus à propos d'un grain de blé; ces dames sont jalouses d'une brunette qui déploie toutes les coquetteries du monde devant le coq au beau plumage. Elle incline son col d'ébène, elle entr'ouvre amoureusement ses ailes mouchetées, elle se permet des gentillesses coupables. Les poules tiennent conseil et caquettent toutes ensemble comme feraient les femmes, — si jamais les femmes pouvaient s'entendre. — Un rayon de soleil traverse la nue et fait briller la pluie comme des colliers de perles.

C'est assez regardé par la porte comme par la fenêtre. Voyons l'intérieur de la maison : dans cet intérieur, ce qui me frappe de prime abord, c'est une crémaillère d'un si vif éclat que je suis tenté de la croire en argent. Les dalles sont brillantes, quoique saupoudrées de sable ; on n'y marche qu'avec respect ; les solives du plafond sont peintes et vernies ; les meubles, en bois de chêne, sont cirés. Je remarque une table longue garnie de choppes et de gobelets d'étain, un buffet d'une sculpture grossière, où l'on expose des plats de faïence ornementés et peints, une maie couverte de pains merveilleusement dorés, un chariot et un bateau d'enfant, un lit perdu dans une alcôve obscure, où pendent des rideaux à ramages. On respire dans cette maison un parfum d'eau, de feu et de pain cuit dans un four chauffé aux bruyères, qui vous prend au cœur et vous invite aux mœurs patriarcales.

La fermière rentre et me demande si je veux du café. « Nous avons bien de l'embarras, me dit-elle, voilà nos charrettes embourbées. » Je la suis à travers champs. « Vos charrettes, lui dis-je, en regardant partout, je ne vois ni chevaux ni voitures. »

A ce moment, comme nous arrivons sur le bord de la rivière d'Ye, j'aperçois deux bateaux couverts de foin arrêtés dans les joncs.

Il y a cependant des chariots servant comme dans les autres pays, mais ici les chariots n'ont pas de timon ; les chevaux vont en toute liberté, traînant la voiture sans la porter. Le charretier dirige avec ses pieds une espèce de gouvernail recourbé.

Je dînai à la maison de campagne; on nous servit du bœuf salé dans des confitures, un coq de bruyère, des vanneaux et des pluviers, divers poissons, un jambon de Mayence, un pâté de Chartres, du raisin de Fontainebleau, du thé et du café des îles, du vin du Rhin, du vin de Portugal et du vin de Champagne. Comme je me récriai sur le luxe de la table, mon hôte me dit d'un air victorieux : « C'est pour nous que les Européens font les moissons et les vendanges. »

XV

L'Iliade et l'Odyssée.

Nous étions un peu fatigués du chemin de fer; nous revînmes de Rotterdam à Anvers par mer. Après un dîner très-hollandais, nous montâmes pêle-mêle, hommes, femmes, capucins, artistes et poëtes, dans un omnibus boiteux, qui nous conduisit comme à cloche-pied au navire. Nous y trouvâmes belle compagnie. Le salon des voyageurs aristocrates, le salon des voyageurs plébéiens, la cuisine, l'escalier, tout était habité du haut en bas. Je parvins, non sans peine et tout en coudoyant, dans le premier salon. Tout le monde parlait à la fois; j'avais beau détourner la tête, je respirais les paroles. Sur le divan du fond se trouvaient pourtant quatre passagers silencieux; je m'arrêtai un peu de leur côté, et, sans trop savoir quel parti prendre, je me mis à contempler le tableau flottant autour de moi. Les quatre silencieux passagers étaient des Anglais de corps et d'âme, ruminant leur rosbif et leurs choux de Bruxelles; cependant, comme les Anglais ne s'impatientent jamais trop, ceux-ci fermèrent l'œil résolûment dès que le bateau fut en route. A côté d'eux étaient assez bien groupés cinq capucins regagnant leur abbaye en gens qui ne sont pas pressés d'arriver. Ils devisaient entre eux, mais d'un air discret, comme s'ils eussent craint le contrôle de la mauvaise volonté du voisinage; or, pour voisinage il y avait trois femmes qui babillaient de toutes leurs forces, n'écoutant ni les capucins ni elles-mêmes; c'étaient trois commères décidées, assez fraîches et assez pimpantes, qui allaient passer les fêtes à Ostende. Dans un coin, à demi caché par le bonnet d'une de ces femmes et par le chapeau à cornes d'un des capucins, j'entrevis, avec un certain plaisir, une belle fille d'une vingtaine d'années, vêtue en Parisienne, ayant la mine enjouée d'une petite marchande de modes. Je fus surpris de la voir seule au milieu d'un monde étranger qui n'avait pas l'air de l'amuser beaucoup. Je me disposais à aller à elle comme si j'avais quelque chose à lui dire; mais, à cet instant, je vis venir à moi mon voisin à la table d'hôte, un sénateur belge, qui à Anvers devait m'ouvrir la porte trois fois close d'une galerie de tableaux de l'école française. Je lui demandai comment il entendait passer cette mauvaise nuit.

« Je ne suis pas en peine, me dit-il, le capitaine me protége. Avant une demi-heure, j'aurai la meilleure place; si vous y tenez un peu, je vous protégerai à mon tour. »

Nous fûmes interrompus par de bruyants éclats de rire. Quelques commis voyageurs de Bruxelles, contrefaçon assez heureuse des commis voyageurs de Paris, s'amusaient par des quolibets aux dépens des pauvres capucins. C'était à qui dirait le plus beau calembour et le plus splendide coq-à-l'âne. « Décidément, dis-je en entraînant le sénateur, l'atmosphère du grand salon est très-dangereuse. » Le petit salon débordait de voyageurs non moins bruyants, non moins sans façon. D'un côté on jouait à la main-chaude, de l'autre côté on parlait politique; çà et là les plus paresseux s'endormaient sans souci, étendant les jambes et les bras par-dessus leurs voisins ou leurs voisines, comme s'ils étaient dans leurs lits. « Allons plus loin, » me dit le sénateur. Nous montâmes dans l'escalier pour respirer un peu; nous rencontrâmes sous nos pieds un charbonnier et un vagabond qui venaient de s'endormir sur ce doux oreiller : l'un poussa un cri à notre passage. « Ne faites pas attention, dit le sénateur; je ne lui ai marché que sur le pied. » Nous trouvâmes sur le pont d'autres charbonniers étendus à la belle étoile, qui pronostiquaient sur le lendemain, sur la lune, sur la pluie et le beau temps. Comme le vent se refroidissait, nous redescendîmes bientôt sans trop marcher sur nos deux hommes de l'escalier; en descendant, ce fut le vagabond qui cria; cependant je ne lui avais marché que sur la main. Le sénateur le consola par une sentence. Comme nous allions entrer dans le dortoir pour nous assurer s'il ne restait pas quelques lits vacants, le capitaine nous fit signe de le suivre; il nous mena tout droit à la cuisine.

« Je vous l'avais bien dit, reprit le sénateur d'un air victorieux, je vous l'avais bien dit que nous pouvions compter sur la haute protection du capitaine. Madame la cabaretière, donnez-nous donc trois verres de punch, sans parler de celui que vous boirez avec nous.

— Je croyais, dit le capitaine en souriant, qu'un sénateur belge n'était bon à rien.

— Au sénat, je ne dis pas; mais ailleurs, c'est autre chose. »

La cabaretière fit flamber le punch à l'instant; elle le servit avec une bonhomie flamande et un entrain rieur qui me ravirent. C'était une petite veuve accorte et fraîche, ne pleurant pas trop la mémoire des absents. Le capitaine était, bien entendu, en première ligne dans son esprit; il exerçait même sur elle certain privilége galant et chevaleresque; il la faisait sauter dans ses bras, il l'embrassait au passage, il lui disait un mot gaillard ou lui chantait un refrain amoureux : le tout sans dépasser les bornes du bateau, c'est-à-dire sans dépasser les bornes de ses États. Nous bûmes, sans trop y prendre garde, une grande soupière de punch, après quoi le capitaine nous indiqua notre chambre à coucher, notre lit, nos pantoufles et accessoires. Notre chambre à coucher, c'était la cuisine; notre lit, c'était la table de la cuisine.

« A la guerre comme à la guerre, à la mer comme à la mer, reprit le capitaine; le sommeil est bon partout; que Dieu vous berce et vous bénisse!

— Est-ce que vous croyez que je vais dormir là-dessus? dis-je au sénateur.

— J'y dormirai bien, me répondit-il d'un air résolu; vous ne voulez donc pas me prendre pour camarade de lit?

— De tout mon cœur; voyez plutôt ma bonne volonté. »

Je m'étendis d'un bout à l'autre sur la couche en question.

« Voulez-vous le bord, voulez-vous la ruelle? lui dis-je.

— Cela m'est à peu près égal. Voyons pourtant, je penche pour la ruelle.

— Si nous avions seulement un oreiller!

— Quel Sardanapale vous faites! Est-ce que vous n'avez pas vos deux mains et vos cheveux? D'ailleurs, quand le sommeil est là prêt à prendre, on n'y regarde pas de si près; un peu de duvet de plus ou de moins, la belle affaire!

— Votre plus ou moins est fort ingénieux; mais il me semble que vous tenez beaucoup de place. Songez que je suis au bord, prêt à tomber; mais qu'importe? un lit en vaut un autre. Bonsoir.

— Bonsoir.

— Dites donc, la cabaretière! est-ce que vous passerez toute la nuit à veiller? »

La cabaretière rougit.

« Il m'arrive souvent de me coucher; mais, pour cette nuit, je ne dormirai que d'un œil, car, faut-il vous le dire? vous êtes dans mon lit.

— Entendez-vous, monsieur le sénateur? Il paraît que nous sommes dans son lit.

— Le fait est grave ; mais je dors déjà. Bonsoir.
— Bonsoir. »

Un silence de quelque vingt secondes suivit ces paroles. Comme je ne pouvais m'habituer aux délices de mon lit, je renouai la conversation avec la cabaretière :

« Il y a encore de la place pour vous : quand il y en a pour deux, il y en a pour trois.

— J'ai bien le temps de dormir ! dit-elle en me montrant ses fourneaux ; tout le monde est en train de s'enivrer cette nuit, jusqu'aux capucins, qui m'ont demandé cinq canettes de bière et cinq verres de vin chaud. Aussi on en dit de belles sur leur compte ! »

A cet instant le capitaine revint de faire sa tournée, ayant à sa suite deux bourgeois flamands, souvenir parfait des bourgmestres de Van Ostade. Ils allaient voir la mer pour la première fois de leur vie. Le capitaine m'apprit que ces braves bourgeois venaient respirer un peu dans la cuisine, mais que je pourrais dormir en paix comme s'ils n'étaient pas là, attendu qu'ils ne disaient rien de trop. Là-dessus, le capitaine sortit encore ; nos deux bourgeois se regardèrent trois minutes durant avec une gravité rembranesque ; après quoi ils jugèrent à propos de s'asseoir, après quoi le plus éloquent demanda un domino à la cabaretière.

« Et où vont-ils donc jouer ? » me dis-je à moi-même.

Il restait depuis un instant, grâce à un caprice de ma jambe, un espace de deux mains, deux mains flamandes il est vrai, d'un côté de notre table. Nos deux bourgeois mal élevés s'emparèrent de ce champ libre ; et commencèrent à jouer.

5.

« Prenez garde, leur dit la cabaretière, la jambe de ce voyageur pourrait bien jouer aussi.

— En effet, murmurai-je en riant sur mon chevet, si je voulais, mon pied serait de la partie. »

Cependant le premier coup était déjà fini, les joueurs n'avaient pas dit un mot. J'eus tant de franche admiration pour ce silence, moi qui avais *entendu* jouer aux dominos à Paris, que je me promis de respecter le plaisir tranquille de mes bons bourgeois de Berg-op-Zoom ; je crois même me souvenir que je me rapprochai un peu du sénateur, qui dormait pour tout de bon. Mais on n'est pas pour rien un rêveur distrait. Voilà que tout à coup, sans y penser, j'allonge le pied sur la terre promise des joueurs, une douzaine de dominos sont jetés à terre ; c'était un coup décisif, le coup est manqué. Il y avait de quoi fâcher tout rouge des joueurs français, tout bleu des joueurs italiens. Savez-vous ce que me dirent ceux-là ? Rien, pas un mot, pas une plainte. Ils ramassèrent paisiblement les dominos; ils reprirent le coup avec une résignation héroïque ; seulement le plus éloquent des deux repoussa un peu mon pied ; mais ce fut avec une exquise douceur. « Cette fois, me dis-je avec reconnaissance, cette fois je jure de ne pas dépasser les bornes. » Je refermai les yeux, je me laissai aller indolemment au premier courant venu de la rêverie. « Après tout, me disait la rêverie, ces Hollandais sont les hommes les plus raisonnables : ils ne disent rien jamais, ils vont toujours; ils ne font pas de discours à la vapeur, ils font des chemins de fer ; ils vont droit devant eux, sans détour, sans zigzag. » J'en étais là ; mais, ayant oublié mon serment, comme tous ceux qui font des serments, je pliai la jambe, et voilà encore les dominos semés pêle-mêle dans la cuisine. Certes, je le dis en toute vérité, j'eusse renversé mes porcelaines de Chine sans plus de chagrin. Que faire? M'éveiller et m'excuser? Mais il est si bon de faire semblant de dormir! Mes deux joueurs furent ce qu'ils avaient été déjà, silencieux et résignés!

Or, tout en faisant semblant de dormir, je m'endormis de bonne foi; mais jamais sommeil ne fut moins paisible. A peine endormi, je me mis à rêver que j'étais entouré et couvert de dominos : on jouait à mon chevet, sur mon oreiller, au pied du lit, dans la ruelle; jamais les double-six ne m'ont semblé si lourds et si embarrassants à placer; j'avais surtout un jeu sur l'estomac qui menaçait de m'étouffer; je n'osais respirer. Si le rêve eût duré deux minutes de plus, j'étais mort, *mort sur la terre étrangère!* Voyez quel drame héroïque! mourir plutôt que de déranger une partie de dominos!

Heureusement je m'éveillai, et, pour la troisième fois, je renversai les paisibles dés de mes bons bourgeois de Berg-op-Zoom. Le plus éloquent prit enfin la parole :

« Diable! dit-il en ramassant les dés.

— Allons, allons, murmure l'autre; vous faites bien du bruit pour rien. Vous allez réveiller ces messieurs. »

Moi, tout émerveillé de voir cette docilité flamande contre les coups du sort et mes coups de pied, je sautai à bas du lit tout en priant les joueurs d'étendre le champ de leurs plaisirs. La cabaretière n'avait pas cessé de faire chauffer du vin ou du rhum, toute la cuisine était pleine d'un parfum d'ivresse nuageuse qui commençait à me prendre à la tête. Je sortis pour aller respirer sur le pont. Dans l'escalier je trouvai, outre le vagabond et le charbonnier, des dormeurs enragés assez confusément échelonnés. J'arrivai sans trop de fracas sur le pont, où je fus presque ébloui par le clair de lune. Le ciel était pur, le bateau allait lentement. On voyait çà et là passer une ombre noire, on entendait de temps en temps le mugissement lointain d'un troupeau de bœufs parqués à la belle étoile.

En traversant le pont, je fus tout d'un coup saisi d'une grande surprise à la vue d'une femme qui pleurait sur un banc. Elle penchait la tête sur la garde du pont, elle regardait l'eau tranquille du canal en laissant échapper un douloureux sanglot. En m'approchant d'elle, je reconnus la jolie fille de vingt ans que j'avais jugée être une modiste — plus ou moins — de la rue Vivienne.

J'allai m'asseoir à côté d'elle, et, lui prenant la main sans façon :

« Voyons, dis-je, vous êtes belle et vous voyagez : il n'y a pas là de quoi pleurer. »

Elle ne me répondit pas; elle sanglota de plus belle.

« Si vous étiez Flamande, je vous pardonnerais de ne pas me répondre; mais vous êtes Française, et, qui plus est, Parisienne.

— Qui vous l'a dit ? s'écria la jolie fille.

— Votre minois tout chiffonné. Allez, vous pouvez bien me conter vos peines, — vos peines de cœur, j'imagine; — j'ai l'oreille assez française pour vous écouter.

— Hélas! » dit-elle en soupirant.

Jamais femme trompée, délaissée, abandonnée, n'avait dit *Hélas!* avec tant de douleur.

« Le premier mot de votre histoire n'est pas très-gai, lui dis-je; mais j'écoute d'autant mieux.

— Est-ce que vous vous figurez que je vais vous apprendre pourquoi je pleure? vous n'êtes pas fat à demi.

— Pourquoi pas?

— Non, jamais! reprit-elle avec un peu de charlatanisme; c'est un secret entre Dieu, — lui — et moi!

— Je suppose que Dieu n'est pour rien dans cette affaire.

— Dieu est partout, monsieur.

— Sur la terre et sur l'onde. Mais — lui, — où est-il?

— Lui? Ah! comme nous allons lentement!

— Je comprends. Vous le trouverez à Anvers.

— Ah çà! monsieur, qui êtes-vous donc? Il est bien étrange que je me laisse aller à babiller avec vous, quand je serais si bien seule.

— La solitude est mauvaise, surtout ici, où le fleuve est profond.

— Ne craignez rien; ma douleur ne va pas jusque-là. Mais ne trouvez-vous pas que le vent est glacial? je vais redescendre au salon. Ah! la maudite traversée! des capucins qui se figurent que le dimanche a été institué pour changer de chemise et se laver le cou? Est-ce qu'il est possible que saint Pierre laisse passer des capucins flamands à la porte du paradis?

— C'est son affaire et non la nôtre. Si vous voulez un gîte plus digne de vous, je vous présenterai dans la pièce réservée ; ou plutôt demeurons ici, un si beau clair de lune ! »

Et, tout en disant ces mots, je mis mon manteau sur ses épaules frissonnantes.

« Est-ce que vous allez à Paris ? me demanda-t-elle en se nichant avec grâce dans les plis du manteau.

— Je voyage, lui répondis-je ; je ne sais pas où je vais. Je n'ai pas, comme vous, un cœur qui m'attend sur la route.

— O mon Dieu ! je puis bien vous raconter cette triste histoire ; vous croirez m'entendre lire une belle page de roman.

— Et ce sera pourtant une page de votre cœur.

— Comme vous dites très-bien ; — une page que je voudrais déchirer à jamais. »

Elle commença ainsi :

« C'était l'an passé, au bal de l'Opéra... »

Mon héroïne en était là de son histoire quand un bruit sourd et menaçant nous arriva par l'escalier ; bientôt nous distinguâmes dans la confusion des voix qui criaient : *A l'eau ! à l'eau !*

« O mon Dieu ! dit-elle en tressaillant, le feu aura pris à la soutane des capucins. »

Je descendis. Tout le bateau était en rumeur : un mauvais plaisant avait proposé de jeter à l'eau les capucins ; des charbonniers ivres avaient pris au sérieux la proposition ; il s'était trouvé des champions pour défendre les pauvres frères ; le débat était des plus animés et des plus pittoresques. Le capitaine avait beau crier à tue-tête que les capucins étaient des hommes comme les charbonniers ; on l'accusait de partialité, on refusait de l'entendre. Voyant que le danger menaçait, j'allai charitablement prier le sénateur de venir au secours du droit des gens. Je trouvai le sénateur dans le sommeil des bienheureux; mais ce qui me surprit bien, ce fut la sérénité parfaite de mes deux bourgeois de Berg-op-Zoom, qui n'avaient pas un seul instant cessé de jouer aux dominos.

« Vous n'entendez donc pas qu'on s'entre-tue par là-bas?

— Ah! dit l'un, c'est donc pour cela qu'ils font tant de bruit?

— Laissez-les faire, dit l'autre en posant doucement son dé. »

Je retournai sur le champ de bataille : les capucins avaient perdu passablement de terrain; par esprit de corps, charbonniers et charbonnières leur faisaient une terrible guerre d'escarmouche, un coup de pied par-ci, un coup de poing par-là, c'est à peine si les pauvres diables osaient se défendre un peu, tant ils étaient fidèles à cette divine parole : *Ne fais pas à autrui*... Je parvins à traverser la foule, je me jetai résolûment dans leur camp et je les encourageai au combat, tout en tenant à distance une charbonnière qui éclatait par toutes ses extrémités méchantes. Les capucins prirent enfin courage, ils déployèrent toutes leurs forces, ils repoussèrent bientôt victorieusement leurs noirs adversaires. Moi, n'ayant guère perdu qu'une cravate dans la bataille, je retournai à ma jolie passagère, qui devait m'attendre sur le pont. Je ne trouvai sur le pont que le sénateur, qui, en homme d'esprit, s'était éloigné le plus possible du champ de bataille. « Nous allons arriver à Anvers, me dit-il ; ne voyez-vous pas déjà les clochetons que le point du jour éclaire peu à peu?

— Oui. D'où vient que vous avez ce manteau à la main ?

— Mon arrivée sur le pont a effarouché une femme; elle s'est enfuie, j'ai voulu la retenir, ce manteau m'est resté à la main. Ce n'est pas tout à fait madame Putphar. »

Je descendis pour retrouver la fugitive. Elle s'était blottie dans un coin du grand salon pour pleurer tout à son aise. Une femme qui pleure amoureusement est trop belle à mes yeux pour que je songe jamais à la consoler.

XVI

Divagations.

A Anvers, il faut remonter en waggon. En waggon, je n'ai pas le temps de rêver. La pensée y est plus ardente qu'ailleurs: elle s'élance comme la flamme, elle dévore l'espace, elle m'éblouit, mais elle ne me donne pas les joies paisibles de la rêverie, — la rêverie oisive et charmante qui va par mille détours poétiques, qui s'égare, qui s'arrête, qui rebrousse chemin. — Vous ne verrez jamais, en voyageant sur les chemins de fer, apparaître ces chœurs de visions qui vous emportent loin de la terre dans leurs robes flottantes. On croyait que la vapeur lutterait avec le temps, qu'elle aurait le pas sur lui, qu'elle l'arrêterait dans sa course, qu'elle laisserait au monde une heure pour respirer. Mais le temps va mille fois plus vite qu'une locomotive. Il n'est pas un oiseau voyageur, pas un nuage de tempête, pas une pensée humaine qu'il ne devance.

Le temps ! le temps ! comment le saisir et l'arrêter ? Je me rappelle certaine saison amoureusement passée en pleine montagne entre un bois, un moulin et une fontaine. — *Alors j'avais le temps !* — Je m'asseyais au bord de l'eau et je me regardais vivre, je courais dans les bois et je me sentais vivre. Aujourd'hui, quand j'entr'ouvre ce passé si rayonnant, — les rayons de la jeunesse ! — je vois passer ma vie lentement, mais comme une muse étrangère. Le temps passé, c'est le beau temps ! c'est là que nous vivons, là, toujours là. Comme le voyageur, curieux d'avancer et non curieux du spectacle qu'il a sous le regard, nous gravissons la montagne avec une ardeur aveugle ; au milieu des fatigues et des douleurs de la route, nous nous retournons et nous tombons en extase à la vue des belles vallées que nous avons dépassées à jamais. Hélas ! en les traversant, nous n'avions pas pris la peine de les regarder. Nous distinguions tout au plus les arbres en fleurs qui bordaient les chemins, les haies touffues qui bordaient les sentiers, quelques échappées dans les prairies, quelques nuages dorés à l'horizon. Maintenant que nous sommes sortis du jardin d'Armide, — Armide, n'est-ce pas la jeunesse ? — nous y découvrons mille et un trésors jusque-là ignorés : les ombrages odorants où rêve la poésie ; les bois doucement agités où il faut passer dans le mystère de la vie et du cœur ; les fontaines jaillissantes, — sources vives du divin amour, — où il nous serait si doux de plonger nos lèvres inapaisées, à cette heure où déjà nous ont apparu les pâles fleurs du tombeau.

Pourquoi les faiseurs de romances ont-ils gâté les montagnes dans leurs refrains·! Mais au moins ils n'ont pas célébré la mienne, qui est encore là-bas fière et poétique, les flancs chargés de vignes généreuses! Nous nous reconnaissons toujours : je la salue et elle me parle comme au beau temps. Elle me raconte tout ce qui fut la joie de ma jeunesse. C'est là que la muse chantait en moi ses divines chansons du temps perdu; mais je me suis enfui tout en croyant qu'un poëte était né pour faire des vers, — comme si on avait au cœur un dictionnaire des rimes! Ne m'est-il pas arrivé ce qui arrive au voyageur, qui voit en se retournant les beautés d'un pays, quand il va passer dans un autre. Je n'ai vu la poésie qu'après m'être éloigné d'elle; quand j'ai fait des vers, était-je encore poëte?

Mais le souvenir est toute la vie. Il semble que nous ne dérobions aux fleurs de la route que le miel du souvenir.

XVII

Philosophie du voyage.

J'ai traversé deux fois le pays de Rembrandt,
Pays de matelots — qui flotte et qui navigue —
Où le fier Océan gémit contre la digue,
Où le Rhin dispersé n'est plus même un torrent.

La prairie est touffue, et l'horizon est grand ;
Le Créateur ici fut comme ailleurs prodigue...
— Le lointain uniforme à la fin nous fatigue ;
Mais toujours ce pays m'attire et me surprend.

Est-ce l'œuvre de Dieu que j'admire au passage ?
Pourquoi me charme-t-il, ce morne paysage
Où mugissent des bœufs agenouillés dans l'eau ?

Oh ! c'est que je revois la nature féconde
Où Berghem et Ruysdaël ont créé tout un monde ;
A chaque pas ici je rencontre un tableau.

———

Je retrouve là-bas le taureau qui rumine
Dans le pré de Paul Potter, à l'ombre du moulin ;
— La blonde paysanne allant cueillir le lin,
Vers le gué de Berghem, les pieds nus s'achemine.

Dans le bois de Ruysdaël qu'un rayon illumine,
La belle chute d'eau ! — Le soleil au déclin
Sourit à la taverne où chaque verre est plein,
— Taverne de Brauwer, que l'ivresse enlumine.

Je vois à la fenêtre un Gérard Dow nageant
Dans l'air ; plus loin Jordaens : — les florissantes filles ! —
Saluons ce Rembrandt si beau dans ses guenilles !

Oui, je te connaissais, Hollande au front d'argent ;
Au Louvre est ta prairie avec ta créature ;
Mais dans ces deux aspects où donc est la nature ?

Le grand peintre est un dieu qui tient le feu sacré;
Sous sa puissante main la nature respire :
Ne l'entendez-vous pas, sa forêt qui soupire?
Ne la sentez-vous pas, la fraîcheur de son pré?

Comme aux bords du canal, sous ce ciel empourpré,
La vache aux larges flancs parcourt bien son empire!
Dans cet intérieur comme Ostade s'inspire!
Gai tableau qui s'anime et qui parle à son gré.

Pays doux et naïf dont mon âme est ravie,
Oui, tes enfants t'ont fait une seconde vie,
Leur souvenir fleurit la route où nous passons.

Oui, grâce à leurs chefs-d'œuvre, orgueil des galeries,
La poésie est là qui chante en tes prairies,
Comme un soleil d'été sourit à nos moissons.

VOYAGE A MA FENÊTRE

I

Comment me vint l'idée de ce voyage.

Je suis allé au bout du monde — visible et invisible, — j'ai fait le tour de la Vénus de Milo, tout l'art antique; j'ai adoré les figures de Prudhon, tout l'art moderne. — J'ai parcouru les sphères radieuses de Platon, le monde ancien; — j'ai monté jusqu'au Calvaire avec Jésus-Christ, le monde nouveau; — j'ai habité toutes les républiques idéales. — Je suis allé partout et encore plus loin. J'ai même fait le tour de moi-même, ce qui n'arrive à nul voyageur.

Aimant les voyages, je ne savais plus où aller, quand je me suis avisé, un matin que le soleil — selon sa coutume — s'était levé plus tôt que moi, d'ouvrir ma fenêtre pour fermer mes volets : — Le soleil, qui a des lèvres amoureuses, venait à ma barbe baiser une jolie figure qui souriait de tous les sourires dans ma chambre, au-dessus de la table où j'écrivais, — car aujourd'hui je n'écris pas : — je conte.

Or le soleil est un rival dangereux, quand on a une maîtresse peinte au pastel.

— Soleil, mon ami, lui dis-je en cherchant ma pantoufle persane, si je n'y mets bon ordre, vous n'en laisserez pas; allez vous coucher.

C'était un peu familier : aussi le soleil me répondit, sur le même ton, qu'il n'en démordrait pas d'un baiser, qu'il se nourrissait de roses, et qu'il déjeunerait de ma figure au pastel tant qu'il y trouverait quelque chose à prendre.

Dans ma colère jalouse, je lui jetai les volets à travers la figure.

Cependant j'étais debout, et je ne savais que faire de mes jambes et de mon temps. La solitude, penchée au-dessus de l'âtre, me conseillait d'aller à elle ou de la rappeler dans mon lit. Il ne faut abuser de rien, pas même de la solitude. Ce matin-là elle me fit peur avec sa robe noire étoilée de larmes; je regrettai d'avoir jeté mon ami le soleil par la fenêtre; j'allai bravement ouvrir les volets pour savoir s'il était encore temps de le rappeler. Il était trop tard; il s'était barbouillé la figure de je ne sais quel nuage parisien — ce bon nuage parisien qui nous sert de parasol plus de la moitié du temps. — Toutefois il ne se fit pas trop attendre; il se jeta dans mes bras sans rancune.

Il ne serait pas hors de propos, ami lecteur, de te dire qui je suis, — car tu vas voyager avec moi pendant trois à quatre heures — si je suis bon compagnon de route. — Or, qui suis-je? — Je n'en sais rien. — Connais-toi toi-même, dit la sagesse des nations ; ce qui est un mot profond. Car, en effet, on connaît son cheval et sa maîtresse, son chien et son ami. — Il y a des maris qui vont jusqu'à connaître leur femme : mais quel est celui d'entre nous qui a jamais pris la peine de descendre en lui-même avec le fil d'Ariane pour s'y retrouver ?

Ulysse fut reconnu par son chien Argus, mais Ulysse ne se reconnaissait pas lui-même. La maison est la même, plus ou moins ravagée par les saisons; mais que de fois les hôtes ont changé! que d'amours ont succédé au premier amour, que de rêves au premier rêve, que de larmes au premier éclat de rire!

On regarde passer les autres dans la vie, mais on n'a pas le temps de se regarder passer. Cependant, puisqu'on est obligé de faire tant de mauvaises connaissances, pourquoi ne pas faire la sienne. Il serait meilleur peut-être de vivre avec soi que de vivre avec les autres.

Pour moi, j'en suis à la première page de mon livre, je ne sais rien du *tome premier* — mon cœur, — *ni du tome second* — mon esprit.

Je ne suis pas allé pour rien à ma fenêtre. Le soleil, mon collaborateur ordinaire, rayonne sur mon front et l'étoile des mille fleurs de la rêverie. Je vais les effeuiller sur le tome premier et sur le tome second.

N'ayez jamais d'autres livres que ceux-là, — le cœur et l'esprit, — le monde visible et invisible.

J'aurai toujours plus de confiance dans le philosophe qui étudie la vie dans le livre universel de ce beau globe couronné de lumière bleue et pourprée, que dans le philosophe qui étudie la vie dans l'universalité d'une bibliothèque.

Le monde est un livre écrit par Dieu et commenté par les hommes. Voyager, c'est lire ce beau livre, dont il restera toujours des pages oubliées.

Il est des voyageurs qui ne s'inquiètent pas des commentaires, ce sont les philosophes et les poëtes ; il en est qui ne lisent que les commentaires, ce sont les savants et les curieux, ceux-là qui s'arrêtent avec respect devant un chant d'Homère, un bas-relief de Phidias, une fresque antique de Zeuxis. De tels commentateurs ne sont pas à dédaigner. Dieu lui-même doit sourire à ceux qui ont si largement interprété le texte sacré : — une édition de la nature, avec des notes d'Homère et des dessins de Zeuxis ou de Phidias ! —

Me voilà donc en route. Ah ! si j'avais un compagnon de voyage !

> Monsieur de Cupidon, grand coureur d'aventure,
> Qui veniez si souvent rêver sous mon balcon,
> Ne vous verrai-je plus, si ce n'est en peinture?
> Me condamnerez-vous aux vierges d'Hélicon?
>
> As-tu donc oublié nos belles équipées?
> Nous n'allions pas nous perdre au ciel comme Ixion.
> Aujourd'hui, qu'as-tu fait de tes flèches trempées
> Dans la coupe où Vénus buvait la passion?
>
> Pour avoir de l'argent les aurais-tu fondues?
> Ton carquois n'est-il plus qu'un sac d'écus comptés !
> Qu'as-tu fait de ton chœur de nymphes éperdues
> Conviant l'univers aux folles voluptés?

Aurais-tu trépassé dans les bras de ma belle
Sur la double colline où la neige rougit?
Si tu ne réponds pas à mon cœur qui t'appelle,
Sur le marbre du sein j'écrirai donc : *Ci-gît*.

Ci-gît mon jeune amour : ne pleurez pas! Sa tombe,
Où déjà plus d'un cœur est venu se briser,
Est un doux lit jonché de plumes de colombe.
— Il naquit d'un sourire et mourut d'un baiser! —

Mais l'amour est comme le printemps; il rit à travers le givre, la neige et les giboulées; il parfume la nuit et fleurit sous les tombeaux. L'amour est mort, vive l'amour! Qui sait, en regardant par la fenêtre....

II

Ce qu'on voit par la fenêtre.

Et d'abord que je salue ma fenêtre, comme Alcée saluait le vaisseau qui allait l'emporter aux rivages inconnus.

La fenêtre! A ce seul mot que de rêves envolés reviennent voltiger autour de moi! La fenêtre! Toute la jeunesse parisienne est là; — la jeunesse passionnée, intelligente, poétique, oisive, qui rêve d'amour ou de renommée. Quel est celui d'entre nous qui ne s'est accoudé, entre les cheminées et les gouttières, au bord du toit, comme l'oiseau chanteur qui va prendre sa volée dans le monde? Ah! comme alors toutes les femmes passaient belles sous nos yeux! Quels corsages embaumés! quelles lèvres frémissantes! quels sourires de neige et de pourpre! C'étaient plus que des femmes, c'étaient les chimères de l'idéal! Adorables chimères de nos vingt ans! Avec quelle grâce elles nous jetaient au passage les parfums de la jeunesse! Bienheureux, bienheureux celui qui, à vingt ans, s'est accoudé sur sa fenêtre en compagnie de son cigare et de ses chimères!

Si le bonheur est quelque part, c'est à la fenêtre. Bernardin de Saint-Pierre l'a dit en cultivant ce fraisier célèbre qui fut pour lui un monde durant toute une matinée.

Quand je n'ai rien à faire — ce qui vous arrive quelquefois à vous qui lisez ce livre — j'ouvre ma fenêtre et je voyage. Un voyage à la fenêtre! Ouvrir sa fenêtre, n'est-ce pas s'ouvrir le monde? J'ai ce grand avantage sur tous les autres voyageurs de ne jamais savoir où je vais. Tantôt je descends dans la rue, cette rue qu'aimait tant madame de Staël, à la poursuite d'un certain coupé dont je porte les armoiries dans mon cœur; tantôt je m'envole dans le pays charmant où j'ai bâti tant de châteaux; tantôt je m'élève dans les nues pour savoir comment les anges font leurs nids; tantôt — mais ce n'est pas le voyage d'hier ni celui de demain que je veux vous raconter — c'est le voyage d'aujourd'hui.

Le printemps, qui n'est plus loin, nous jette çà et là ses primevères à travers les nuages. Paris est égayé de ne je ne sais quel rayon de jeunesse; aux fenêtres des maisons il y a plus de soleil; aux lèvres des femmes il y a plus de sourires.

Celle qui vient là-bas nonchalamment est charmante,

en vérité : on dirait un portrait de Murillo. Quels yeux ardents! quels cheveux noirs! quel teint doré! C'est une Espagnole de Paris; on voit de prime abord quel est son pays à sa désinvolture. Quand je dis qu'elle est de Paris, je dois ajouter qu'elle appartient au treizième arrondissement. Elle a le privilége de vivre de l'air du temps, elle est vêtue comme il plaît à Dieu et à son amant. L'heureuse fille, comme elle porte bien sa misère! Elle n'a pas d'ombrelle ni de chapeau pour se garantir du soleil; mais en est-elle moins jolie? Comme les fleurs vivaces, elle aime le soleil; le soleil, c'est sa vie — après l'amour.

La voilà qui s'arrête devant une marchande de bouquets, dont la voix cassée poursuit les passants. Un bouquet de lilas, c'est tout un roman pour elle. Que de fois déjà elle a vu s'ouvrir dans sa vie un nouveau chapitre pour un bouquet de lilas. Il y a des étudiants qui ne font pas d'autre déclaration galante; quand ils ont donné un bouquet, ils ont tout dit. On met le bouquet à son corsage, le soir on le jette dans un coin de sa chambre, trois semaines après on le ramasse par mégarde; il est flétri comme l'amour qui l'a embaumé; on le respire encore; un triste sourire passe sur les lèvres; on se souvient, on essuie une larme et on suspend le bouquet aux rideaux de son lit comme un rameau de Pâques fleuries.

Elle s'est donc arrêtée devant la marchande de bouquets, comme elle s'est arrêtée devant toutes les boutiques. « Si j'avais de l'argent! » Voilà une exclamation qu'elle jette au diable mille fois par jour devant chaque tentation du luxe ou du plaisir. La pauvre fille du treizième arrondissement n'a jamais un louis vaillant.

Elle tire deux sous de sa poche, convoitant déjà du regard le plus joli bouquet de lilas qui fût dans l'éventaire.

A cet instant son regard est détourné par la voix plaintive d'une pauvre femme, assise sur la borne voisine, portant un enfant sur ses mamelles sans lait. A la vue de cette pâle figure, ravagée par la douleur et par la misère, la jolie fille, si gaie et si alerte, s'attriste soudainement. Cette femme, toute jeune encore, n'est-elle pas une sœur d'infortune ? un seul pas sépare ces deux existences. « Si je lui donnais mes deux sous ! » du moins je devine sa pensée à son expression. A ma grande surprise, elle se retourne vers l'éventaire. En la voyant choisir le lilas et payer la marchande, je ne prévoyais pas sa sublime charité : elle respire la branche et s'avance tristement vers la pauvre mère assise sur la borne. « Tenez, madame ! » dit-elle, et elle s'envole comme un oiseau, légère et heureuse d'avoir paré cette misère d'un sourire de printemps.

La malheureuse comprend ; elle respire le lilas tout en essuyant une larme : « Que Dieu te conduise longtemps, toi, » dit-elle en suivant des yeux la jeune fille.

Voilà une fenêtre qui s'ouvre en face de la mienne ; je vais voir un intérieur du faubourg Saint-Germain : c'est là que depuis deux hivers M. et madame de *** savourent à longs rayons la lune de miel. Quelle élégance native ! quel parfum de bonne compagnie ! Voyez : le jeune vicomte se penche à la fenêtre tout en fumant un cigare ; la jeune vicomtesse s'appuie sur l'épaule du fumeur tout en lisant un journal. Le cigare, le journal, voilà la vie aujourd'hui ; autrefois on causait, aujourd'hui on lit. Encore si le journal avait autant d'esprit que les charmants bavards d'autrefois ! La société française s'en va, grâce au journal et au cigare : c'en est fait des belles mœurs, du beau langage, des belles manières. Le cigare a tué la galanterie, le journal a tué la conversation. Comment faire des madrigaux avec un cigare à la bouche? comment oser dire un mot à des gens qui ont lu leur journal? Tout ce qu'on peut dire dans la journée a été imprimé la veille.

J'aime mieux promener mon regard et ma pensée trois étages au-dessus. J'aime mieux cette lucarne pittoresque qui a l'air de s'ouvrir dans le ciel ; le bonheur est là, si j'en crois ces trois pots de bruyères roses et blanches qu'une main amie vient d'apporter au soleil. J'ai été bien longtemps sans savoir qui demeurait si haut. Je voyais tous les jours un jeune homme s'encadrer dans la lucarne et y rester des heures entières dans l'immobilité d'une statue. S'il eût pris une seule fois une plume ou un crayon, j'aurais jugé que c'était un poëte ; mais il a trop d'esprit pour cela : c'est un sublime paresseux qui ne perd pas une heure de sa vie dans les mesquines luttes du monde. Voilà dix ans qu'il se promet de faire choix d'un état, il n'a garde de se décider si vite : vivre de peu, au grand air, en pleine liberté, voilà sa philosophie. Il aime les fleurs, il les arrose avec délices, il les respire avec extase, même quand elles n'ont plus de parfum. Il aime les oiseaux, le voilà qui leur jette sur le toit les miettes de sa table. Les oiseaux viennent becqueter jusque sous sa main. Il n'aime pas seulement les oiseaux et les fleurs : j'entrevois, à l'angle de sa petite cheminée, une fille blonde qui chante un air d'opéra-comique. La voilà qui se lève pour voir les oiseaux gourmands. Elle vient sans bruit, elle passe sa jolie figure sous le bras du philosophe : c'est s'emprisonner de bonne grâce dans les liens de l'amour. Mon philosophe n'a qu'à baisser la tête pour toucher de ses lèvres les plus beaux cheveux du monde. Je m'aperçois ici qu'au lieu d'une plume pour écrire mon voyage, il me faudrait un pinceau.

Qu'entends-je? les cris aigus d'un piano. D'où viennent ces cris? Hélas! j'ai dit un piano, il y en a vingt qui sont étagés autour de moi. Il y a des pianos partout, jusque chez moi ; mais j'ai toujours la clef du mien dans ma poche.

Un coupé s'arrête au Petit-Saint-Thomas. Ah! la jolie jambe qui descend! c'est à coup sûr une jambe bien née; en effet, je reconnais les chevaux du duc de ***. Madame la duchesse entre nonchalamment dans le bazar du luxe parisien. Je vais allumer un cigare pendant qu'elle va choisir un chiffon. Mon cigare est à peine allumé, que déjà elle remonte en voiture. C'est cela, madame la duchesse, levez le store, que je vous voie à mon aise. Elle déploie, avec la curiosité de la fille d'Ève, la robe qu'elle vient d'acheter : la robe lui tombe des mains ; il me semble que je l'entends rire à gorge déployée, elle se renverse dans les éclats de sa gaieté. Il y a bien de quoi, vraiment ; elle vient de trouver dans l'étoffe du Petit-Saint-Thomas un bouquet qu'un galant commis y a glissé mystérieusement. — Les chevaux piaffent, le coupé s'envole; adieu, madame la duchesse !

N'est-ce pas Lamartine que j'aperçois là-bas rêvant aux destinées des nations? Hélas! nul ne remarque au passage cet homme qui a fait tant de bruit : il ne tient pas plus de place dans la rue qu'un bourgeois endimanché. La beauté vaut mieux que le génie, — dans la rue et ailleurs encore. — Voyez, en effet, comme tout le monde se retourne pour voir passer cette jeune femme, qui est la beauté en personne; Lamartine lui-même s'est retourné. Ah! madame, si vous aviez su qui se retournait ainsi!

Mais où va-t-elle à cette heure! — Cela ne me regarde pas. Quelle nonchalance orientale, mais pourtant quelle démarche inquiète! J'aime ses yeux bleus, qui me rappellent les plus pures créations des vieux maîtres de Cologne. La voilà qui rebrousse chemin. Qu'a-t-elle donc oublié? Pourquoi lève-t-elle ainsi les yeux vers ces deux fenêtres où flottent des rideaux de guipure. Hélas! hélas! cette femme vient de chez son mari, et elle va chez son amant.

Je n'ai que trop bien deviné. Un jeune homme — moustaches brunes et cheveux bouclés — se penche sentimentalement à l'une des fenêtres, et commence à babiller des yeux avec ma belle nonchalante, qui baisse le front en rougissant et qui chancelle sous l'ivresse. Est-ce qu'il ne va pas arriver quelque obstacle pour l'honneur du mari? Est-ce que cette femme si belle et si perverse ne va pas s'abîmer sous les yeux de son amant par un châtiment du ciel? Ce n'est pas le ciel qui se mêle de cela. La charmante pécheresse a franchi le seuil de la porte cochère; elle fuit comme une ombre et s'envole dans l'escalier. Son amant se détache de la fenêtre en jetant aux passants un sourire victorieux ; l'insolent ! il a l'air de nous dire, à nous tous qui représentons la société : « Allez vous promener ! »

Je ne vois plus rien que la guipure qui s'agite au vent. La dame ne met pas la tête à la fenêtre ; mais je ne l'ai pas tout à fait perdue de vue : je verrai longtemps encore la pâleur, la mélancolie ardente, la grâce ineffable de cette figure, œuvre du ciel et de l'enfer.

Quand je la rencontrerai dans le monde, — car je la connais beaucoup, — lui parlerai-je du jour où Lamartine a salué sa beauté ?

III

Le conte qu'il faut conter aux femmes.

I

Est-ce qu'il n'arrive pas à votre âme de quitter le matin sa maison pour courir le monde, folle, insouciante et curieuse, sans savoir si elle retrouvera la porte ouverte ? Mon âme aime les aventures ; elle s'envole souvent sans dire où elle va, par la raison toute simple qu'elle n'en sait rien ; elle laisse la clef sur la porte, sans avoir peur d'être volée. Cependant il arrive quelquefois à mon âme de trouver en rentrant mon cœur occupé, mais elle n'a garde de s'en fâcher.

Hier, je m'envolai par la fenêtre, laissant tout ébahi mon groom qui m'apportait une facture à payer. Mon âme ne put s'empêcher de sourire en prenant son vol.

Le créancier m'envoya au diable, mais je l'avais devancé.

J'allai dans les Tuileries, voletant comme l'oiseau, de branche en branche, — de femme en femme, — m'arrêtant tantôt sur une épaule demi-voilée, tantôt dans une boucle de cheveux. Le beau voyage que j'ai fait là !

Après avoir butiné çà et là le miel de l'amour, comme dirait un poëte, je finis par m'attacher pour longtemps au bouquet de pervenches que tenait à la main une femme d'une beauté délicate. — Au bout de la main, dans un bouquet, quand je pouvais me loger si bien ailleurs ! me direz-vous d'un air de surprise. — A cela je répondrai que le bouquet de pervenches n'était pas toujours à la main de la dame. — Au bout des Tuileries, elle se retourna tout en disant : « Quelle folie ! Il est bien loin. » Elle voulut revenir sur ses pas ; mais, après avoir flotté un instant, elle se décida à aller en avant. Après un quart d'heure de zigzags, elle arriva devant la grille d'un petit parc tout près de l'Élysée. Elle sonna ; un grand laquais vint ouvrir et lui demanda ses ordres.

« Allez-vous-en, » lui dit-elle.

Et elle prit par la plus sombre allée. Et elle se mit à parler de son cœur et à son cœur : — C'est étrange, en vérité, que le souvenir seul puisse ainsi m'enivrer d'amères délices. Quoi ! je vivrai toujours dans le passé ? Quoi ! je ne secouerai pas cette chaîne de fleurs fanées ? Quoi ! je n'aurai pas le courage de l'orgueil et de la coquetterie ? Quoi ! ils seront tous à me dire que je suis la plus belle et la plus aimée, — et moi je ne croirai qu'à l'amour qui est mort !

Je reconnus que c'était madame la marquise de Montc—.

Toute la jeunesse dorée de notre temps a vu ou entrevu la belle marquise de Montc—. Je plains ceux qui ne l'ont pas vue. Peut-être faut-il plaindre encore plus ceux qui l'ont vue. On n'a jamais su si elle était veuve ou séparée de corps d'un marquis de Montc—. Pour mon compte, je n'ai jamais ouï parler de ce nom ailleurs que dans le livre héraldique. La marquise vint à Paris, vers 1846, après un voyage de quelques années en Italie. Elle mena grand train. Elle loua un hôtel dans le faubourg Saint-Honoré ; elle éclaboussa tout Paris par un coupé bleu tendre orné d'orgueilleuses armoiries. Malgré le tapage de son luxe, elle ne parvint pas à se faire admettre dans le monde aristocratique. Dans son dépit, la marquise se jeta tête perdue dans le monde des femmes libres. Il serait trop long de vous raconter toutes les singularités de ce nouveau monde. Madame de Montc— ne resta pas en arrière ; elle mit à propos son joli pied sur le manteau de la cheminée ; elle donna des soirées politiques où les femmes n'étaient admises qu'en amazones ; elle fuma à pied et à cheval. Bien plus, elle fonda une ou deux religions. En un mot, elle devint une femme libre, parfaite de point en point. Ce qui venait accentuer toutes ces extravagances, c'était son esprit et sa figure. Elle avait de l'esprit à faire peur, elle était jolie comme un ange et comme un démon.

Cependant le domestique vint troubler la marquise dans ses rêveries.

« Madame la marquise est servie, dit-il en s'avançant sur le perron.

— Je n'ai pas faim, » murmura-t-elle.

Ce qui ne l'empêcha pas d'aller tout droit à la table. Elle déposa les pervenches et elle se mit à manger comme une Anglaise qui voyage, ou comme une femme du monde qui dîne chez elle.

« Madame la marquise reçoit-elle ce soir? Voilà M. de Brunel.

— Faites-le passer dans le petit salon, et ouvrez-lui la fenêtre sur le parc. — Qu'il attende une demi-heure, se dit la marquise ; un maître des requêtes en service extraordinaire est accoutumé à attendre. »

Un instant après :

« Qui donc vient encore de sonner, Germain ?

— C'est M. Théobald du Boys.

— Ah! oui, M. du Boys, dit-elle tout bas. — Qu'il passe au petit salon, Germain. — Il tiendra compagnie au maître des requêtes. Ils vont soupirer ensemble sur mes rigueurs. Mais voilà que j'entends sonner encore.

— C'est M. Jules de Rosoy.

— Jules de Rosoy ; dites-lui d'entrer ici. — Un poète ne fait jamais mauvaise figure à table. »

Jules de Rosoy entra.

« Bonsoir, monsieur, asseyez-vous ; égrenez donc cette belle grappe de raisin, tout en me racontant ce qui se dit dans le monde des gens d'esprit.

— Dites des pauvres d'esprit, madame.

— Qu'est-ce qu'on dit enfin ?
— Ce qui s'imprime aujourd'hui.
— Qu'est-ce qui s'imprime aujourd'hui?
— Ce qui s'imprimait hier, madame.
— Passons par là, dans le petit salon ; il y a quelqu'un, je crois, qui est imprimé depuis longtemps. »

Le petit salon de la marquise était un chef-d'œuvre d'art et de luxe. Mahomet l'eût choisi pour un de ses paradis. Il y avait une cheminée de marbre blanc soutenue par deux ravissantes cariatides sculptées par quelque nouveau Coustou ; jamais plus gracieux airs de tête n'avaient enchanté le regard. Sur la cheminée, une pendule en argent ciselé, d'un merveilleux travail, rappelait, du premier abord, les plus féeriques fantaisies de l'orfévre florentin. Deux bouquets se pavanaient dans deux vases du même métal et du même style. La glace était bordée d'arabesques en perles se détachant sur un cadre de velours bleu sombre. Sur la glace, Diaz avait peint des amours et des fleurs. Tout le boudoir était tendu de velours bleu de ciel rehaussé de lambrequins en brocart d'argent. Les meubles pouvaient s'appeler des bijoux. Un tapis de Perse fleurissait les pas de la marquise. Les rideaux de dentelle qui tremblaient aux fenêtres eussent paré vingt duchesses. En face d'un divan en velours bleu l'œil était frappé par un portrait d'homme jeune et pâle qui n'avait pas l'air surpris de se trouver si bien placé. On se disait tout bas que c'était un amant de la marquise. Elle n'en parlait jamais. Une console dorée supportait sous ce portrait un grand vase du Japon, où se desséchaient des bouquets fanés depuis longtemps. La fenêtre du boudoir, on l'a déjà dit, s'ouvrait sur le petit parc de l'hôtel.

Quand la marquise entra avec Jules de Rosoy, M. de Brunel et M. du Boys étaient en contemplation — d'eux-mêmes — à cette fenêtre.

Je ne veux pas reproduire tout ce qui s'est dit ce soir-là dans ce divin salon. Vous connaissez les quatre personnages : une femme du monde qui vit d'un amour passé, un maître des requêtes en service extraordinaire, un beau du boulevard de Gand qui attend une sous-préfecture, un homme, c'est-à-dire un gentilhomme de lettres, qui vit au jour le jour de hasard, d'amour et d'esprit.

Il est sous-entendu que M. de Brunel, M. du Boys et M. Jules de Rosoy font la cour à la marquise, qui n'y voit pas grand mal sans doute, par la raison toute simple qu'elle ne craint pas de les aimer.

II

Mon âme était toujours dans le bouquet de pervenches ; j'admirais, j'écoutais, je respirais, je me croyais à jamais emparadisé. Tout d'un coup le maître des requêtes vint troubler mon bonheur par une demande insensée.

« Madame la marquise, dit-il en s'inclinant, vous avez à la main les plus belles pervenches que j'aie vues. »

Et Théobald d'admirer le bouquet, et le poëte de parfiler un madrigal.

« Mon Dieu! dit la marquise, si vous y tenez tant, — il y en a d'autres dans le parc.

— Mais ces pervenches ont fleuri dans votre belle main, dit le poëte. S'il ne fallait faire qu'un poëme épique pour les mériter...

— Que dites-vous là? Vous m'effrayez!

— S'il ne fallait qu'une course au clocher, dit le dandy.

— S'il ne fallait que traverser à la nage le Bosphore, dit le maître des requêtes.

— Et vous ne songez pas, dit la marquise d'un air railleur, que le bouquet serait fané longtemps avant la fin de ces travaux d'Hercule. Je vous conseille plutôt de faire tous les trois assaut d'esprit. Celui qui aura de l'esprit comme quatre remportera la victoire.

— Avec vous, madame, dit le maître des requêtes, nous n'aurons jamais d'esprit.

— Je m'ennuie, vous le savez, poursuivit la marquise; racontez-moi quelque beau conte comme la sultane Scheherazade.

— Je ne suis pas un romancier, dit avec orgueil M. de Brunel.

— Vous n'avez pas besoin de vous en défendre, dit la marquise. Si vous ne voulez pas raconter quelque chose, vous serez hors du concours pour mon bouquet de pervenches.

— Je veux être du concours; mais que puis-je raconter?

— Si vous n'avez pas d'imagination, vous avez bien un peu de mémoire. Racontez-moi quelque jolie histoire où vous avez joué un rôle.

— C'est cela, dit le lion en se pavanant ; moi j'ai dans le cœur bon nombre de ces histoires-là.

— Je ne suis pas embarrassé non plus, dit le maître des requêtes.

— Eh bien, je vous écoute.

— Mon Dieu ! madame, je débute sans plus de préface. »

Le maître des requêtes raconta lourdement une vulgaire histoire d'amour dont il avait été le héros. La marquise y prit pourtant un certain intérêt de curiosité féminine. Je me garderai bien de vous redire cette histoire, non plus que celle que raconta avec toutes sortes de grimaces M. du Boys, qui croyait déjà tenir le bouquet.

« Et vous, dit la marquise en se tournant vers le poëte avec une expression plus sympathique, qu'avez-vous à me raconter ? Je vous écoute.

— Moi ! je n'ai rien à dire, murmura Jules de Rosoy de l'air du monde le plus décidé à garder le silence. Que voulez-vous que je vous raconte ? Mon âme n'est pas un livre profane que tout le monde ouvre et feuillette à son gré. C'est un poëme mystérieux que je me chante à moi seul dans mes jours de tristesse et de solitude. Quelquefois il m'arrive de répandre mon amour en hymnes, en stances ou en sonnets ; mais en vérité la prose d'un récit n'est pas digne de traduire ce que l'amour a écrit là. »

Disant ces mots, Jules de Rosoy se frappa le cœur d'un air inspiré.

« Le charlatan ! pensa la marquise. — Enfin, lui dit-elle tout haut, vous me devez une histoire ; j'en suis fâchée pour vos grands airs mystérieux, mais vous êtes contraint de prendre à votre tour la parole. »

Le poëte avait levé les yeux sur le portrait ; une idée l'illumina tout à coup.

« C'est une inspiration qui me vient d'en haut, dit-il en cherchant parmi ses souvenirs. Ce n'est pas mon histoire que je dois lui raconter pour distraire son cœur, c'est son histoire à elle-même : le bouquet de pervenches est à moi. »

III

« Il y a quatre ou cinq ans, aux fêtes du carnaval, la belle marquise de Chantour rencontra dans le monde M. le comte Gérard de Cerny, — je ne me pique pas de bien me rappeler les noms ; — ils se virent, ils s'aimèrent, ils ne se le dirent pas et se comprirent. La marquise était jolie entre toutes les femmes ; le Corrége seul eût été digne de la peindre, tant elle avait la grâce exquise et la fraîcheur de l'aube. Elle était mariée depuis trois ans à un sportmann, qui n'avait pu oublier pour elle ses habitudes d'Opéra. Il y a encore beaucoup de gens, à Paris, qui préfèrent à leur femme la femme qui est à tout le monde ; c'est là un travers de tous les siècles. Madame la marquise avait d'abord aimé son mari avec toute l'ardeur d'une âme de vingt ans. Elle s'était bientôt fatiguée d'aimer toute seule. Le comte de Cerny lui était apparu très à propos ; il était digne en tout point d'inspirer une belle passion : c'était un gentilhomme de la tête aux pieds. Tout enchaînée qu'elle fût par son devoir, la marquise se laissa prendre à ses façons galantes et à son art exquis de parler sans rien dire. Ils se rencontrèrent souvent en 1846, pendant les bals de l'hiver. Ils commencèrent par se tout dire avec un regard; ils finirent par s'entendre par toutes les voix de la passion. Pour la première fois de sa vie, la marquise fut heureuse, ou du moins elle prit un vrai plaisir à cette comédie humaine où nous jouons tous notre triste rôle. Elle fut effrayée de cette passion naissante, toute pleine d'orages et de tempêtes. — Qu'importe, se disait-elle, si je suis renversée par un coup de vent? je ne veux pas vivre, comme je vivais, dans le calme et dans la prose. Il me faut du bruit et de l'agitation; c'est l'éclat du tonnerre que désire mon cœur. — Et son cœur eut bien sujet d'être content.

« Le bonheur ne se raconte pas, un proverbe l'a dit; je passe donc les pages blanches du roman de la marquise. Son bonheur dura six semaines comme par une bénédiction du ciel. Six semaines de bonheur! Ah! marquise, Satan vous les comptera un jour.

« Cependant il se passa un jour sans qu'elle revît le comte. Qui pouvait donc le détourner en si beau chemin? Quoi! l'heure était sonnée, et il ne venait pas! Avait-il perdu la tête et le cœur? Il faut avoir attendu dans sa vie pour comprendre les angoisses de la marquise. Elle attendit cinq minutes, une heure, un jour, un siècle : il ne vint pas. Elle attendit le lendemain; elle se pencha vingt fois à la fenêtre, elle sonna vingt fois sa femme de chambre pour lui demander si on n'avait pas sonné. Le surlendemain, — elle n'avait pas dormi depuis trois jours, — elle était assoupie devant l'âtre, poursuivant la fugitive image du comte, quand elle vit entrer — le portrait de son amant — un beau portrait, comme celui que vous voyez là. Il y avait une lettre avec le portrait. Voici à peu près ce que disait le comte :

« Adieu, madame. Je vous ai aimée de toute mon
« âme, je vous aime encore, mais dans le souvenir.
« Que voulez-vous! l'amour est un voyageur qui va
« sans cesse à la découverte. Ce portrait a été peint par
« Ary Scheffer il y a trois semaines, quand à votre seule
« pensée j'avais l'âme dans les yeux et sur les lèvres.
« C'est *moi* quand je vous aimais. Ce *moi*-là est mort.
« Nous mourons mille fois pour renaître sur nos
« ruines. Gardez mon portrait si vous voulez, c'est
« votre amant; pour moi, je ne suis plus qu'un
« étranger.
« Le comte de Cerny. »

« Le croira-t-on? Au bout de six semaines, le comte de Cerny s'était laissé enlever par une comédienne. Après avoir pleuré toutes ses larmes, la marquise se consola dans cette idée qu'elle s'était réveillée au beau moment du rêve. — Mieux vaut mille fois, se disait-elle, avoir fini ainsi dans tous les enchantements de l'amour, que d'avoir attendu l'heure du déclin. — Toutes les femmes devraient raisonner avec cette force de logique. Comme a dit un poëte persan, le cœur est un buisson qui fleurit au printemps, cueillez-y des bouquets, mais gardez-vous d'y pénétrer trop loin; après les bouquets viennent les épines et les ronces. La marquise laissa donc en paix le fugitif. — Au moins, se disait-elle, s'il revient, il reviendra avec l'amour, car mes larmes et mes plaintes ne l'auront pas offensé. Il ne se rappellera que mes sourires. — Il ne revint pas. — La marquise cultiva avec religion les fleurs odorantes du souvenir. Dans son boudoir, en face du canapé où elle s'asseyait souvent, était un miroir de Venise du meilleur temps où elle saluait sa beauté cent fois par jour; elle détourna le miroir pour accrocher en face d'elle le portrait du comte. N'était-ce pas la plus grande preuve d'amour que pût donner une belle femme? Je n'en connais pas deux capables de ce sacrifice. » — Voilà mon histoire.

IV

Le poëte s'inclina vers la marquise en achevant ces mots.

« C'est tout? » murmura-t-elle en essuyant une larme. « Comment donc avez-vous appris cela?

— Le poëte, madame, a le privilége de lire dans les cœurs comme une femme lit dans les yeux de son amant.

— Vous avez fini votre histoire? dit le maître des requêtes en service extraordinaire.

— Enfin! dit le beau du boulevard de Gand comme un homme qui allait s'endormir.

— Il ne me reste donc plus qu'à donner mon bouquet de pervenches, reprit la marquise avec un soupir.

— Et je sais bien, dit le poëte, à qui vous l'allez donner.

— Point d'influence, dit le maître des requêtes.

— Si j'avais quatre bouquets et quatre cœurs, dit la marquise, peut-être....

— Nous ne sommes que trois, interrompit le maître des requêtes.

— Silence! s'écria le poëte, n'avez-vous pas déjà abusé de la parole.

— Je n'ai qu'un bouquet et qu'un cœur, reprit la marquise, mon cœur et mon bouquet sont à lui. »

Disant ces mots, la marquise se leva et alla déposer le bouquet dans le beau vase du Japon qui touchait au cadre du portrait.

« Mais, dit Théobald, celui-là n'était point du concours.

— J'avais oublié de vous avertir qu'il en était, murmura la marquise.

— Mais il n'a rien raconté.

— C'est tout juste pour ce motif que ce bouquet lui revient de droit. Avouez qu'il a sur vous un grand avantage pour n'avoir rien dit.

— On ne bat pas son monde avec plus d'esprit et de méchanceté, dit le maître des requêtes en prenant son chapeau. Adieu, madame la marquise, il faut se hâter de vous laisser en tête-à-tête avec ce portrait.

— Attendez-moi, monsieur de Brunel, dit Théobald en boutonnant son gant. Je ne veux pas lutter davantage contre un homme qui ne dit rien. »

Le poëte allait partir sans observation, la marquise lui prit la main :

« Attendez, dit-elle avec un sourire de fraternité: vous êtes un homme d'esprit, vous avez compris qu'on ne va pas au cœur des femmes en leur parlant de soi-même, mais en leur parlant d'elles-mêmes. Les autres ne reviendront plus, Dieu merci ; mais vous, je vous attends. »

Le poëte baisa la blanche main, s'inclina et partit.

Demeurée seule, la belle marquise tomba agenouillée devant le portrait.

« O toi, qui n'as rien dit, n'es-tu pas plus éloquent mille fois? Tu parles mieux que le poëte lui-même, car l'amour est plus éloquent que la poésie. A toi le bouquet de pervenches, à toi qui me racontes chaque matin et chaque soir le beau poëme d'amour qui enchante ma vie! »

Après être ainsi descendue dans son cœur pour y trouver les ivresses du beau temps, la marquise sonna et ordonna à sa femme de chambre de la déshabiller.

J'étais toujours là. Mon âme nageait toujours sur le bouquet de pervenches. Je ne songeais pas le moins du monde à m'en aller — ni à regarder de l'autre côté, — mais — on frappa à ma porte.

« N'ouvrez pas! » dis-je avec fureur.

Mais on avait ouvert. C'était madame *** : mon âme rentra chez moi — j'allais dire chez elle.

Qu'est-ce que madame ***? Une de ces belles folies qui nous viennent en pleine jeunesse, secouant leurs grelots, leur éclat de rire et leurs larmes.

« Ah! madame, pourquoi venez-vous si mal à propos? Tel que vous me voyez, je ne suis pas chez moi, je suis retenu aux Champs-Élysées chez la belle marquise de Monte— qui est en train de se coucher. »

7.

IV

Que la jeunesse est la muse de la vie
Que ceux qui ont été jeunes à vingt ans le sont toujours.

Il y a un voyage qu'on fait tous les jours sans y penser ; un voyage dans un pays perdu, dans un paradis fermé, dans une oasis toujours verte et toujours hospitalière au voyageur ; c'est le voyage dans la jeunesse, quand déjà s'en va la jeunesse. C'est là seulement qu'on apprend à se reconnaître, car là seulement on se regarde passer dans la vie. L'homme d'aujourd'hui, je ne le reconnais pas ; mais j'étudie jusqu'au cœur l'homme d'hier, — celui qui déjà n'est plus *moi*.

Je me crois toujours à ma fenêtre et je n'y suis jamais. Dès que j'y mets le pied, me voilà parti pour je ne sais où. Mon esprit prend le mors aux dents et se va perdre dans les mille et un dangers de la course au clocher. La fenêtre n'est le plus souvent pour moi que l'étrier. Le coup de l'étrier, c'est le vague et enivrant parfum du pays idéal que chasse vers moi tous les matins la jeunesse en me fuyant. Ah ! la jeunesse ! la jeunesse ! l'amour et la chanson de la vie, l'aube toute rose et le printemps qui rit, le temps des beaux rêves et des divines folies, c'est l'idéal que nous cherchons toujours et que nous n'entrevoyons qu'après l'avoir perdu.

Ce matin une pénétrante odeur de verveine a été

mon coup de l'étrier. Il ne m'a fallu qu'un instant pour m'envoler au pays perdu. Je te reconnais, mon beau pays! Voilà bien la solitude où j'aimais à rêver avec les visions de vingt ans. Voilà bien la cascade qui me chantait les hymnes de l'infini. Voilà le rocher nu et le saule dévasté qui savaient toutes les joies de mon cœur...

Mais qu'ai-je vu? Quelle est cette belle fille couronnée de roses blanches?

Tout est désolé autour d'elle; on entend bramer le vent du sud et pleurer le torrent. Pourquoi cette lyre muette, abritée par le rocher et par le saule? Elle suit sa rêverie dans les tristesses du passé.

LE POËTE.

Qui es-tu? ô toi qui pleures dans ton âme! ô toi qui ne chantes plus que la chanson des mélancolies! ô toi qui ne crois plus qu'au paradis fermé! ô toi qui portes la dernière couronne des vertes années.

LA JEUNESSE.

Qui je suis, hélas! je suis ta jeunesse. Ne me reconnais-tu donc pas aux battements de ton cœur? Je suis ta jeunesse, je te fuis et je me fuis moi-même, ou plutôt je viens ici où nous nous aimions tant.

LE POËTE.

O ma jeunesse! je vous aime toujours et je ne vous fuis pas. Vous avez bien tort de vous exiler ainsi. Est-ce que vous voulez me faire croire que j'ai des cheveux blancs? Quittez ces grands airs mélancoliques, et vivons gaiement ensemble comme des amoureux de Venise. Nous n'avons plus vingt ans, mais le soleil monte encore pour nous. Craignez-vous donc, ô ma mie! la saison des orages?

LA JEUNESSE.

Nous n'irons plus aux bois!

LE POËTE.

Vous chantez la vieille chanson : *Nous n'irons plus aux bois, les lauriers sont coupés!* Mais après les lilas les roses d'avril, après les roses d'avril les roses de toutes les saisons.

LA JEUNESSE.

La jeunesse n'est belle à voir qu'avec sa couronne de roses blanches.

LE POËTE.

Consolez-vous, ô ma belle attristée! Je vous couronnerai de bluets, d'épis et de coquelicots; je suspendrai des cerises à vos jolies oreilles; j'ornerai votre sein d'un bouquet de fraises des bois.

LA JEUNESSE.

Avec les fruits mûrs l'âge mûr.

LE POËTE.

Pour quelques-uns, oui; pour beaucoup, non. Ceux qui vivent par l'esprit et par le cœur dans le cortége des nobles passions, ceux-là ont encore la jeunesse après la jeunesse; ceux-là, quand ils ont cent ans, cueillent encore comme Titien, comme Fontenelle, comme le maréchal de Richelieu, le regain qui résiste aux premiers givres. Homère, quand il est mort avec sa couronne de cheveux blancs, s'appuyait amoureusement sur la jeunesse.

LA JEUNESSE.

Qui vous a dit cela?

LE POËTE.

Antipater le Corinthien, qui a écrit cette épitaphe : « Ci-gît Homère. — Que dis-tu? Tu ne sais pas s'il est ici ou là-bas, dans la terre ou dans la mer. — Homère est ici et là-bas, il est dans l'air qui passe. Voilà pourquoi, ô voyageur! tu respires la poésie dans l'air qui passe. Laisse-moi donc écrire : Ci-gît Homère, qui est mort en pleine jeunesse, puisqu'il est mort poëte »

LA JEUNESSE.

Poëte, c'est-à-dire fou.

LE POËTE.

Fou de la sublime folie. N'est pas fou qui veut l'être à ce degré-là. Quiconque n'apporte pas en naissant son grain de folie est un être déshérité de Dieu : il ne sera ni poëte, ni artiste, ni conquérant, ni amoureux, — ni jeune. — Ce marchand de cochons qui passe le gué là-bas tout en comptant sur ses doigts ce que chaque bête lui rapportera d'écus, est venu au monde avec les mains pleines de grains de sagesse. Aussi il n'a jamais eu vingt ans : il a été créé pour garder les pourceaux, — et lui-même n'est qu'un pourceau d'Épicure quand il est au cabaret et qu'il chante des sérénades à la servante de l'endroit. — Croyez-moi, jeunesse ma mie, Dieu ne vous a pas faite à l'usage de tout le monde.

LA JEUNESSE.

Assurément Dieu m'a faite à votre usage, ô mon poëte! car pour votre âge je vous trouve bien jeune.

LE POËTE.

Votre épigramme ne me vieillira pas et ne m'empêchera pas de vous dire que vous êtes la muse de la vie et que vous ne vous donnez qu'à ceux qui savent monter jusqu'à vous. Il y en a qui s'imaginent vous connaître, parce qu'en allant à d'autres vous répandez le parfum de votre poésie en passant auprès d'eux, parce qu'ils ont eu quelques aspirations vers vous un jour que la musique éveillait à demi leur âme, un soir que leur maîtresse répandait une larme à travers leur éclat de rire. Mais ils n'ont pas pour cela connu tes sœurs divines, ô ma jeunesse! ils n'ont pas à si bon compte porté ces lis et ces roses, ces moissons, ces vendanges de la vie. Consolez-vous donc, nous vivrons toujours des mêmes folies, nous faucherons ensemble les blonds épis, nous nous couronnerons de pampre et de raisins. Qui sait si notre regain ne bravera pas le givre dévorant? Quand je porterai la couronne de cheveux blancs, quand la maison de mon âme tombera en ruines, l'hôte divin s'envolera au ciel dans un dernier rayonnement. J'ai dit.

Et, quand j'eus ainsi parlé, cette image de ma jeunesse que je voyais toute mélancolique à mes pieds se jeta dans mes bras et s'évanouit dans un divin embrassement. Je sentis qu'après quelques jours de doute et de chagrin elle était revenue en moi plus folle et plus radieuse que jamais.

V

Histoire d'une belle jeune fille que je ne connais pas.

Variations sur la gamme du style.

En face de moi, à cette fenêtre tout encadrée et tout étoilée de liserons, je vois apparaître depuis quelques jours une figure poétiquement attristée, qui réalise pour moi la vision d'Ophélia. C'est mademoiselle Hélène.

Je vais vous raconter son histoire en quelques mots. J'irai droit au but sans m'aventurer dans les sentiers perdus de la rêverie.

Le plus beau privilége du génie de Shakspeare, ç'a été de créer des types comme Homère et comme Molière. Ce qui surprend surtout dans Shakspeare, c'est la variété infinie. Il s'élève jusqu'au ciel pour en détacher les plus chastes figures ; jamais main si délicate n'a présenté aux hommes des images plus pures : c'est la jeunesse dans toute la fraîcheur de l'aube matinale. Et, tout à coup, voilà que cet homme qui s'élevait si haut descend avec la même ardeur par les spirales lamentables de l'enfer pour chercher d'autres figures qui vont assombrir ses tableaux! Il est infatigable à créer : d'abord ce n'était qu'un portrait, bientôt c'est un tableau de famille ; déjà c'est l'humanité tout entière dans ses contrastes les plus frappants ; c'est plus qu'un tableau, c'est la vie elle-même dans toute sa force, dans toutes ses folies, dans toutes ses passions.

Shakspeare a un royal privilége sur tous les génies anciens et modernes, Homère excepté : c'est de paraître tour à tour sublime et barbare aux générations intelligentes. En effet, on l'attaque, on le défend, on le crucifie, on le proclame dieu, on fait du bruit autour de son nom ; ainsi va le génie dont les hardiesses surprennent, révoltent, émerveillent. On laisse passer et on oublie le génie calme qui marche sans secousses, comme le fleuve des vallées perdues ; on s'étonne, on s'agite, on pense longtemps devant le génie bruyant, qui se précipite comme les torrents des forêts vierges. Shakspeare a eu ses jours d'oubli et ses jours d'apothéose : hier barbare, demain sublime, il sera éternellement jeune et beau, éternellement ombre et lumière.

Qui les oublierait, ces adorables créations tombées du front de Shakspeare comme du sein de Dieu lui-même? Le monde est un rêve de Dieu que continue le poëte. Ophélia, qui ne permet pas à la lune de contempler sa beauté, n'est-elle pas dans l'esprit humain la digne et chaste sœur de la Rachel biblique?

Ophélia est aussi la sœur de Desdémone ; ce sont bien là des fleurs de poésie écloses dans la même imagination, des fleurs d'amour effeuillées par les mains trop rudes d'Hamlet et d'Othello. Vous avez vu Ophélia voulant suspendre aux rameaux sa couronne d'herbe : « une branche jalouse casse ; Ophélia tombe, elle et son trophée de fleurs, dans le sombre ruisseau ; ses vêtements s'enflent et la soutiennent un moment à la surface comme une *fée des eaux*, cependant qu'elle chante des fragments de vieille ballade. »

Je crois la voir ressuscitée à cette fenêtre, Ophélia, car Hélène chante et laisse échapper des roses de ses doigts distraits. Pourquoi cette tristesse et ce front abattu ? Hélène regarde le ciel du regard d'un prisonnier ou d'un exilé.

Quand Dieu eut créé les cent mille univers qui gravitent autour des cent mille solitudes de l'infini, il s'appuya sur un nuage empourpré pour contempler son œuvre. Comme Dieu pressentit tous les malheurs, toutes les perversités, tous les crimes, toutes les afflictions qui allaient désoler les mondes, une larme tomba de ses yeux.

Mais bientôt, en songeant que sur ces mondes encore déserts il verrait des mères suspendre leurs enfants à leurs mamelles sacrées, un sourire d'amour passa dans ses yeux et sur ses lèvres.

Or, s'il faut en croire un vieux poëte qui écrivait ses hymnes en hébreu, cette larme précieuse qui brilla un instant sur la face de Dieu alla, dans l'arc-en-ciel du sourire, tomber dans un beau pays où vont vivre tous les nobles cœurs aspirant à l'infini, et voulant palpiter dans l'esprit de Dieu qui est tout amour. Ce pays, c'est le monde idéal.

Ce monde idéal où aspirait Mignon, ce monde impossible, qui est le seul monde possible pour toutes les âmes privilégiées, pour tous les cœurs battus par la tempête, pour tous les esprits qui ont des ailes de feu, c'est là aussi qu'elle aspire, cette pauvre Hélène.

Mais la voilà qui se détourne pour cacher ses larmes;

en même temps un rayon de gaieté illumine ses yeux et entr'ouvre sa bouche, — ces beaux yeux qui sont deux bluets, cette belle bouche qui est un fruit de pourpre. — Elle pleure et elle sourit, c'est qu'elle se souvient!

Quand on regarde dans sa vie passée, un nuage, une ombre, un voile funèbre glisse lentement devant les yeux de l'âme ; la joie et la tristesse se combattent dans le cœur; on respire et on soupire à la fois. Cependant le nuage se déchire et se disperse, les paysages de l'âme se colorent gaiement, les teintes lugubres s'effacent sous la rayonnante poésie du souvenir : on voit se ranimer tout d'un coup les amours qui sont morts; les maîtresses, toutes parées, dansent en folâtrant à vos pieds, pleurent sur votre cœur ou s'endorment dans vos bras. Et, quand la pensée distraite s'élève peu à peu au-dessus du cimetière de l'âme, quand les yeux du corps entraînent les yeux de l'esprit, le souvenir se recouche, le tombeau se referme sous la pierre dévorante de l'oubli; tout se confond, tout s'efface. Durant quelques secondes, pourtant, on voit encore des voiles funèbres, des ombres, des nuages.

Hélène a-t-elle donc aimé, puisque le souvenir l'agite si violemment?

L'amour a d'étranges et sublimes caprices : il détourne à son gré le cours naturel de notre vie, il nous égare sans cesse sur la mer agitée du monde. C'est un roi absolu qui règne et gouverne sans entraves, selon sa fantaisie. Il abat les forts, il relève les plus faibles. L'amour possède toutes les clefs d'or de notre âme, qu'il ouvre ou qu'il ferme par distraction ou par hasard. Pour animer les marbres vivants, il ne faut qu'un regard, ce tendre regard de Juliette à Roméo; il ne faut qu'un mot, ce mot que disent si bien Francesca di Rimini et Manon Lescaut; il ne faut qu'une apparition comme en ont eu tous les poëtes : une apparition le matin à une fenêtre; le soir au travers des buissons du sentier; la nuit dans les tourbillons de la valse. Le cœur demande si peu pour commencer le roman de la vie! Grâce à ce regard, à ce mot d'amour, à cette image charmeresse qui leur apparaît comme un souvenir du ciel, les statues s'animent, un voile tombe de leurs yeux, une chaîne de leurs mains; ils verront la splendeur du ciel et les merveilles de la terre, ils tendront leurs bras pour étreindre la vie. Après avoir vu la pourpre de la grappe, ils l'égrèneront sur leurs lèvres savantes; au moins ils ne mourront pas sans avoir cueilli des fleurs dans la vallée et des fruits sur la colline.

Hélène a trop aimé, voilà tout son malheur! — Tout son bonheur! car, ainsi que le disait Sophie Arnould : — Ah! c'était le bon temps, j'étais si malheureuse!

Celui qu'a aimé Hélène n'aimait pas Hélène.

Vous rappelez-vous cet aphorisme d'un poëte du seizième siècle?

> Qui suit amour, amour le fuit,
> Qui fuit amour, amour le suit.

C'est l'éternelle histoire des battements du cœur : les vieux chanteurs grecs l'ont dit aux vents, les vents l'ont dit aux flots, les flots l'ont dit au sable du rivage où Moschus l'a recueilli un soir. Pan aimait sa voisine Écho; Écho soupirait pour un jeune égypan, qui mourait pour une hamadryade; mais l'hamadryade ne vivait que pour un faune qui, tout enchaîné dans les pampres d'une bacchante, n'écoutait pas ses plaintes: ce qui a fait dire au poëte.

> Nul ne peut aimer à souhait;
> Dans le beau feu qui le dévore,
> L'amour qui le suit chacun hait
> Autant qu'il est haï de l'amour qu'il adore.
>
> Toi qui sens ton cœur enflammé,
> Pour éviter ce mal extrême,
> Aime toujours l'amour qui t'aime,
> Et n'aime point celui dont tu n'es point aimé.

C'est un cruel jeu de la destinée que d'avoir toujours ainsi séparé les cœurs amoureux. — Qui sait? c'est peut-être l'amour lui-même qui a joué ce jeu-là. Cette soif ardente vers la coupe toute pleine pour une autre, c'est l'enfer, mais c'est l'amour!

Aimer qui ne vous aime pas, c'est l'amour; aimer qui vous aime, ce serait le paradis. Ce paradis-là pourtant s'ouvre quelquefois, car il arrive çà et là que deux cœurs battent au même diapason. Quand l'un va aimer et que l'autre va cesser d'aimer, il y a un moment suprême où, dans l'étreinte amoureuse, on traverse l'infini.

Il en est qui n'aiment que pour être aimés. Ils montent l'échelle d'or; mais, dès qu'ils la font monter, ils la descendent.

Aujourd'hui Hélène n'aime plus George; elle aime son ami Léon. — George avait du cœur. Léon n'a que de l'esprit. — George a fini par aimer Hélène. Léon ne l'aimera jamais.

Comment a-t-elle aimé sitôt, car elle n'a pas dix-sept ans ?

A l'heure où les filles passent de l'adolescence dans la jeunesse, elles répandent plus que jamais l'amour autour d'elles; comme la rose, qui jette plus de parfum au moment où elle s'ouvre. C'est l'heure du danger pour les familles, c'est l'heure du triomphe pour les amants. Les plus sages entre toutes ternissent peu à peu le ciel de leur âme par les rêves enivrants et les espérances coupables; elles aimaient la vertu : elles en ont peur; leur sommeil était calme et reposant, elles dormaient dans les bras de la Vierge Marie : elles dorment dans les bras agités des visions amoureuses. La lutte est violente, il leur faut la vertu des archanges pour résister à l'amour qui les poursuit ou les entraîne sans relâche vers ces sentiers touffus bordés d'églantiers et d'aubépines qui embaument et qui déchirent ; l'amour est partout, sur l'autel où elles prient, sous la nue qui passe, dans la rose qu'elles cueillent; l'amour parle sans cesse : il prend la voix de la brise et de la tourterelle; le matin, c'est l'alouette qui s'envole au ciel avec sa chanson si gaie; le soir, c'est le rossignol qui se cache dans la ramure pour chanter ses élégies; c'est l'amour qui roucoule quand les filles s'égarent dans les bosquets touffus, qui soupire avec langueur ou qui éclate avec violence quand elles interrogent le piano, qui chante la chanson aimée quand elles se reposent au bord des fontaines. En vain elles détournent leurs yeux des images infinies de l'amour, elles ferment leurs oreilles à ses mille voix trompeuses : elles voient et elles entendent. Le beau ciel si pur au matin de la vie se parsème de nuages; les nuages s'amoncellent, l'éclair sillonne l'horizon, l'orage éclate, — tout est fini, — ou plutôt tout est commencé.

Hélène est destinée à chanter souvent cette chanson-là. — *Tout est fini!* — *Pauvre fille, elle ira de l'un à l'autre, de celui-ci à celui-là, cherchant toujours ce qu'elle ne trouvera jamais.*

Je vous ai dit son histoire sans la savoir, — ou plutôt je ne vous ai rien dit.

J'avais promis de ne point m'aventurer dans les sentiers de la rêverie, mais j'avais à raconter l'histoire d'un cœur qui a aimé : or un cœur qui a aimé, n'est-ce pas le pays perdu? et d'ailleurs le poëte est toujours ce joueur de flûte qui promettait un air aux belles filles des Cyclades, et qui les jouait tous, — hormis celui qu'il avait promis.

VI

Ma voisine de profil.

La chanson de ceux qui n'aiment plus.

Je vous ai parlé de la voisine que je vois de face; mais que j'aime mieux mille fois la voisine que je vois de profil! Celle-là, je ne la connais pas, et je ne la connaîtrai jamais, car c'est une femme qui change tous les jours de masque, qui affiche tous les caractères, tour à tour passionnée et rieuse, se moquant des autres et d'elle-même, croyant à tout, comme un enfant, ne croyant à rien, comme une amoureuse trahie, vivant de rêveries dans le monde visible et de rosbif dans le monde idéal, cherchant la folie dans la sagesse et la sagesse dans la folie. C'est tout un roman, toute une histoire, tout un poëme, que cette femme si simple et si compliquée, si naïve et si pervertie, si rayonnante et si voilée. Je ne l'appelle que la *Ténébreuse*, même à ses heures de soleil.

Elle habite le même balcon. Nous ne sommes séparés que par quelques rameaux de fer et de vigne vierge. Elle est là depuis six semaines, adorée par une demi-douzaine d'hommes sérieux, plus ou moins barbus, qu'elle fait aller comme des enfants. Ils viennent. — Je veux être seule. — Ils ne viennent pas; elle leur fait signe, car ils se sont tous groupés autour de sa maison. Il y en a toujours un qui passe dans la rue le nez en l'air, quelle que soit l'heure du jour et de la nuit. Car, si on ne chante plus de sérénade, on passe toujours sous la fenêtre.

Cette comédie de tous ces amoureux, dont aucun n'est l'amant, me divertit beaucoup. Ils voudraient me savoir au diable, parce que je ris en les voyant, parce que je ne suis séparé de la *Ténébreuse* que par un mur mitoyen.

Je passe çà et là de bons quarts d'heure avec ma voisine. Nous nous sommes parlé la première fois je ne sais comment, je ne sais pourquoi, — à propos de murs mitoyens, parce qu'une de ses roses avait penché sa jolie mine de mon côté. — Nous nous sommes amusés l'un et l'autre en gens de bonne et mauvaise compagnie qui cachent leur jeu.

Le grand mot en amour, c'est d'ouvrir son cœur et de promener l'esprit de celui ou de celle qu'on aime dans les mille détours du labyrinthe sans jamais lui donner le fil d'Ariane. Oh! les enfants que ceux-là qui jouent cartes sur table, bon jeu, bon argent! Qu'ils le sachent bien, en amour, quand on peut se dire : *Je te connais, beau masque,* tout est dit; — et quand tout est dit, tout est fini! —

C'est l'histoire de la politique ; tout homme politique, tout homme amoureux doit garder son secret. C'est toujours le secret de l'État. Dieu n'a jamais dit le sien.

Je ne sais donc pas le secret de ma voisine; ma voisine ne sait donc pas mon secret, — ténèbres sur ténèbres. — Que de voyages déjà nous avons entrepris l'un chez l'autre sans pouvoir reconnaître le pays!

Elle est fort belle. La sculpture antique prenait à sept Athéniennes pour avoir une Diane ou une Vénus. Pradier m'a dit que ma voisine était une Diane digne des forêts d'Apollon; car Pradier l'a entrevue pour l'amour de l'art, pour l'amour de Dieu, pour l'amour de lui. Il y a un peu de tout dans tous les amours.

Ma voisine est belle de la beauté de Diane. Comme la chasseresse, elle répand autour d'elle une verte odeur de forêt. Ah! si nous nous étions trouvés dix ans plus tôt devant un mur mitoyen, — quand nous avions vingt ans et que nous rêvions les passions éternelles ! —

Mais aujourd'hui nous avons peur de tomber dans la gueule du loup. — Nous aimons encore l'amour; mais nous craignons de nous livrer à l'ennemi. Et puis nous rions si bien ensemble de tout ce qui se dit et de tout ce qui se fait ! Qui sait si nous ne perdrions pas notre gaieté?

Et pourtant un amour nouveau, c'est un nouveau monde, — terre et ciel ! — c'est la joie de Christophe Colomb. Mais nous avons tant voyagé !

Et puis il faut arriver à temps. Le cœur a ses saisons. L'hiver ne donne pas de roses. Qui sait si pour quelques mois encore le givre et la neige n'ont pas envahi son cœur ? — car elle sort du tombeau d'une grande passion.

Ainsi hier elle chantait sur l'air de la sérénade de Schubert ces strophes lamentables :

LA CHANSON DE CEUX QUI N'AIMENT PLUS

> Qui l'a donc sitôt fauchée,
>   La fleur des moissons?
> Qui l'a donc effarouchée,
>   La muse aux chansons?
>
> Je n'aime plus! Qu'on m'enterre,
>   Le ciel s'est fermé.
> Je retombe sur la terre,
>   Le cœur abîmé.

Pourquoi faut-il encor vivre
  Quand l'amour s'en va?
A cette page du livre,
  Ci-gît, tout est là.

Te souviens-tu, ma maîtresse?
  Mon cœur s'en souvient.
Des soleils de notre ivresse
  Déjà la nuit vient.

Faut-il que je te rappelle
  Les doux alhambras
Que nous bâtissions, ma belle,
  En ouvrant nos bras?

Ta bouche fraîche, ô ma mie!
  Ne m'enivre plus.
Déjà la vague endormie
  Est à son reflux.

Entends-tu le vent qui brame,
  O ma belle, adieu!
Adieu! sans amour mon âme
  Ne croit plus à Dieu!

Quoi! plus d'Ève qui m'enchante!
  Plus de paradis!
Faut-il donc que mon cœur chante
  Son *De profundis?*

Je l'écoutais avec un charme funèbre. — N'aimer plus quand on a bien aimé, c'est mourir en pleine jeunesse. Ne pas être aimé n'est rien, car quiconque aime sera aimé; mais n'aimer plus! — perdre son Eldorado, son oasis, son paradis et son enfer! — Voilà où elle en est, — voilà où j'en suis.

Car cette chanson qu'elle chante avec tant de tristesse poétique, je crois bien que c'est moi qui l'ai rimée.

Or que ferons-nous, — nous deux qui n'aimons plus? Pour franchir le Rubicon de la poésie, il faut être poëte; pour franchir le Rubicon de l'amour, il faut être amoureux.

VII

Paris à vol d'oiseau.

PRÉFACE

Que de fois, penché à la fenêtre, n'avez-vous pas, des yeux du corps et des yeux de l'esprit, entrevu la ville universelle en travail, la grande ruche sanctifiée par les abeilles et dévorée par les frelons?

Allez, mon âme, déployez vos ailes, et revenez dire à ma main ce qu'il faut écrire aujourd'hui.

ORIGINES

Selon les historiens : « Si Rome a été fondée par un fils du dieu Mars et par le nourrisson d'une louve, Paris le fut par un prince échappé au sac de Troie, Francus, fils d'Hector, qui, devenu roi de la Gaule après avoir bâti la ville de Troyes en Champagne, vint fonder celle des Parisiens et lui donna le nom du beau Pâris son oncle. »

Pour expliquer cette haute opinion des savants historiens, un autre historien non moins savant nous démontre que le mot *Paris* se compose de deux mots, savoir : le radicale *Par* ou *Bar*, et le mot *Isis*, « attendu qu'il a été trouvé sur le territoire de Paris une statue de cette déesse, ce qui prouve abondamment que Francus, qui veut dire Français, est le fondateur de Paris. * »

HISTOIRE

Il existe cependant d'autres opinions dignes d'être étudiées. Si on daignait nous écouter sur ce point, nous dirions que le fondateur de Paris, ce fut le hasard. Il y avait une île dans un pays sauvage : figurez-vous une peuplade dispersée qui cherche à s'abriter contre ses ennemis; cette peuplade traverse le fleuve et se barricade sur ce grain de sable que protégent les eaux. Cette peuplade de bateliers et de pêcheurs, lasse d'errer de rive en rive, de la rivière au fleuve, du fleuve à la mer, veut prendre dans l'île quelques jours de repos. Après la palissade, voilà la tente qui se dresse. Les vents sont mauvais; le fleuve est un autre ennemi qui vient menacer à son tour; pourquoi ne pas élever un mur contre les tempêtes de l'occident? Cependant on a eu le temps de s'apercevoir que l'île était fertile; pendant que les pêcheurs s'aventurent sur leurs barques, les plus paisibles de la colonie défrichent le sol par distraction, par curiosité, par instinct pour l'avenir. Quelque temps se passe ainsi; l'heure est venue de

---

* Voir, pour plus de lumières, les mémoires de l'Académie des inscriptions et belles-lettres, qui fourmillent de preuves tout aussi authentiques.

partir, de marcher à l'aventure comme autrefois; mais l'amour du sol a pris ces hordes nomades; ils ont semé, ils veulent recueillir. Ils se complaisent d'ailleurs dans ces quelques enjambées de terre défendues des bêtes et des hommes, des ennemis de toute espèce, où ils peuvent avoir chacun un arbre, un épi et une maison. Ils se décident à rester; les plus aventureux et les plus jeunes iront courir au loin à la découverte, mais ils reviendront. Dès ce jour, Paris exista. Au lieu de quelques palissades, où étaient suspendues toutes fumantes encore les peaux de bêtes, l'industrie, fille de la paix, envoie des barques chercher des pierres sur les rives voisines, élève des murs, les couvre de chaume; et voilà une bourgade qui vit et palpite. Laissez-la respirer un peu, vous la retrouverez bientôt avec des mœurs, gouvernée par des lois. Aujourd'hui elle s'appelle Loutouhezi; plus tard César passera qui lui donnera son acte de naissance; plus tard la bourgade sera la ville universelle, elle sera tout à la fois Babylone, Athènes, Rome; mais, quelles que soient sa fortune et sa gloire, elle n'oubliera pas qu'elle est sortie d'une famille de pêcheurs, et pour ses armoires elle prendra un vaisseau.

J'ai commencé par citer l'histoire, j'ai fini par produire le roman. Comme il arrive souvent, le roman n'est-il pas plus vraisemblable que l'histoire?

Aujourd'hui Paris n'est plus une île déserte, une bourgade, une grande ville, c'est une nation où fourmillent mille peuples divers. Cette nation a autour d'elle, pour la défendre des barbares, ses grandes murailles comme la Chine.

SITUATION

Comme tous les pays du monde, celui-ci est situé au centre de la terre. Ses montagnes renommées sont Montmartre, le Père-Lachaise, la Porte-Saint-Denis, l'Arc-de-Triomphe, les tours de Notre-Dame, le Panthéon et les Invalides. On ne cite guère que deux montagnes à pic, la montagne Sainte-Geneviève et la butte Montmartre. Et encore, sans les moulins à vent et le Panthéon, elles ne seraient guère considérées que comme des collines.

POPULATION

La population de ce pays est trop variable pour qu'il soit permis d'en fixer le chiffre. Ce soir vous comptez un million d'habitants, demain matin la statistique sera en défaut, car il aurait fallu compter d'après la vertu des femmes et non sur la vertu des femmes. Si l'Amérique est en congé à Paris, la population est plus variable que jamais, car les Romains enlèvent encore les Sabines.

DIVISION

Ce pays, qui se divise en continent, îles, presqu'île, détroits, isthmes, est arrosé par un grand fleuve, la Seine, par un puits, le puits de Grenelle, par une petite rivière, la Bièvre, par quelques milliers de fontaines et par une multitude de ruisseaux. On se rappelle le mot de madame de Staël : *Oh! qui me rendra mon ruisseau de la rue du Bac!*

JUGEMENTS HASARDÉS

MÉTÉOROLOGIE — AGRICULTURE

Le climat est des plus tempérés et des plus charmants; il n'y pleut en général que sept jours par semaine, sans compter la nuit. Il y fait froid l'été, mais il y fait beau temps l'hiver.

On reconnaît le changement des saisons au changement des habits : n'y a-t-il pas dans la garde nationale la tenue d'hiver et la tenue d'été? Il y a aussi des almanachs qui vous avertissent que le 21 mars est le premier jour du printemps. Ce jour-là la neige couvre les arbres; c'est une fleur de la belle saison.

Grâce à cet heureux climat, l'agriculture y est en faveur. On y cultive les roses, les radis et les pois de senteur. Aucun pays au monde ne renferme plus de jardins, jardins suspendus comme ceux de Sémiramis; — on n'a pas besoin d'y descendre pour s'y promener : ce sont les jardins qui montent vers vous; — il y en a à tous les étages.

ZOOLOGIE

Au Marais, on trouve de précieux restes de la création avant le déluge.

INDUSTRIE

C'est le pays par excellence de l'industrie. Parmi les plus connues, on cite celle des papiers publics : il s'y répand environ cinq cent mille feuilles par jour; les unes, il est vrai, ne sont pas publiques, attendu qu'on ne les lit pas.

C'est là que bat le cœur de la nation.

Il y a une autre industrie assez bien cultivée, celle des coupeurs de bourse. C'est une industrie qui exige beaucoup d'études; mais on peut prendre des leçons à dix ou vingt francs le cachet.

CULTE

La religion catholique est la religion dominante de l'État. Les prédicateurs y sont fort à la mode. On va dans les églises avec la même ferveur qu'à l'Opéra ou à la Comédie-Française.

On ne paye pas en entrant; mais, quand la voix de l'orgue et l'encens de l'autel vous enlèvent dans les plus hautes régions avec l'esprit du Seigneur, un chapeau à trois cornes laisse tomber sa hallebarde sur vos pieds et vous crie d'une voix de tonnerre : *Pour les frais du culte, s'il vous plaît !*

L'église catholique est une mendiante perpétuelle : elle mendie à la porte sous le prétexte de vous donner de l'eau bénite; elle mendie au chœur, parce qu'à l'église, comme au cimetière, ceux qui ont le plus d'argent sont les mieux placés; elle mendie en vous offrant une chaise. Mais elle mendie surtout le jour de votre mariage ou le jour de votre mort. Si vous n'avez pas mille francs dans votre poche, je vous défie de vous faire conjoindre ou enterrer comme il convient à un honnête homme.

Il y a bien quelques autres religions, celles d'Israël, de Luther, de Calvin; il y a même des dieux nouveaux : l'un s'appelle Enfantin, l'autre Fourier, celui-ci le

Mapah. Pape schismatique du saint-simonisme, ce dernier, le plus orgueilleux de tous, vit dans un grenier avec sa maîtresse. Je l'ai beaucoup connu quand il n'était qu'un homme d'esprit.

PROMENADES

Parmi les promenades célèbres, voici le bois de Boulogne — fortifié contre les promeneurs. — Il y reste le Ranelagh, où l'on ne va plus parce que le Château des Fleurs est sur la route.

Mais la belle promenade aujourd'hui — pour les chevaux, — c'est les Champs-Élysées.

Il ne faut pas oublier le Luxembourg, promenade amoureuse; — la place Royale, promenade déchue; — la place de la Concorde, ainsi nommée parce qu'on y a guillotiné un roi et son peuple.

Et le jardin des Plantes ! paradis terrestre digne de ceux de Breughel de Velours, où sont réunies toutes les richesses de la création, depuis le lion indompté du Sahara jusqu'au Parisien de la rue Mouffetard.

LA BOURSE

La Bourse est le temple de la civilisation moderne. Le matin, les agioteurs y vendent de l'argent; le soir, devant ce monument, on rencontre des agioteuses qui se vendent pour de l'argent. Tout, jusqu'à l'amour, ici-bas est à la hausse ou à la baisse.

LE PALAIS-ROYAL

Le Palais-Royal n'est plus qu'un immense caravanserai où se renouvellent par les tailleurs les métamorphoses d'Ovide. O palais, déshérité de ta gloire depuis que tu as perdu tes bayadères! C'est le rendez-vous de toutes les provinces du monde civilisé. Les bourgeois de Paris y vont régler leurs montres, car on sait qu'à midi, lorsque le soleil passe au méridien, un coup de canon annonce l'heure attendue; mais, comme le soleil ne se montre que par hasard, il arrive presque toujours un nuage qui le dispense de faire feu. Qu'on juge du désappointement des bons bourgeois de Paris! voilà les montres qui ne sont plus à l'heure! Conséquences terribles : là c'est un mari qui rentre trop tard, ici c'est un mari qui rentre trop tôt : deux extrémités fâcheuses.

LES TUILERIES

Le palais des rois — quelquefois à louer pour cause de départ, — mais qui trouve toujours des locataires.

LE LOUVRE

Palais des chefs-d'œuvre — vrai palais des rois — des rois qui ne s'en vont pas.

L'HOTEL-DIEU

Ainsi nommé parce que tous ceux qui y vont y meurent : — Mourir c'est aller à Dieu.

PROVINCES

Ce pays est divisé depuis peu de temps en douze provinces; mais le voyageur ne s'arrête qu'à la division ancienne, qui est la plus naturelle. Ainsi le faubourg Saint-Honoré et le pays Latin, le faubourg Saint-Germain, la Bastille et le faubourg Saint-Marceau, les Tuileries, la Chaussée-d'Antin et le Marais, ces diverses, provinces sont d'une physionomie tellement distincte qu'elles semblent n'avoir aucun rapport entre elles et ne pas faire partie de la même nation.

Il y a encore une autre province qu'il ne faut pas oublier, connue sous le nom du treizième arrondissement. Ce n'est pas la moins courue et la moins pittoresque; les voyages y sont charmants, à la condition toutefois de n'y pas trop séjourner.

COLONIES

Deux colonies dépendent de cette nation. Ce sont deux îles importantes : la Cité et l'île Saint-Louis.

La Cité est le lieu le plus varié de l'univers; c'est la demeure la plus habituelle des juges et des voleurs. Il y a un Palais de Justice à l'ombre duquel sont abritées d'aimables maisons garnies de filles de joie et de filles de douleur ouvertes aux forçats plus ou moins libérés.

C'est là que se préparent tous les grands crimes. Or la porte ou les fenêtres de ces maisons s'ouvrent sur le marché aux fleurs qui va embaumer les mille coins de Paris.

Ainsi on a sous la main les filles et les fleurs, la justice et les voleurs.

L'île Saint-Louis est une province paisible, discrète, solitaire. On n'y naît pas, on y meurt. Généralement les naturels du pays sont d'un âge mûr.

LE PAYS LATIN

Le pays Latin est très-varié et très-pittoresque. Comme on y étudie beaucoup les lois et les femmes, les naturels du pays s'appellent étudiants. On assure qu'ils se sont réfugiés sur la montagne Sainte-Geneviève, comme les Romains sur le mont Aventin, pour se soustraire aux pernicieuses influences de la civilisation. C'est là une opinion avancée.

LE FAUBOURG SAINT-GERMAIN

Le faubourg Saint-Germain est une suite de châteaux ruinés où il y a beaucoup de Ravenswood et peu de Caleb. Les naturels de cette contrée regardent avec obstination, dans un ciel orageux, une étoile qui ne brille plus. *Anne, ma sœur Anne, ne vois-tu rien venir?*

On trouve dans cette contrée, au bout du pont de la Concorde, une tour de Babel qui change de nom comme de politique.

Il serait injuste d'oublier les académies, — l'Académie des inscriptions, où l'on devine des logogriphes laissés par les anciens, qui avaient aussi leurs jours de malice. — Et l'Académie française, dont le quarante et unième fauteuil me tente beaucoup.

Parlons aussi d'un palais, l'Observatoire, où l'on est en correspondance directe avec la lune et les autres pays éloignés. On rencontre non loin de là l'École de droit et l'École de médecine, c'est-à-dire la Chaumière. — Succursale · la Grande-Chartreuse.

FAUBOURG SAINT-HONORÉ

Rival du faubourg Saint-Germain. Les habitants ne cherchent pas l'étoile qui file, ils se tournent toujours vers le soleil.

FAUBOURG SAINT-MARCEAU

Le faubourg Saint-Marceau est la partie des chiffonniers, horde de mœurs bizarres, qui n'a pour soleil que le gaz, les réverbères et sa lanterne; Diogènes qui vont cherchant des balayures, qui découvrent quelquefois des hommes.

C'est le seul pays où l'or soit une chimère, où jamais deux écus d'argent n'ont sonné ensemble. C'est une mer perdue où ne vont jamais que les La Peyrouse de la terre ferme.

Il y a en cette province, abandonnée aux Diogènes modernes, un tribunal en plein vent. Les parties belligérantes attroupent les voisins et s'accusent sans périphrases. Les voisins donnent tort aux deux parties, qui finissent toujours par se battre et par aller au cabaret.

Ces peuplades ont cela de particulier avec les chameaux, que le dimanche à la barrière elles boivent pour huit jours.

LE FAUBOURG SAINT-ANTOINE

Le faubourg Saint-Antoine est aux antipodes des Tuileries. Les laborieux habitants de cette contrée ne descendent à Paris que les jours de révolution et les jours de feux d'artifice : pour donner un coup de main ou un coup d'œil.

LA CHAUSSÉE-D'ANTIN

Dans la Chaussée-d'Antin, on fait sa fortune ou on la défait ; dans le faubourg Saint-Germain on la conserve. Là-bas, c'est l'aristocratie de la Bourse, comme ici c'est l'aristocratie de la naissance. La Chaussée-d'Antin renferme deux églises curieuses : celle des madeleines et celle des lorettes. On y va beaucoup ; mais on va encore davantage à l'Opéra, qui est à peu de distance. Cela se comprend : dans les églises, il y a des prêtres ; à l'Opéra, il y a des prêtresses.

Toutefois l'opéra des gueux, c'est toujours l'église, — disent les voltairiens.

LE MARAIS

Le Marais, comme l'île Saint-Louis, est une province perdue, un monde d'un autre âge, qui ne croit pas à l'obélisque ni aux chemins de fer. Il n'y a pas cent ans que, selon Mercier, les naturels du pays n'apercevaient que de loin la lumière des arts. « Le *Mercure de France* était mis sur la dépense avec les balais ; et ce compte regardait le portier. ». Le *Mercure* ayant cessé de paraître, il faut en tirer un augure favorable aux habitants du Marais.

VOYAGES

Il y a dans ce merveilleux pays diverses manières de voyager par terre et par eau ; il y a même des chemins de fer, mais seulement établis pour les relations extérieures. Le voyage par eau se fait tantôt en nacelles, tantôt en bateaux à vapeur : ce voyage n'est guère utile, excepté pour aller du jardin des Plantes aux Tuileries. Le voyage par terre est très-facile ; on trouve à chaque pas de grandes voitures qui vont partout, mais qui ne vous conduisent nulle part. Il est vrai que l'on peut aller à pied, mais en disant comme le spirituel Louis XV : *Si j'étais lieutenant de police, je défendrais les cabriolets.* En effet, cette manière de voyager devient presque impossible : les voitures ayant le milieu du pavé et défilant sans cesse, le piéton ressemble beaucoup à ce paysan de la fable attendant, pour passer la rivière, que l'eau ait fini de couler[*].

LITTÉRATURE NATIONALE

La littérature nationale du pays doit frapper bien vivement les étrangers, car elle s'étale sans vergogne sur toutes les murailles ; ce sont des pages de papier où tout le monde veut signer son œuvre, depuis le gamin qui va à l'école jusqu'au plus grave réformateur. L'écrivain le plus connu, c'est Charles-Albert.

CHANSONS

Mazarin disait : « Ils cantent ! eh bien ! laissez-les canter ; s'ils cantent, ils payeront ; » aujourd'hui on ne chante plus, mais on paye encore.

---

[*] Jean-Jacques Rousseau fut renversé en 1756 par un énorme chien qui précédait une berline. Le maître de l'équipage passa sans sourciller, ne ressentant guère que le chapeau du philosophe. Le lendemain, ayant appris qu'il avait failli tuer le citoyen de Genève, il envoya son laquais demander au blessé ce qu'il pouvait faire pour lui. « Tenir désormais son chien à l'attache, » répondit Jean-Jacques Rousseau.

LES CHEMINÉES

Pays de gloire et de fumée! Les cheminées y sont en trop grand nombre, non pas les jours d'hiver, mais les jours d'orage.

ACADÉMIES

Rien ne fait vivre plus longtemps que le ridicule. Ce qui manque aujourd'hui à l'Académie française, ce n'est ni Balzac, ni Lamennais, ni Béranger, ni la phalange radieuse des jeunes esprits; ce sont les épigrammes de Piron.

A l'Académie des inscriptions et belles-lettres, l'esprit ne vit que de ce qui n'est plus. On admire beaucoup les tableaux d'Apelles et de Zeuxis, parce qu'on ne les a jamais vus. Aussi, sur la tombe de tous les membres de cette Académie, on grave toujours ces vers de Piron :

> Ci-gît un antiquaire opiniâtre et brusque.
> Il est esprit et corps dans une cruche étrusque.

SUR L'ESPRIT DU PEUPLE

Tout l'esprit du monde est à Paris. Les Parisiens sont le peuple le plus spirituel du globe; mais, comme a dit Montaigne, il faut à toute heure lui désenseigner la sottise.

Il y a le Parisien qui naît à Paris, le Parisien par excellence; celui-là voit le monde par un trou; il étudie le cœur humain, le sien et celui de sa voisine aux théâtres des boulevards; il croit à tout : on lui cria un matin d'ouvrir sa fenêtre *pour voir passer l'équinoxe porté sur un nuage;* — il ouvrit sa fenêtre. —

VIII

La vie de château.

J'ai beau m'attacher à la balustrade et vouloir regarder dans la rue, je ne sais quelle symphonie d'avril, toute parfumée de fleurs de pommier et de lilas, m'attire vers la jeune feuillée, dans la prairie qui étoile sa robe et dans la forêt toute vierge encore.

Quand le carnaval vient d'agiter à Longchamp son dernier grelot, quand les prédicateurs romanesques ont égrené leur chapelet, quand les peintres et les sculpteurs ont repris à l'atelier les tableaux et les marbres exposés, il n'y a plus rien de bon à faire à Paris, si ce n'est de s'en aller. Adieu, madame la marquise; que le vent d'avril vous soit léger! Allez revoir vos châteaux, vos paysages, vos hirondelles. L'heure est venue, partez. On a déjà recrépi les donjons héréditaires et les villas rustiques; la violette parfume le sentier du parc et la roche de la montagne; la primevère embaume l'avenue et la prairie; le bocage chante de plus belle; et, dans la sylvestre église, monsieur le curé a chassé l'araignée de votre banc. Allez! allez! fuyez Paris; la vie est là-bas avec le soleil. Allez! allez! ne fût-ce que pour reposer votre cœur et votre esprit.

Écrivez-moi comment se passent chez vous les bons et les mauvais jours. Parlez-moi surtout du château de Kerkado. Grâce aux grandes pluies de ce printemps, le lac doit promener un peu d'eau ; il est réduit à la condition du mauvais riche qui demande de l'eau dans les enfers. Charles X, passant par là dans une chasse, dit en voyant le pont du lac de Kerkado : « Il faudrait vendre le pont pour avoir de l'eau. »

Adieu, madame, que les rossignols de votre parc, qui sont plus poëtes que moi, me dispensent de rossignoler des vers, — et que les roses de votre parterre vous chantent comme Orphée — un vieux rossignol de ma connaissance — le poëme des parfums !

Ah ! la vie de château ! c'était bon quand il y avait des châtelains et des châtelaines, quand Paris était à Versailles, à Saint-Cloud, à Chambord, à Anet, à Fontainebleau ! Mais, aujourd'hui que Paris est à Paris, il n'y a plus que des revenants dans les châteaux. On y va coucher son esprit et son cœur pour six mois. Il y a des exilés qui laissent à Paris leur cœur et leur esprit. Ah ! la vie agreste, les forêts ténébreuses, la montagne et la vallée qui chantent un duo, les voix de l'infini qui parlent du ciel à la terre, les voix des arbres, des fleuves, des oiseaux et des roses qui parlent de la terre au ciel ! Oui, tout cela est fort beau ; mais, quand on est au milieu des merveilles de la belle saison et qu'on voit passer la locomotive aux ailes de flamme qui va vers Paris, on s'écrie : *Ah ! quand viendra l'hiver !* Et on donnerait, l'hiver venu, sa part du paradis de Mahomet pour sa part de Paris.

IX

Liberté — Égalité — Fraternité

Liberté, Égalité, Fraternité. Presque en face de moi il y a un cabaret ; devant le cabaret un peintre d'enseignes s'escrime depuis ce matin ; il a donné çà et là sur la muraille quelques coups de pinceau, mais il n'est pas douteux qu'il attend encore l'inspiration. — Où est l'inspiration ? — Va-t-elle passer sur son chemin sous la figure d'une belle insouciante, une de ces filles d'Ève qui vont où le serpent les appelle ? ou bien est-elle au fond d'une de ces bouteilles provoquantes qui rient à gorge déployée sur le comptoir du cabaret ?

Voyez !

Voilà le peintre d'enseignes qui franchit le seuil consacré. Comme il verse avec amour la pourpre des vendanges dans ce verre qui n'est point taillé dans le cristal ! et comme il verse respectueusement ce verre dans sa bouche ! Déjà son front s'allume. Un second verre, madame la cabaretière ? Qui serait plus digne de boire toute la bouteille ? Saluez cet homme ! car cet homme a son idée. Le tableau qu'il va peindre sur la muraille rayonne déjà sous ses yeux. Ce n'est plus un peintre d'enseignes ! Ce que vous avez là sous vos yeux, c'est un artiste !

Ce cabaret, le premier peut-être, avait inscrit au-dessus de sa porte, le 24 février 1848 :

LIBERTÉ — ÉGALITÉ — FRATERNITÉ

C'était un ivrogne qui avait trouvé cela. — La vérité dans le vin. — C'était bien trouvé. — En effet, c'était au-dessus des cabarets et non au-dessus des palais qu'il fallait inscrire ces trois mots, amour des uns, effroi des autres.

Mon peintre d'enseignes vient de barbouiller trois figures en quelques coups de pinceau. Je reconnais la Liberté avec son bonnet rouge. La Liberté ! la rude et sauvage déesse aux mamelles fécondes. L'Égalité ! ce paradoxe qui ne s'est jamais nourri que de brouet noir. La Fraternité ! cette belle fille dont le royaume n'est pas de ce monde depuis Caïn.

Je viens de descendre pour offrir un cigare au peintre d'enseignes.

— Mais, monsieur...

Il ne voulait pas accepter.

— Fraternité ! lui ai-je dit en lui montrant la figure qu'il peignait.

Il sourit tristement.

— En peinture, murmura-t-il avec raillerie et avec amertume.

— Fumons, lui dis-je en lui donnant du feu. Ne cherchons pas à voir le monde plus mauvais qu'il n'est.

— O mon Dieu ! je ne suis pas un misanthrope : le soleil luit pour tout le monde.

Et, disant ces mots, il donna un coup de pinceau à l'Égalité.

— L'Égalité! poursuivit-il, c'est une figure que je n'ai jamais comprise.

— Après tout, lui dis-je, n'entre-t-on pas et ne sort-on pas par la même porte, ici-bas?

— Ce n'est pas mon avis, reprit-il en secouant la tête. L'Église elle-même, qui proteste au nom de Dieu contre les grandeurs de la terre, n'a-t-elle pas à la naissance et à la mort du riche de plus gais carillons et de plus solennelles sonneries qu'à la naissance et à la mort du pauvre! En ce monde tout porte un démenti à l'Égalité. Il n'y a qu'un seul mot pour la saluer, et ce mot, c'est le cri de la mort : — *Ci gît!* — Aussi pour tout symbole j'écrirai ce mot-là en plein front de ma figure de l'Égalité.

— Ne faites pas cela à la porte d'un cabaret ; mettez un verre à la main de votre déesse, ce sera là un symbole à la portée de tout le monde, mais surtout de ceux qui ont de quoi entrer au cabaret. »

Et, comme mon peintre d'enseignes avait étudié quelque peu, nous passâmes en revue quelques-uns des symboles créés pour la langue des arts.

— En vérité, me dit-il tout à coup, nous discutons devant mon barbouillage comme si j'allais peindre un tableau pour le Vatican ou pour le Louvre. Songez donc, monsieur, que ce que je peins là ne sera admiré que par des buveurs entre deux vins qui y verront double. Et puis combien cela durera-t-il ? A la prochaine révolution, il me faudra peindre un aigle impérial, une fleur de lys, un coq gaulois, que sais-je?

— Rassurez-vous, mon cher artiste, à la prochaine révolution vous n'aurez qu'à changer les ornements de vos trois déesses pour en faire les trois Grâces, ou les trois Vertus théologales; car, au fond, c'est toujours la même chose : ce sont toujours trois femmes qui gouvernent le monde, il n'y a que les modes qui les changent.

— J'ai bien peur, à la prochaine révolution, d'avoir à peindre les trois Parques.

X

La vie est un roman.

Il y a des femmes qu'on aime parce qu'on les a aimées dans un autre siècle. Dès qu'on les voit — dès qu'on les revoit — il semble qu'on ressaisisse quelque rayon ou quelque souvenir de sa vie ancienne. Ma voisine la *Ténébreuse*, je l'ai aimée dans un autre siècle. Elle chantait tout à l'heure, sur un air de Lully, une chanson qui dit que l'amour est la fleur de l'arbre de la science.

— Vous avez raison, ma voisine, l'amour est la seule fleur de la vie qui vaille la peine d'être cueillie; mais les amoureux sont aveugles, ils cueillent les épines et laissent la rose.

— Vous avez peur, mon voisin; les suprêmes délices, c'est de se déchirer les mains. La rose est un symbole, puisqu'elle est teinte du sang de Vénus.

— Vous êtes trop savante, ma voisine. Quelle adorable chanson vous chantiez tout à l'heure !

— Une vieille chanson toujours nouvelle, sur un vieil air toujours nouveau.

— Votre chanson, je l'ai entendue, si j'ai bonne mémoire, à la cour de Louis XIV ou plutôt sous la régence. Vous rappelez-vous, vous me la chantiez alors dans quelque paradis de Watteau. La vie est un roman : à chaque page on s'écrie : J'avais déjà lu cela. Sous la régence, dans le paradis de Watteau, je m'appelais *Adam*, et vous vous appeliez *Ève*. Ah ! comme vous portiez bien votre robe à queue !

— Je ne m'en souviens pas ; pourtant je pense comme vous, la vie est un roman qu'on lit pour la seconde fois. Ainsi, au parfum des premières roses d'avril, le souvenir entraîne notre âme à travers les belles vallées de la vie que nous avons dépassées à jamais. L'horizon se rouvre derrière nous bien au delà du berceau, bien au delà du siècle. Je suis bien sûre de n'en être pas à ma première existence. Je ne sais si j'ai vécu sous la forme d'une cigale, d'une hirondelle, d'une tigresse; mais j'ai vécu dans d'autres temps. Qui sait ? je ne serais pas très-surprise si on me disait que j'ai été une de ces belles filles de la Bible qui s'en allaient sur la montagne pleurer leur virginité. Mais pourquoi, je vous le demande, le souvenir d'une autre vie est-il si confus ?

— Parce qu'on ne repasse pas impunément par le berceau, parce qu'il faut toujours laisser beaucoup d'espace à l'imagination, parce que l'histoire est là pour nous servir de géographie dans ce pays perdu du temps passé. Ne vaut-il pas mieux pour son orgueil supposer sa figure ancienne parmi les figures radieuses, que de savoir, par exemple, qu'on a été un esclave obscur? Croyez-moi, la science de la vie, c'est de ne pas voir trop loin dans le passé ni dans l'avenir. Oh! la belle vie que celle dont on soulève à peine le voile — dont on ne dénoue jamais la ceinture. On ne sait pas d'où vient la source, on ne sait pas où elle va. Ne montons pas sur la colline pour voir le chemin de la vallée; quand on sait d'avance le chemin, c'est bien la peine d'aller jusqu'au bout. Ce qui me charme en vous, ô ma voisine adorable! — que je n'adore pas, — c'est que je ne vous connais pas et que vous ne vous connaissez pas vous-même.

— Ce qui me charme en vous, ô mon voisin! c'est que vous êtes le premier homme que j'aie rencontré qui ne m'ait pas dit au passage : *Vous êtes belle et je vous aime.*

— C'est que je n'ai pas l'habitude de demander l'aumône : les femmes ne donnent que ce qu'on leur prend. Ah! que je les ai en pitié tous ces pauvres amoureux transis qui chantent leur sérénade en ayant l'air de demander un sou!

— Prenez garde, mon voisin, je vais dire aussi que vous êtes savant.

— Savant! je sais tout et je ne sais rien. Cependant j'ai arraché quelques pages du bréviaire de M. de Cupidon. Voulez-vous lire celle-ci? elle vous expliquera pourquoi vous prenez quelque plaisir à rayonner parmi vos cinq ou six amoureux.

Ma voisine me prit la page des mains.

XI

Une page du bréviaire de M. de Cupidon.

Vous qui avez aimé, — vous qui n'avez pas aimé, — petits et grands, — nobles et vilains, — vous ne savez pas un mot de l'amour — ni moi non plus, — voilà pourquoi nous allons lire ensemble le bréviaire de M. de Cupidon. — Je vais vous désenchanter de vous et de moi.

Vous croyez qu'il n'y a qu'un cœur pour un cœur. Hélas! — quand il y en a pour un, il y en a pour deux — quelquefois pour trois : celui qui est, celui qui a été, celui qui sera. — Le cœur est une maison à cinq ou six étages. — Un amoureux de bonne volonté doit habiter en même temps tous les étages de son cœur.

Au rez-de-chaussée, — c'est l'amour mélancolique qui vit à l'ombre et qui se nourrit de larmes. — Un souvenir pour celle qui n'est plus là.

Au premier étage, c'est l'amour grand seigneur qui traîne sa robe à queue ou qui la fait porter par ses nègres dans de somptueux salons étincelants d'or vif, de folles arabesques et d'éblouissantes girandoles.

Au second étage, — mais l'amour est plus capricieux, — il s'élance du premier au cinquième d'un seul bond : — c'est qu'au cinquième étage du cœur il y a quelque allègre fille — vivant de l'air du temps — à côté de ses voisins les oiseaux — et de ses voisines les fleurs du toit.

Et quand l'amour s'est dépaysé dans cette passion sur la branche qui ne tient à rien, — que le vent qui passe peut enlever avec la cheminée, — autant en emporte le vent! — il s'en vient se désencanailler dans le demi-luxe d'une petite bourgeoise du troisième, — où bientôt il a peur de prendre du ventre. — Voyez-le — déjà tout prosaïque, qui remonte à pas comptés jusqu'au quatrième, où quelque Rose-Pompon lui chante les refrains court-vêtus des vertes folies qui, pour une heure, lui font croire à ses vingt ans.

Et puis, — fatigué de tout cet éparpillement, — voulant trouver enfin une femme qui soit cinq fois femme — et qui ne l'est peut-être pas du tout, — il descend au second étage et se jette dans les bras d'une comédienne qui a tour à tour, selon son caprice, les aspirations idéales des forêts vierges, — le luxe insolent de la marquise, — la gaie science de la courtisane et le sans-souci de celle qui chante sur le toit.

Cinq amours à la fois, — c'est beaucoup. — Si vous êtes de bonne foi, vous avouerez pourtant qu'il en est toujours ainsi, — quoi que vous fassiez pour rester fidèle à l'unité classique. — M. de Cupidon n'aime pas Aristote. Sa comédie a cinq actes, comme la tragédie classique; mais chaque acte change d'étage.

Le cœur le plus épris n'a-t-il pas en effet des distractions?

Ah! le bon billet qu'a la Châtre, disait Ninon. Vos lèvres sont déjà distraites en m'embrassant, disait madame de Parabère au Régent, qui la régentait depuis la veille.

Dans l'antiquité l'amour était toujours multiple, —

à part Héro et Léandre — aussi en sont-ils morts.

Dieu nous a donné cinq sens — qui ne s'accordent jamais, parce que, la perfection n'étant pas de ce monde, nous la cherchons en détail, — comme le sculpteur antique qui, pour tailler Vénus dans le marbre, prenait de radieux fragments aux belles filles de Sicyone.

L'amour, — quand ce n'est pas tout à fait l'amour : — la passion échevelée, — la cavale qui a pris le mors aux dents, — la tempête qui confond le ciel et la terre, — est un philosophe éclectique qui prend son bien où il le trouve.

A celle-ci une larme, — à celle-là un sourire ; — ici le corps, — là l'esprit, — comme l'enfant prodigue avec les courtisanes, qui s'enivre de tous les vins et de tous les baisers.

Les enfants prodigues ont raison de vanter la pluralité des femmes.

Chaque amour est un renouveau pour le cœur. Dans les premiers jours deux amoureux ont des coquetteries adorables qui s'évanouissent comme les premiers lilas.

Rien n'est beau que le vrai, le vrai seul est aimable.

a prétendu Boileau, qui n'y entendait rien. — En amour, il n'y a que le mensonge qui soit beau : — c'est toujours l'histoire du bal masqué. — Au premier abord toutes les femmes sont charmantes; mais vienne le matin, la blanche aubépine toute parfumée n'est plus qu'un buisson.

En un mot, aux premiers jours de la passion on a des rayonnements qui vous élèvent au-dessus de vous-même; on est mieux qu'un homme, on est mieux qu'une femme, on est amoureux!

Le dirai-je? J'ai pourtant trouvé trois femmes qui, comme par miracle, avaient chacune toutes les vertus, toutes les grâces, toutes les beautés. J'avais saisi la chimère éblouissante que je poursuivais dans le ciel de la poésie.

Quel était le secret? — Elles m'aimaient. — Depuis ce beau festin je n'ai plus ramassé que les miettes de la table.

A ceux qui ne veulent pas habiter les cinq étages, il faut conseiller d'être aimés.

Mais, s'il y a quelques femmes qui ont l'amour, il y en a tant où l'on ne trouve que la femme! — une coupe ciselée par quelque maître florentin avec l'art le plus charmant, mais qu'il faut aimer des yeux et non des lèvres, — parce qu'il n'y a rien dedans.

XII

Histoire de ma voisine.

J'avais vu il y a quelques jours, sur le balcon de ma voisine, Frédéric de Marvilliers, que je rencontre souvent à la Comédie, à l'Opéra, dans l'atelier de Delacroix, au café de Paris, un peu partout. C'est l'homme le plus curieux de France et de Navarre. Tous les romans contemporains arrachés à la vie intime, il les sait sur le bout de ses doigts.

C'est un homme de trente-cinq ans, qui a traversé avec ferveur toutes les folles et charmantes passions de la jeunesse. Il a longtemps vécu selon son cœur ; mais, comme il arrive toujours, l'esprit a peu à peu tué le cœur. Un beau jour, Frédéric s'est réveillé philosophe, c'est-à-dire n'ayant plus la force de vivre de sa vie, avec le triste privilége de vivre de la vie des autres. De tout temps il avait aimé la science ; à vingt ans il la cherchait dans les livres ; à vingt-huit ans il la trouvait dans son cœur, sans le savoir ; à trente-cinq ans il la cherchait dans le grand livre toujours ouvert qui s'appelle le monde, — où si peu d'entre nous savent bien lire ! — Frédéric est du petit nombre des oisifs intelligents qui vivent par curiosité. Il est de la famille de cet esprit bien trempé qui, n'ayant plus rien à apprendre ici-bas, se brûla fièrement la cervelle pour voir dans la mort. Frédéric n'en est pas encore là. Il trouve que la comédie humaine est inépuisable dans ses folies ; chaque jour il y découvre des scènes inattendues. Comme un voyageur intrépide, il veut faire le tour du monde moral. Ce qui l'amuse surtout, ce sont les faiblesses, d'autres diraient les héroïsmes du cœur. Il prend un grand charme à suivre à la piste une aventure galante dans toutes ses phases singulières et imprévues. Il prend en pitié les romanciers les plus féconds, lui qui voit chaque jour se nouer et se dénouer des romans admirables. Il ne se contente pas d'étudier les passions de la terre dans ce qu'elles ont de plus terrible et de plus doux, de plus désolé et de plus charmant, il étudie toutes les passions : il suit l'homme politique à un steeple-chase du ministère, le poëte à une course au clocher académique, riant beaucoup des coups du hasard qui renverse si bien nos châteaux de cartes et nos châteaux en Espagne. Il en est arrivé au point de vue d'Érasme, qui voyait partout le spectacle de la folie et qui voulait rester sage en dehors de la scène. Frédéric est merveilleusement placé pour assister à ce spectacle de la folie humaine. Il a trente-cinq mille livres de rente; il est très-répandu dans le faubourg Saint-Germain et dans le faubourg Saint-Honoré; il est très à son aise à l'Opéra et dans les parages de l'Opéra; il a couru les eaux et les ruines; en un mot, il s'est promené partout où fleurit l'aristocratie française : l'aristocratie du nom, du titre, de l'esprit, de l'argent. Frédéric a un goût distingué; il aime les chiens de race, les chevaux pur sang, les fleurs rares, les belles femmes et les tableaux de maîtres. Il sait bien porter une épée. On le cite au jockey-club pour la coupe de son habit et la vivacité de ses reparties. Toutes les femmes parlent de sa bonne grâce, de ses nobles allures, de son air spirituel et profond. Il porte avec autant de grâce que de fierté des moustaches brunes, qu'il tourmente avec fureur dans ses méditations philosophiques. Plus d'une fois on lui a reproché sa misanthropie. « On ne me comprend pas, disait-il : je vis plus que tout autre au milieu du tourbillon. Je n'ai pas une passion qui court le monde; j'ai mille passions à la fois : la curiosité centuple la vie. Ne met-on pas son cœur dans le livre qu'on lit? Pour moi, le monde est un livre toujours nouveau et toujours ouvert à la belle page. »

Pour le bien peindre par un trait, je dirai que Frédéric ne dort pas pour un rendez-vous accordé à un autre.

Hier, à onze heures du soir, j'ai revu Frédéric de Marvilliers, qui depuis onze heures du matin fumait son onzième cigare et poursuivait son onzième roman.

— Tu connais donc ma voisine?

— Il y a longtemps. Et toi?

— Je ne sais pas. N'est-elle pas de celles qu'on ne connaît jamais?

— Tu as raison. Aussi elle m'a donné du fil à retordre.

— Raconte-moi donc son odyssée.

— Ténèbres sur ténèbres. La fin du monde sur le commencement du monde, Pompéia sur Herculanum. Je ne sais bien qu'un fragment de sa vie romanesque, un cri de son cœur, une larme de ses yeux.

Et Frédéric de Marvilliers me raconta en fumant son onzième cigare un vrai roman, ou plutôt un roman vrai que je raconterai moi-même à ma voisine, en manière de points d'interrogation.

Mais la voilà sur le balcon qui lit un journal. Si je l'attaquais bravement en plein cœur!

— N'est-ce pas singulier, madame, de penser que le journal que j'écris aujourd'hui sur mon balcon, vous le lirez demain sur le même balcon, comme si j'en savais plus que vous. Demain, par exemple, je vous conseille de lire le feuilleton du *Constitutionnel*. J'y veux raconter une histoire curieuse pour vous plus que pour toute autre.

— Je ne crois plus à rien.

— Pas même à vous?

— Qui sait! J'entends si souvent dire que je n'ai pas de cœur! Je me dis si souvent à moi-même que je n'ai pas d'esprit!

— J'ai bien envie de vous prendre au mot.

— Prenez-moi au mot et dites-moi votre histoire.

— Non, vous la lirez demain si vous voulez. J'aime mieux cela pour deux raisons : la première, c'est que j'aurais quelque embarras à vous la dire; la seconde, c'est que, si je vous la dis, je n'aurai plus le courage de l'écrire. Or elle vaut bien la peine d'être imprimée.

— A moi seule je ne vaux donc pas le public?

— C'est selon. Mais je suis un conteur mercantile qui ne vit pas de l'air du temps. Le journal me donnera de quoi vivre huit jours si je barbouille son feuilleton pendant quatre jours, — et vous — vous me donnerez quatre sourires qui m'affameront.

— Comme il vous plaira ! Je veux bien vous écouter — et vous nourrir pendant un mois; — mais je ne veux pas vous lire.

— Je vous mets au défi de ne pas déployer demain le *Constitutionnel*.

— Je sais bien que je suis pour le cœur une fille d'Ève; mais je sais bien que vous n'êtes pas le diable.

— Ne nous injurions pas davantage; je vais tailler ma plume en pensant à vous. Si je n'ai plus d'idées après le premier feuilleton, vous pourrez me dicter les autres.

Et j'allai écrire cette histoire de ma voisine, dont le premier feuilleton fut imprimé le soir même dans le *Constitutionnel*.

LE BUISSON DE ROSES BLANCHES

I

Par une de ces fraîches matinées qui sont faites d'azur, de rayons et de fleurs, Frédéric de Marvilliers, monté sur un beau cheval anglais, suivi d'un jockey d'un très-bon style, se promenait dans le bois de Boulogne au voisinage d'Auteuil. Il s'était levé de bonne heure ; il avait voulu ce jour-là se promener pour lui et non pour les autres, car il était à peine midi, et il est bien entendu qu'un homme du beau monde ne se promène pas si matin ; il ne va au bois pour y respirer l'agreste parfum que quand son jockey ou son palefrenier a fait lever la poussière des allées tout en fatiguant son cheval. Quoique Frédéric de Marvilliers se promenât pour se promener, il s'inquiétait beaucoup de tout ce qu'il voyait au passage, il s'occupait bien plus des rares promeneurs qui traversaient le bois que de la chaleur matinale si pénétrante et si poétique à la fin d'avril, quand les fleurs et les oiseaux peuplent les bois, quand la nature tout entière est une féerie, un enchantement, un jardin d'Armide. Tout à coup un élégant coupé passa rapidement auprès de lui ; il eut à peine le temps de distinguer qu'il y avait une femme dans ce coupé.

— Si vite et si matin, dit-il en ranimant l'allure de son cheval ; il faut que je sache pourquoi.

Durant quelques secondes, il suivit le coupé à distance. Au détour d'une allée, le cocher arrêta ses chevaux presque subitement.

— Est-ce ici? dit cet homme en descendant de son siége.

— Oui, lui répondit une voix légèrement voilée.

Il baissa le marchepied; une jeune femme descendit avec la légèreté d'une fée.

— Vous m'attendrez dans cette allée, Guillaume, je vais marcher un peu.

Le cocher s'inclina respectueusement. La jeune femme s'éloigna, non pas tout à fait en femme qui se promène. Frédéric avait remis son cheval aux mains de son jockey, il s'approcha du coupé.

— Est-ce que ce ne sont pas là les chevaux du comte de Verneuil? il me semble que je reconnais ses armes.

Frédéric étudiait les armes peintes sur le coupé.

— A merveille, dit-il, voilà un nouveau livre; je ne perdrai pas ma journée.

Il n'avait jamais été présenté au comte ni à la comtesse de Verneuil, mais il les connaissait comme on connaît tout le monde à Paris.

Cependant Frédéric suivait madame de Verneuil. Il avait pris un petit sentier peu fréquenté côtoyant l'allée où la comtesse marchait rapidement. Au bout de l'allée elle se retourna, peut-être pour voir si on la suivait; comme Frédéric marchait sous les arbres, elle ne le découvrit pas; elle s'arrêta un instant et porta un regard surpris sur cinq ou six maisons éparses à la lisière du bois : elle avait l'air de chercher un peu son chemin; elle sembla bientôt guidée par un souvenir. Elle prit un petit sentier serpentant dans les vignes et aboutissant à une grille assez modeste d'une villa fraîche et pimpante.

En s'approchant de la grille, madame de Verneuil ralentit peu à peu sa marche; elle s'arrêtait à chaque instant pour regarder en arrière.

Frédéric, qui s'était caché au bord du bois dans une touffe de noisetiers, étudiait avec une vive curiosité tous les mouvements de la comtesse. La voyant regarder ainsi en arrière, il jugea d'abord qu'elle craignait d'être suivie, ensuite qu'elle attendait quelqu'un, enfin qu'elle ne savait pas ce qu'elle devait faire. Quand elle arriva à la grille, elle appuya sa main fraîchement gantée sur un des deux acacias qui semblaient plantés en sentinelles de chaque côté de la porte. Frédéric attendait avec impatience que la grille s'ouvrît. — Sans doute, se disait-il, madame de Verneuil a sonné; comment se fait-il qu'on laisse à la porte une aussi jolie femme d'aussi bonne volonté? Cependant la grille ne s'ouvrait pas. Madame de Verneuil regardait tour à tour la porte de la maison, le sentier des vignes et le ciel. — C'est cela, dit Frédéric, elle demande un conseil là-haut; c'est toujours le ciel qu'on invoque, mais c'est toujours le diable qui répond. Il entendit alors le cri aigu d'une clef qui entre dans une serrure : c'était madame de Verneuil elle-même qui ouvrait la grille; mais tout à coup, comme par un mouvement involontaire, elle la referma, reprit la clef et s'éloigna vivement. Frédéric crut entendre à diverses reprises : — Jamais; jamais! — C'est bien, dit-il, voilà un roman qui ne commence pas comme les autres, c'est une bonne fortune pour moi.

Madame de Verneuil passa bientôt à dix pas de la

touffe de noisetiers où il s'était mis en embuscade; il admira au passage sa beauté pâle et harmonieuse, sa grâce nonchalante et délicate : elle penchait languissamment la tête avec la souplesse du cygne. Frédéric remarqua dans sa figure un certain air de mélancolie rêveuse qui le toucha au cœur. — C'est une passion sérieuse, dit-il gravement. Il y a là un cœur qui doit palpiter sous une pensée ardente. Dès que madame de Verneuil se retrouva à l'ombre des grands arbres, elle ouvrit une petite bourse algérienne brodée d'or d'où elle tira une lettre. Frédéric jugea que ce n'était pas la première fois que la comtesse lisait cette lettre, à la manière dont elle y jeta les yeux. Elle alla s'asseoir sur le tronc d'un arbre renversé, au bord du chemin, pour relire cette lettre tout à son aise dans la solitude amoureuse du bois. — Ainsi, dit Frédéric, elle se console de ne pas être entrée là-bas.

Un garde ayant tout à coup débusqué presque en face d'elle, madame de Verneuil plia la lettre, et regagna sa voiture en toute hâte. Le cocher n'avait pas encore fumé sa première pipe. Elle monta dans son coupé tout en lui recommandant d'aller bon train. La voiture disparut bientôt sous un nuage de poussière. Frédéric ne jugea pas à propos de suivre plus longtemps madame de Verneuil. Il remonta à cheval, et continua sa promenade, tout en cherchant à deviner pourquoi la comtesse s'était levée si matin, — pourquoi elle avait ouvert la grille, — pourquoi elle n'avait pas franchi le seuil redoutable de la villa, — pourquoi elle s'était mélancoliquement assise pour relire une lettre. — Il est hors de doute, se disait-il, qu'elle allait à un rendez-vous, car elle était vêtue des couleurs les plus tendres. Il voyait encore flotter sous ses yeux une robe de soie bleue de pervenche et une écharpe orientale. Il n'avait pas encore perdu de vue la fraîche capote blanche encadrant avec tant de grâce la figure si douce, si pâle et si belle de madame de Verneuil. Il retourna à Paris, bien décidé à ne pas s'en tenir à cette première page du roman. — C'est bien, disait-il en retournant à Paris; j'étais un peu fatigué des aventures mesquines et monotones des coulisses de l'Opéra ; le plus souvent, dans ces aventures, qui sait le commencement sait la fin. Ici je ne sais ni la fin ni le commencement.

Le soir, Frédéric de Marvilliers rencontra à la Comédie française (c'était un jour de première représentation) un de ses vieux camarades de philosophie et de cigares, le jeune marquis de Verviers, qui était très-répandu dans la haute et moyenne noblesse. — Mon cher, lui dit Frédéric après avoir parlé de la décadence du théâtre, il n'y a à cette heure de beaux spectacles que ceux de la nature. Le marquis de Verviers éclata de rire. — La nature, vous avez étudié celle de M. Cicéri. — Vous ne savez pas ce que vous dites, mon cher; j'ai, à l'heure où je vous parle, un appartement à Auteuil; je commençais à me fatiguer de voir toujours le même homme sous diverses faces : j'aime mieux voir des arbres, des nuages, des ruisseaux qui coulent et des oiseaux qui chantent. — Céladon! murmura le marquis de Verviers. — J'y pense, poursuivit M. de Marvilliers; vous qui connaissez tout le monde, vous allez sans doute chez le comte de Verneuil? — Oui, beaucoup; pourquoi? — Madame de Verneuil est sans doute une vertu austère? — Mais oui. — Je n'en doute pas. Je crois bien l'avoir rencontrée ce matin, si je ne me trompe, à Auteuil. Est-ce qu'elle a une maison de campagne par là? — Je ne crois pas, car M. de Verneuil est propriétaire d'un des plus beaux châteaux de la Normandie. — Comme madame de Verneuil ressemble prodigieusement à une femme de ma connaissance que je ne puis interroger à ce sujet, faites-moi donc le plaisir de demander à la comtesse si elle se promène quelquefois vers Auteuil. — Rien n'est plus simple, dit M. de Verviers, sans se soucier de l'intention de Frédéric, et sans réfléchir que, malgré toutes les réserves qu'il y mettrait, sa demande aurait toujours quelque chose d'indiscret.

Ils se promenaient au foyer; ils rentrèrent bientôt dans la salle. Frédéric était au balcon, le marquis était dans une loge des galeries. On connaît assez Frédéric pour savoir qu'il était bien plus préoccupé de la comédie de la salle que de celle du théâtre; aussi fut-il le premier à remarquer l'arrivée d'une belle femme, peut-être un peu pâle, mais d'un attrait plus doux que la pâleur même. C'était la comtesse de Verneuil. Quoiqu'elle fût sur le devant de la loge, elle se cachait à moitié, jouant de son éventail avec beaucoup de grâce; elle avait la pudeur de la beauté qui craint de se laisser voir.

Dans l'entr'acte, le marquis de Verviers entra dans la loge de madame de Verneuil. Frédéric, on le pense bien, ne songea pas à faire un tour au foyer. Il s'aperçut bientôt que, sur les questions du marquis, la jeune femme se détourna en rougissant et en respirant son bouquet avec inquiétude.

Sur la fin de l'entr'acte, Frédéric retrouva M. de Verviers. — Eh bien! lui dit-il, vous avez bien à propos rencontré madame de Verneuil; peut-être n'avez-vous pas songé à lui parler d'Auteuil? — Je n'ai pensé qu'à cela, mon cher Frédéric; vous avez touché une corde vibrante; car, tout en ayant l'air de ne pas comprendre ce que je voulais dire, au seul mot d'Auteuil madame de Verneuil s'est troublée; elle n'a pas répondu et s'est tournée vers la salle. Frédéric ne put comprimer un mouvement de joie. — Un vrai roman, se dit-il en tourmentant sa moustache, — un roman que je vais lire tout seul, — un roman fait pour moi.

Le lendemain, vers midi, Frédéric traversait encore le bois de Boulogne dans le vague espoir d'y rencontrer la voiture de madame de Verneuil. Après une promenade rapide, il revenait vers l'Arc-de-Triomphe, ne comptant plus guère retrouver la mystérieuse comtesse, quand il fut saisi de cette idée, que madame de Verneuil avait peut-être changé de route pour arriver à la villa. Aussitôt il dirigea son cheval vers ce point. Au débouché du bois il tressaillit à la vue d'un certain voile vert qui flottait au vent dans le sentier des vignes. Pour un curieux, il avait du bonheur. Il retrouvait la comtesse au moment décisif, où il l'avait vue chanceler la veille. Quoiqu'elle eût changé de toilette, quoiqu'un léger chapeau de paille d'Italie couvert d'un voile eût remplacé la fraîche capote blanche, il la reconnut du premier regard, soit à sa démarche inquiète, quoique nonchalante encore, soit parce qu'il jugeait qu'elle seule devait être à pareille heure dans le sentier des vignes. Il se tint, comme la veille, à la lisière du bois, immobile et silencieux, le cœur ému comme un spectateur de la Gaîté au cinquième acte d'un mélodrame.

Le spectacle ne dura pas longtemps; madame de Verneuil ne s'arrêta plus indécise à la porte. Elle avait pris bravement son parti. Dès qu'elle fut à la grille, elle l'ouvrit, avec une vivacité toute féminine, d'un seul tour de clef. Ce ne fut d'ailleurs pas sans peine; car, sans être massive, la grille était un peu lourde : la comtesse mit toutes ses forces à la pousser. — Quel est donc, murmura Frédéric, le Français, né galant, qui arrive le dernier au rendez-vous?

Madame de Verneuil referma la grille et disparut sous les arbres du jardin.

II

M. le comte de Verneuil était un homme de quarante ans, considéré par sa fortune et par sa distinction. Il avait pour sa femme une passion digne et sérieuse. Il l'aimait pour sa figure, pour ses grâces charmantes, pour son esprit romanesque. Il passait sa vie à son gré sinon au gré de sa femme, l'été au milieu de ses terres, l'hiver dans les fêtes et les vanités du monde parisien.

Madame de Verneuil, née Blanche de Riancourt, accordait au monde ce qu'on doit au monde, beaucoup de charme, de grâce et d'esprit — quand on en a et même quand on n'en a pas. — Elle ne semblait pas destinée à la vie commune de la mère de famille; elle aimait trop les courses au clocher de l'imagination. Elle était faite pour l'impossible et l'imprévu.

Quand Frédéric vit que madame de Verneuil était entrée dans le jardin seule, inquiète, troublée, quoique résolue, il chercha à se rappeler tout ce qu'il avait entendu dire sur elle. On avait maintes fois vanté sa beauté, mais comme une beauté discrète qui s'abrite dans le mariage au lieu de s'en faire un piédestal; tous les oisifs qui font le cortége et la réputation des jolies femmes de Paris n'en parlaient qu'en passant, comme d'une plante rare qui ne devait jamais s'épanouir dans l'atmosphère des passions profanes. — Mais, dit Frédéric, le monde est souvent un mauvais juge qui condamne ou absout par caprice, qui prend quelquefois les airs hypocrites du vice pour le libre laisser aller de la vertu.

Cependant madame de Verneuil avait disparu sous les arbres du jardin, et Frédéric ne voulait pas en rester là de son roman en action : il cherchait des yeux un moyen d'en voir davantage; tout d'un coup il remarqua une maison qui dominait le jardin de la villa, de l'autre côté de la grille.

Dans sa fureur de tout savoir, il alla droit à cette maison. Sur le seuil de la porte il trouva une brune et pimpante jardinière écossant des fèves, qui, sur sa demande, lui apprit que toute la maison était à louer; la saison s'avançant, cette femme lui laissa presque la liberté de fixer le prix qui lui plairait; moyennant cent écus on lui donnait toute la maison. — Ce pays-ci n'est donc pas habité? dit-il à la jardinière. Est-il possible que cette petite maison si jolie, qui est là devant nous, soit déserte? — Comment, monsieur! mais, à ce qu'on m'a dit, car je ne suis pas ici depuis longtemps, cette maison est habitée, et bien habitée. — Savez-vous par qui? — Pas du tout; il n'y a pas six semaines que j'ai quitté Asnières pour venir ici; je ne sais pas encore quels sont nos voisins; mais, monsieur, vous n'avez rien à craindre, l'endroit est sûr.

Frédéric suivit cette femme, qui lui ouvrit tour à tour les trois appartements de la maison. Ces trois appartements, distribués par un architecte de hasard, n'étaient guère agréables à habiter que pour ceux qui passent leur vie à la fenêtre. Le point de vue était charmant et varié : des arbres, de l'eau, Paris dans le lointain, rien ne manque au tableau. Du reste, Frédéric ne perdit pas son temps à admirer de point en point les heureux effets du paysage, ni les défauts des appartements. Il se décida pour le second étage, bien assuré que c'était le mieux placé pour dominer le jardin et les fenêtres de la petite villa. Le premier étage était masqué par les arbres, le troisième avait un balcon d'où on ne pouvait voir sans se montrer. — Tenez, dit-il à la jardinière en lui donnant un louis, voilà le denier à Dieu, je suis votre locataire, et dès cet instant je m'installe pour la saison. — Mais, monsieur, vous ne pouvez pas rester ici sans meubles; il n'y a pas seulement de quoi s'asseoir dans ce salon. — Que ceci ne vous inquiète pas; quand je fais tant que d'habiter la campagne, ce n'est pas pour y vivre renfermé : je passe mon temps à la fenêtre ou je me promène en plein champ. — Comme il vous plaira, monsieur; un homme de votre qualité a toujours raison. Disant ces mots, la jardinière s'inclina et descendit gaiement, très-surprise de la façon de vivre de Frédéric.

M. de Marvilliers demeura plus d'une demi-heure appuyé à la fenêtre, le regard fixé sur les volets de la villa, s'imaginant toujours qu'ils allaient s'ouvrir. — Voyons, se dit-il, elle n'est pas venue là pour rien : ou on l'attendait, ou on va venir pour la rejoindre ; les volets ne sont sans doute si bien fermés que pour plus de mystère.

On était à cette heure du jour si riante et si calme où le vent s'apaise, où les oiseaux se reposent, où toute la nature sommeille amoureusement. La petite villa semblait endormie comme le château de la Belle au bois dormant. Elle ne donnait pas le plus léger signe de vie : le jardin lui-même semblait pris de ce silence et de cette immobilité.

Frédéric était merveilleusement placé pour voir et pour entendre. La fenêtre où il se trouvait en spectateur n'était pas à vingt-cinq pieds des fenêtres de la villa. Il ne perdait pas encore patience, quand il vit reparaître le voile vert au-dessus d'un massif.

Madame de Verneuil se promenait lentement, toujours dominée par un sentiment d'inquiétude, car à chaque pas elle se retournait et regardait vers la grille. Arrivée sous un arbre de Judée, elle s'y arrêta et pencha la tête. Frédéric tremblait de perdre de vue un seul moment la comtesse. Après avoir rêvé un instant dans l'immobilité d'une statue, elle leva la main comme pour essuyer une larme. — Elle pleure, dit Frédéric ; est-ce que je n'arrive que pour assister à un dénoûment triste ?

Madame de Verneuil se remit à marcher dans le sentier sinueux du jardin ; elle s'arrêta près d'un rosier qui déployait avec luxe un magnifique panache blanc : jamais tant de roses n'avaient fleuri à la même branche à la fois. — C'est celui-là, dit madame de Verneuil.

Elle s'inclina pour prendre une rose; mais, avant de porter la main à la branche, elle tourna la tête comme si elle eût craint d'être surprise dans cette action si simple et si naturelle. Le tableau était plein de grâce et de couleur; l'éclat de la verdure, les rayons du soleil, la subite rougeur de la comtesse, firent battre le cœur de Frédéric, qui était sensible, comme il le disait, aux harmonies de la nature.

Quand madame de Verneuil eut cueilli la rose, elle en respira le parfum avec une douce tristesse. — Est-ce donc pour une rose blanche qu'elle est venue ici? se demanda Frédéric.

Frédéric s'aperçut alors que la comtesse effeuillait la rose en s'éloignant. Bientôt elle disparut à l'angle de la villa. Quelques secondes après il entendit ouvrir et fermer la grille; il descendit et chercha à s'assurer si la comtesse était sortie seule. Il eut beau mettre en campagne ses yeux de lynx, c'est-à-dire ses yeux de curieux, il ne put découvrir par quel chemin s'était éloignée madame de Verneuil.

Quand il rentra, la jardinière était au fond du potager qui sarclait sa salade pieds et bras nus. Il alla à elle d'un air distrait. — Dites-moi, la belle jardinière, croyez-vous que la jolie maison d'en face ne soit pas à louer? — Mon Dieu, monsieur, j'ai appris hier qu'elle était à vendre. C'est un pauvre vigneron de ce pays-ci qui l'a bâtie, croyant bien placer son argent; aujourd'hui il n'a plus ni argent ni maison; du moins on va vendre sa maison pour payer ses dettes; n'avez-vous pas vu les affiches? On dit pourtant qu'elle est louée un bon prix. — Ah! elle est à vendre! s'écria Frédéric avec un mouvement de joie; ah! elle est à vendre! — Vous voulez donc l'acheter, monsieur? — L'acheter? non pas, pensa Frédéric, mais je veux la visiter. Il n'y a donc pas de portier? dit-il tout haut. — Il y avait un jardinier qui demeurait à côté, là-bas, dans cette baraque; mais il paraît que cet homme a trouvé un meilleur jardin, il est à Neuilly. — Et les clefs de cette maison? — On m'a dit qu'il y avait un locataire, qui sans doute l'habite comme vous habitez celle-ci. Avant-hier, je me souviens d'avoir vu un domestique en livrée qui s'amusait à ratisser les allées; je n'en sais pas davantage. Je pense bien que le notaire de Passy, qui fait les affaires du pauvre père Collombet, a une seconde clef. — Il faut que j'aie cette clef, dit Frédéric avec l'ardeur d'un homme qui va découvrir un trésor. Allez tout de suite chez le notaire, dit Frédéric en montrant un louis; tenez, voilà qui vous donnera des jambes. — Mais, monsieur, je ne réponds pas... — Allez toujours, je vous attends.

La jardinière ne prit pas le temps de mettre ses souliers. — C'est un fou, se disait-elle, mais il a du bon. Elle revint sans la clef. — Le notaire n'y a pas songé. Il faut qu'il envoie à Saint-Germain chez la fille du père Collombet. Demain, si vous voulez... — Demain! c'est un siècle. Attendre à demain! Vous me répondez que je trouverai la clef chez le notaire? — Bien mieux, il me la remettra, car il m'a priée de faire voir la maison; il va en écrire au locataire. — Très-bien! il faut que je parcoure la maison depuis la cave jusqu'au grenier demain à dix heures.

A quelques instants de là, Frédéric remarqua, sur un

beau cheval bai-brun, un homme de trente ans en observation devant la villa. C'était un homme du monde, très-élégant et très-fier. Il était accompagné de deux lévriers gris, qui le suivaient avec une grande docilité. Il agitait sa cravache et coupait l'air avec une colère mal contenue. Voyant Frédéric qui ouvrait de grands yeux, il le regarda d'un certain air de bravade, en homme qui ne serait pas fâché de faire sentir son dépit à quelqu'un. Au bruit d'un battement d'ailes de perdrix, un des lévriers s'élança follement dans un seigle déjà presque mûr. Son maître le siffla, la pauvre bête revint au même instant, l'oreille basse, se mettre à sa merci; il lui appliqua, sans s'attendrir, trois ou quatre violents coups de cravache. Après quoi, ennuyé sans doute de la curiosité de Frédéric et de la jardinière, il piqua des deux et disparut sous un nuage de poussière. — N'est-ce pas le locataire de la petite maison? demanda Frédéric. — Je ne puis vous répondre, monsieur, car je n'ai pas encore vu le locataire.

Frédéric retourna à Paris, tout en se demandant s'il n'avait jamais rencontré au théâtre ou dans le monde ce cavalier de mauvaise humeur.

Le lendemain, avant huit heures, Frédéric partit à pied pour Auteuil : une marche rapide et fatigante tempère l'impatience; malgré toute sa philosophie, Frédéric avait besoin de marcher. — Déjà! s'écria la jardinière, en le voyant débusquer au-dessus de la haie. Elle courut une seconde fois chez le notaire. Quand elle revint, Frédéric était à son observatoire. Dès qu'il entendit monter la jardinière, il alla au-devant d'elle. — Voilà enfin toutes les clefs, monsieur; le notaire ne voulait plus me les confier, disant qu'il ignorait jusqu'à quel point on avait le droit de s'en servir, car ce sont de doubles clefs restées dans les mains du propriétaire, après la maison louée. N'importe, les voilà; le notaire m'a recommandé de vous dire de sonner avant d'ouvrir la grille, car le locataire pourrait bien se trouver là par hasard. — Est-ce que le notaire le connaît? — Point du tout; mais le père Collombet doit venir ce soir lui donner des renseignements. — Voyons toujours, dit Frédéric en se dirigeant vers la grille; la maison est à vendre, j'ai le droit de la visiter; d'ailleurs, qui sait? la rente est haute à la Bourse, je puis bien courir les risques d'acheter une maison.

Arrivé à la grille, il sonna. Aucun mouvement, aucun bruit ne signala la présence d'un être humain. Il ouvrit résolûment la grille, la referma et s'avança vers le petit perron avec un certain battement de cœur. Il ne s'arrêta pas à considérer les arbustes et les détours du jardin; embusqué à sa fenêtre, il avait eu le temps d'étudier l'essence des arbres et la variété des fleurs depuis le chêne, il y en avait un, jusqu'à l'humble marguerite de la pelouse. Il ouvrit la porte du vestibule et en franchit le seuil, tout en jetant un regard avide devant lui. Quoique cette pièce ne fût guère éclairée, il jugea prudent de fermer la porte sur lui, comme il avait fait pour la grille; toutefois ce ne fut qu'après avoir demandé à haute voix s'il n'y avait personne. Il ne remarqua rien de particulier dans ce vestibule, qui ressemblait à tous les vestibules de maisons de campagne. Il entra dans le salon, qui était tout simple et à peine meublé; il y remarqua seulement un piano. Il revint dans le vestibule;

deux portes intérieures donnaient dans cette pièce, à droite et à gauche. Il s'aperçut, non sans quelque surprise, qu'à sa gauche la porte était légèrement entr'ouverte. Il la poussa presque en tremblant et souleva une portière de damas rouge : il se trouva tout à coup dans une chambre à coucher des plus pittoresques.

Il vit du premier regard une épée, des fleurets, une pipe turque, une paire de pistolets, un grand sabre, enfin tout ce qui fait l'ornement de la chambre à coucher d'un officier de cavalerie.

III

A son entrée dans la chambre à coucher, Frédéric avait vu tourbillonner mille choses confuses. Mais, quoique les volets fussent bien clos, comme le soleil y frappait alors de ses plus vifs rayons, mon philosophe curieux distingua bientôt tout l'élégant mobilier jusqu'aux détails les plus pittoresques. Les murs, tendus en imitation de cuir de Russie, étaient recouverts d'armes et de pipes de toutes les formes et de tous les pays; jamais on n'avait rassemblé tant de ressources contre la vie et contre l'ennui : stylets, rapières, yatagans, sabres damasquinés, hallebardes, javelots, flèches sauvages, carabines, arquebuses, mousquets, haubert, pistolets albanais, dague de Milan, épée à deux mains, poignards malais; cette panoplie était complète. Une armure montait la garde à la porte. Je ne tenterai pas de décrire la variété de pipes qui formait un contraste pacifique. On y trouvait un narguillé qui répandait encore l'odeur du tombecky, une pipe turque à long tuyau de bois de jasmin enrichi d'anneaux précieux. Mais les pipes tenaient moins de place que les armes dans cette riche galerie. « Oh! oh! dit Frédéric, voilà un musée qui ne me donne pas trop l'envie de rencontrer le maître de céans; est-ce que madame de Verneuil viendrait ici pour faire des armes ou pour fumer dans un chibouc? »

Il avança d'un pas. Il se trouva devant un lit de fer, légèrement ornementé, couvert d'une courtine de satin broché, presque enseveli par d'amples rideaux rouges. Une magnifique peau de léopard à griffes d'argent accusait un luxe recherché. Du lit, Frédéric alla à la cheminée, dont le manteau de velours à franges d'or était chargé de quelques beaux livres, de chinoiseries, de ces mille jolis riens qui font le charme de la vie intime. « Diable! dit Frédéric en pensant autant à madame de Verneuil qu'au maître du logis, un homme qui vit solitairement ne songe pas à toutes ces franfreluches du luxe moderne. »

A côté de la glace, dans un petit cadre de velours, entre le chibouc et des pantoufles de Persane, Frédéric remarqua un pastel du temps de La Tour, qui lui rappela une figure sinon connue, du moins une de ces charmantes images dont on se souvient toujours après les avoir entrevues à peine. C'était une jeune femme — une Parisienne avec un accent oriental — qui caressait un bichon sur ses genoux sans y prendre garde. Elle voyageait dans son cœur, ou plutôt elle suivait son âme au pays perdu. — C'est cela, dit-il en s'éloignant du pastel pour le voir à distance; c'est madame de Verneuil, ou plutôt c'est un portrait fait il y a cent ans, et qui

11

lui ressemble, je n'en doute pas, beaucoup mieux que tous les portraits qu'on a pu faire d'après elle-même. — C'est bien curieux, continua-t-il en promenant son regard autour de cette chambre à coucher ; on dirait que tout cela était habité hier encore.

En effet, Frédéric voyait des pantoufles devant le lit, un livre ouvert sur la courtine, une plume noircie d'encre sur la cheminée ; il respirait comme une odeur du dernier cigare fumé. Il remarqua avec une certaine attention sur le tapis, devant une petite armoire en bois de rose, un bâton de cire et une bougie qui lui semblèrent avoir brûlé du même feu pour quelque lettre à cacheter. — Peut-être, pensa-t-il, celle que madame de Verneuil lisait en pleurant. Mais enfin, pourquoi s'est-il en allé tout juste à l'heure où sans doute elle venait répondre à sa lettre ?

A cet instant, un rayon de soleil vint comme une douce auréole caresser le front du pastel. — C'est bien madame de Verneuil, du moins elle aurait été ainsi au dix-huitième siècle ; elle aurait souri de ce doux sourire plus séducteur que tendre : la comtesse est peut-être plus jolie, mais sans doute il y a plus de passion dans son cœur que dans ces yeux charmants. Celui qui habite cette maison a deux maîtresses pour une. Je voudrais bien savoir — et j'y arriverai — l'histoire de celle dont j'admire le portrait.

Dans sa fureur d'apprendre sans relâche, Frédéric oublia madame de Verneuil pour interroger le pastel. — Celle-là aussi était une comtesse, mais au temps où régnaient si franchement les comtesses. Pour qui ce portrait si doux a-t-il été crayonné ? Était-ce pour M. le compte qu'elle souriait ainsi? est-ce pour le chevalier? était-ce encore l'espérance? est-ce déjà le souvenir qui agite ce jeune cœur?

Frédéric en était là de ses recherches savantes, quand il se retourna vivement avec une certaine émotion. — Qu'est-ce donc? se demanda-t-il en s'avançant vers la porte. Il écouta sans respirer. Il avait entendu ouvrir la grille; il entendit bientôt à la porte du vestibule le bruit désagréable d'une clef dans une serrure. — Diable! dit-il avec embarras en tourmentant ses moustaches, il me faut un peu de philosophie.

Il résolut de faire bonne figure, de bien jouer son rôle d'amateur de maisons à vendre, mais, ayant reconnu que l'importun visiteur était une femme, — peut-être madame de Verneuil, — il se jeta vivement dans les rideaux du lit, ne pouvant résister au plaisir d'en savoir un peu plus long.

A peine était-il caché, que madame de Verneuil souleva la portière. — Encore si elle est seule! pensa-t-il en tressaillant, ma position ne sera pas désespérée; mais si le maître du logis vient pour la recevoir? Et s'ils allaient avoir beaucoup de choses à se dire?

Frédéric comprit bien qu'il courait grand risque de passer un quart d'heure désagréable. Cependant, tel était l'empire de sa passion pour tout voir, qu'il n'aurait pas consenti à partir, même s'il eût pu le faire sans être vu.

Madame de Verneuil entra dans la chambre d'un pas distrait, comme si elle eût craint d'éveiller les échos. A peine entrée, elle se laissa tomber dans un fauteuil, n'ayant pas la force de se tenir debout. — Mon Dieu!

dit-elle en respirant, mon Dieu ! Elle regarda autour d'elle d'un air expansif ; il semblait qu'elle voulût confier aux murs et aux meubles de la chambre tout ce qui faisait battre son cœur. — Je croyais, reprit-elle doucement, que je n'aurais jamais la force d'arriver jusqu'ici. Cependant ce n'est pas la première fois que j'y viens.

Elle se leva, dénoua le ruban de son chapeau et s'approcha du lit ; Frédéric n'osa plus respirer ; il n'osa même plus regarder. Madame de Verneuil jeta son chapeau sur la courtine. Elle s'avança vers la cheminée et s'arrêta pour contempler le pastel ; elle pencha la tête et sembla préoccupée d'un souvenir : elle recula lentement, et, tout d'un coup, elle éclata en sanglots. Debout, immobile, les bras tombants, la figure inclinée, elle était devenue belle par la douleur, elle qui ne passait à juste titre que pour une jolie femme, avec ses lignes un peu tourmentées, ses grâces parisiennes et ses yeux bruns, plus séduisants que doux et naïfs.

Elle se laissa retomber dans le fauteuil, pleurant à belles larmes, égarée par une sombre tristesse. Ses larmes coulaient sur ses joues et tombaient sur son sein, sans qu'elle prît garde de les arrêter en chemin. Frédéric était vivement touché de ce tableau triste et charmant. Il regrettait bien un peu de ne pouvoir consoler une femme si digne de consolations. D'un autre côté, une femme qui pleure a souvent la beauté des anges. Frédéric n'était pas fâché de voir pleurer de bonne foi. — Cependant, se dit-il avec un peu de surprise, je suppose que madame de Verneuil n'est pas venue ici seulement pour pleurer. Il se demandait quelles étaient ces larmes versées de si bon cœur, quand un léger bruit se fit entendre vers la porte. Frédéric ne put retenir un mouvement. Madame de Verneuil tourna la tête vers le lit et vers la porte avec une subite inquiétude. Elle se leva en pâlissant; mais, un silence profond ayant succédé au bruit, elle secoua la tête comme pour se dire : — Ce n'est rien.

Cependant Frédéric, qui n'était pas aveuglé par la douleur, avait entrevu un homme soulevant la portière et regardant à la dérobée. Il lui avait été impossible de distinguer la figure de ce nouveau venu; il avait reconnu pourtant qu'il était jeune et élégant; il voyait encore passer sous la portière une botte garnie d'un éperon d'argent. La situation se compliquait beaucoup. Frédéric commençait à s'effrayer des secrets qu'il allait sans doute surprendre. Qu'allait-il se passer? Il se promit d'étudier désormais en plein air, convaincu que la science surprise au domicile d'autrui mène quelquefois trop loin. Mais, pour ce jour-là, il se décida à faire bonne figure, quoi qu'il dût arriver. Il jugeait que, en cas d'alerte, il aurait toujours le temps de saisir un poignard ou une rapière : il y avait tout justement une épée suspendue au-dessus de sa tête. — La curiosité a ses dangers depuis Ève.

Madame de Verneuil s'était approchée d'une petite armoire en bois de rose, d'un goût suranné, mais toujours joli. Elle prit dans son sac une clef presque imperceptible pour ouvrir cette armoire. — J'y suis, dit Frédéric, elle veut surprendre les secrets de son amant. Comme madame de Verneuil ouvrait l'armoire, le nouveau venu, qui se trouvait à la porte de la chambre, entra bruyamment. Frédéric reconnut alors le cavalier qui avait battu son lévrier la veille.

C'était un homme de belle taille et de bonne tournure. Ce qui frappait en lui de prime abord, c'était un certain air franc et décidé qui ne présageait rien de bon pour les situations extrêmes.

Il s'avança tout droit vers madame de Verneuil. Elle se retourna avec épouvante. — Madame... — Ciel! s'écria-t-elle en tombant agenouillée. — Madame! priez Dieu qu'il me donne la force de vous tuer. — Me tuer! que dites-vous? me tuer! Ah! mon Dieu.

Elle leva les bras avec une expression de douleur profonde. — Que pouvez-vous espérer de mieux pour vous et pour moi? — Mais, monsieur, on vous a trompé. — Osez-vous dire cela tout haut? Plût à Dieu que je me fusse trompé! D'abord je n'en voulais pas croire mes yeux; hier, je vous ai suivie; hier, vous êtes venue dans cette chambre... Aujourd'hui... — Monsieur, j'aurai la dignité de ne pas me défendre; tuez-moi, si vous me croyez coupable. — Coupable! j'imagine que vous vous moquez de moi. Quoi! je vous surprends dans la chambre de votre amant, ouvrant ses armoires, déposant votre chapeau sur son lit.

Frédéric, tout brave et tout décidé qu'il fût, tressaillit vivement. — Ah! madame! madame! poursuivit avec rage et d'un air de mépris M. de Verneuil, car c'était lui. — Monsieur, ne me jugez pas! de grâce, pas un mot de plus; si vous saviez pourquoi...

M. de Verneuil repoussa rudement la comtesse, qui se tordait les mains. — Pas un mot de plus, je le veux bien, dit-il en se baissant pour regarder dans l'armoire;

mais voilà sans doute ici de quoi vous condamner. —
Me condamner ?

M. de Verneuil avait vu des lettres dans l'armoire ; il
prit la première venue avec avidité. Avant de l'ouvrir, il
reconnut que ce n'était pas une lettre écrite par la
comtesse ; mais, comme c'était une écriture de femme,
il voulut savoir à qui pouvait s'adresser cette lettre.
L'enveloppe n'existait plus. C'était un de ces mille billets qui sont écrits chaque jour par ces folles beautés
qui dissipent si gaiement leur jeunesse sans souci du
lendemain ; billets charmants, il n'y a guère plus de
cœur ni de vérité que d'orthographe.

M. de Verneuil jeta cette lettre à ses pieds, la comtesse, atterrée, défaillante, éperdue, n'osait plus faire
un mouvement. — Voyez, madame ; voyez cette lettre !
vous y reconnaîtrez les sentiments d'une rivale digne
de vous, car j'imagine que c'est la jalousie qui vous a
conduite ici. — Le comte n'avait pas achevé ces mots,
quand il saisit dans l'armoire, sept ou huit lettres nouées
avec un ruban blanc. Cette fois il reconnut l'écriture de sa femme. La colère le transporta au plus
haut degré ; il prit la main de la comtesse et la brisa
dans la sienne ; elle poussa un cri et tomba à la renverse.

Frédéric ne voulait être, comme de coutume, que
simple spectateur ; mais il ne put contenir un mouvement généreux qui l'emporta d'un seul bond devant
M. de Verneuil, déjà armé d'un poignard. Il fut tout aussi
étonné de se trouver au milieu de cette tragi-comédie,
que le comte et la comtesse de Verneuil le furent eux-
mêmes de le voir ainsi apparaître à ce moment terrible,

comme un grand juge, comme un amant ou comme un voleur.

Frédéric ne voulait assister à la comédie humaine qu'en simple spectateur; à peine s'il s'aventurait dans la coulisse en ses jours d'ardente curiosité ; mais, dans cette situation, il fut obligé de se montrer sur la scène pour jouer un rôle, bon gré, mal gré.

Comme il était avant tout homme de cœur, il fit bonne figure en cette grave circonstance. Le comte jetait sur lui des regards furieux, la comtesse était de plus en plus surprise et épouvantée. — Il me semble, dit-il au mari, que vous devriez entendre, avant tout, des explications... — En vérité, monsieur, lui répondit M. de Verneuil d'un air de dédain et en contenant mal sa colère et sa jalousie, vous auriez pu vous dispenser de vous montrer; je ne suis pas de ceux qui souffrent les bravades. — Mais, monsieur... — Silence! je vous prie; je sais ce que je voulais savoir.

M. de Verneuil regarda sa femme. — Elle osait se défendre quand son amant était caché sous les rideaux du lit. La comtesse se leva avec la vivacité légère d'un daim blessé à la chasse. — Qu'avez-vous dit, monsieur?... Oh! mon Dieu!... j'en mourrai! — Peu en meurent, beaucoup en vivent, dit le comte en repoussant les mains de sa femme. — Hélas! dit-elle en laissant tomber sa tête avec désespoir, la plaisanterie après l'insulte! Qu'ai-je fait? Où suis-je? — Encore une fois, madame, vous êtes avec votre amant. — Monsieur, dit Frédéric, qui allait sans cesse du mari à la femme, sans trop savoir ce qu'il devait faire pour calmer la jalousie du comte de Verneuil, ni ce qu'il devait faire pour justifier et sauver la comtesse, monsieur, vous condamnez trop vite, songez... — Monsieur, je ne suis point un mari ridicule; tout à l'heure je voulais tuer cette femme; vous vous êtes montré : c'est assez. Votre nom, monsieur?

Frédéric de Marvilliers remit sa carte à M. de Verneuil.

— C'est cela, dit le comte entre ses dents; un coureur d'aventures!

M. de Verneuil s'avança vers la porte. Madame de Verneuil se leva et courut à lui. — De grâce! je vais tout vous dire.

La comtesse s'attachait au bras de son mari. — Non, non, vous ne me quitterez pas! — Madame, vous êtes venue ici seule, vous vous en irez bien sans moi.

Le comte repoussa la jeune femme par une secousse violente et partit en homme qui a perdu la tête. Madame de Verneuil tomba évanouie sur le seuil. Frédéric se jeta à genoux pour la secourir.

IV

Nous avons à dire comment un de ces hasards conspirateurs qui soulèvent toujours les voiles dans la grande ville mystérieuse avait trahi la matinale promenade de madame de Verneuil.

M. de Verneuil était d'un déjeuner chez Tortoni. Comme il passait devant la Madeleine avec un ami, le marquis de Verviers, survenant, regarda le comte avec surprise. — C'est étonnant! dit-il étourdiment ; je ne te croyais pas du déjeuner. — Pourquoi ? — Tout à l'heure en revenant de l'École militaire, où le général m'avait appelé, j'ai rencontré ton coupé traversant le Champ de Mars ; du moins j'ai cru reconnaître la fière allure de tes grands diables de chevaux. — Oui, oui, dit le comte en jetant son cigare, ma voiture a dû passer par là tout à l'heure. Mais, ajouta-t-il en riant assez bien pour un homme qui n'avait pas envie de rire, je ne suis pas toujours dans ma voiture.

Cependant le comte alla bravement déjeuner comme les autres. Une heure après il quitta brusquement ses camarades et retourna chez lui. — Madame de Verneuil est-elle rentrée ? demanda-t-il au valet de chambre. On lui répondit qu'elle était sortie depuis peu de temps. Il monta à cheval et se dirigea vers le Champ de Mars, n'espérant pas trop retrouver les traces de sa voiture. Cependant, comme les voitures élégantes ne passent pas souvent par le Champ de Mars, il pouvait obtenir des indications certaines ; en effet, il fut assez heureux pour rencontrer trois ou quatre invalides qui le conduisirent par leurs renseignements sur la route d'Auteuil. A force de recherches et d'indications, il était arrivé devant la petite villa, mais trop tard pour y surprendre madame de Verneuil. On n'a pas oublié sa colère à la vue de Frédéric ; car, on le sait déjà, c'était M. de Verneuil qui, la veille, avait battu un peu cruellement son indocile lévrier.

Le soir même, dans le petit salon de l'hôtel de M. de Verneuil, la comtesse toute pensive, un livre à la main, ne songeait pas à demander de la lumière, quoique depuis près d'une demi-heure le dernier éclat du jour, ne traversant qu'à peine les rideaux, ne lui permit plus de lire. Le comte, entrant à pas légers, lui demanda ce qu'elle lisait avec tant d'attention. — Ah! dit-elle en tressaillant, vous m'avez presque fait peur. — Blanche, fermez votre livre et expliquez-moi d'où vient que depuis deux jours vous êtes tombée dans une mélancolie vraiment singulière. Madame de Verneuil rougit et ferma brusquement son livre. Le comte avait attaché sur elle un regard scrutateur. Quoique la nuit fût déjà sombre dans le petit salon, il remarqua la rougeur de sa femme. — Eh bien, vous ne me répondez pas? Disant ces mots, il prit la main de madame de Verneuil. — C'est que je cherche, répondit-elle lentement, pourquoi je suis devenue ainsi. — Eh bien, je vous écoute. — Qui sait? dit-elle avec émotion; moi-même le sais-je bien? — Blanche, songez que c'est moi qui vous parle. J'imagine que ce n'est pas le roman que vous avez à la main qui vous attriste ainsi? — Qui vous l'a dit? ne savez-vous pas que l'imagination qui se laisse prendre par un roman a quelquefois une grande force sur le cœur! — Des romans! des romans! vous n'en lisez jamais. — J'avoue que le hasard m'a donné celui-ci. C'est votre tante qui l'a laissé hier au salon. — Une vieille folle, qui n'a plus rien dans le cœur et qui cherche à s'abuser; qui se croit tour à tour Indiana, Valentine, Geneviève, Jeanne, que sais-je? Mais il n'est pas question de romans; voyons, Blanche, ouvrez-moi votre cœur.

Le comte n'avait pas quitté la main de sa femme; il l'éleva lentement à ses lèvres. La comtesse appuya alors son front sur l'épaule de son mari, peut-être avec la résolution de lui confier un secret, peut-être avec la résolution de mentir. — Quelle est la femme parmi les plus honnêtes qui n'a quelquefois connu les sentiers perdus du mensonge? — Mais un valet de chambre vint poser sur la cheminée deux flambeaux allumés : cette lumière inattendue changea brusquement les dispositions de la comtesse; elle ne trouva plus rien à dire, sinon qu'elle était triste sans savoir pourquoi.

Ce qui se comprendra peut-être plus difficilement, c'est le sentiment délicat qui vint changer les dispositions indiscrètes du mari : il n'osa plus interroger sa femme au grand jour, sans doute dans la crainte qu'elle ne rougît encore. Il se leva et se promena en silence. Madame de Verneuil remarqua à la dérobée l'inquiétude de son mari. — Cependant, murmura-t-elle pour se rassurer, il a déjeuné aujourd'hui chez Tortoni avec ses amis. — Eh bien, dit tout à coup madame de Verneuil à son mari, vous êtes à votre tour devenu très-mélancolique? — Ce n'est rien, murmura-t-il, j'ai sans doute comme vous une tristesse sans cause. M. de Verneuil était si sûr du cœur de sa femme, qu'il ne pouvait se décider à la croire coupable. Il savait par un faucheur de foin qu'une dame était descendue de voiture dans Auteuil; qu'elle avait marché seule en pleine campagne: qu'elle était entrée dans la petite villa; mais était-ce bien madame de Verneuil? — C'est à en perdre la tête, dit-il en frappant du pied, mais je ne veux pas interroger Blanche, j'attendrai.

Or madame de Verneuil ne lui dit plus un mot de la soirée. Avant de se retirer dans sa chambre, elle lui tendit la main et lui dit bonsoir d'une voix émue. Le lendemain, après la nuit la plus agitée, M. de Verneuil se décida donc à suivre les traces de sa femme et la surprit, comme on l'a vu, dans cette chambre à coucher.

V

Mon curieux s'était jeté à deux genoux pour secourir madame de Verneuil évanouie. Il lui prit d'abord les mains avec une brusque familiarité qu'autorisait l'état de la comtesse ; ensuite il la souleva et lui posa doucement la tête sur un coussin ; après quoi il courut ouvrir la fenêtre et les volets : l'éclat du jour et la fraîcheur pénétrante du jardin ranimèrent la comtesse. Elle se leva brusquement et sembla chercher des yeux. Elle voulut sortir ; elle n'eut pas la force de faire un pas ; elle fût même retombée sur le tapis, si elle n'eût pu se retenir à la portière.

Frédéric revint vers elle. — Monsieur, m'expliquerez-vous... — Madame, pardonnez-moi ma présence ici ; mais il n'y a pas de temps à perdre : il faut empêcher qu'il vienne, car si votre mari... — Que voulez-vous dire? de qui parlez-vous donc? — Voyons, madame, ne vous offensez pas, j'en ai vu bien d'autres.

Madame de Verneuil leva la tête avec agitation et avec dignité. — Je ne vous comprends pas, monsieur; de qui parlez-vous? — Vous le savez mieux que moi; vous allez tout perdre en voulant feindre. Est-il venu? est-il parti? l'attendez-vous? — Mais encore une fois, monsieur, vous oubliez... — Songez, madame, qu'il ne faut pas qu'il se rencontre avec votre mari. — Mais, monsieur, je n'attendais personne ici, et je suis bien étonnée de vous y trouver. — Mon Dieu, madame, je ne comprends que trop votre étonnement ; mais, puisque aussi bien j'ai assisté sans le vouloir à tout ceci, permettez-moi de vous servir. Où est-il ? Il faut que j'aille lui dire ce qui se passe. — J'imagine, monsieur, que vous ne savez pas à qui vous parlez. Peut-être vous vous êtes trouvé ici l'an dernier, quand il y venait des comédiennes et autres femmes de cette sorte. — Pourquoi feindre encore ? Il est entendu que vous êtes la candeur dans toute la grâce primitive. Je n'en doute pas ; mais il faut pourtant l'avertir de ce danger sérieux, qui compromet la vie de deux hommes de cœur, car, ne vous y méprenez pas, votre mari le tuerait. — Qui ? — Lui. — Mais enfin ? — Votre amant.

Madame de Verneuil tressaillit d'indignation. — Est-ce que je rêve ? est-ce que je suis folle ?

Elle alla tomber tout abattue dans un fauteuil. Frédéric, comprenant moins que jamais, se promena tout agité, ne sachant plus que dire, ne sachant plus que faire. — C'est bien étrange ! pensait-il en regardant madame de Verneuil à la dérobée. A voir cette femme, on la croirait la plus pure des femmes. Qui sait ? cette surprise n'est peut-être pas jouée ; on n'est pas, à cet âge, si profonde comédienne. Il y a là-dessous quelque mystère que ni moi ni le mari n'avons l'esprit de pénétrer.

— Il entendait alors sangloter madame de Verneuil. — Oui, oui, reprit-il, je me suis trompé : j'ai jugé, comme tous les juges du monde, sans entendre et sans comprendre.

Comme il se disait ces mots, il s'arrêta tout surpris pour écouter la comtesse qui murmurait tout bas : *Gaston! Gaston! où m'avez-vous conduite!* — Ah! voilà donc le nom de l'amant! Comme j'étais naïf de m'imaginer qu'elle venait ici comme elle serait allée à l'église! Décidément il faut désespérer des femmes.

Il se tourna vers la comtesse. — Eh bien, madame, il s'appelle donc Gaston?... D'où vient qu'il vous fait attendre si longtemps?

A cette demande ironique, mais qui était effrayante pour madame de Verneuil, la pauvre femme poussa un cri terrible et se cacha la tête dans ses deux mains, comme si elle eût craint une apparition. — Car, poursuivit Frédéric, qui espérait arriver enfin à savoir quelque chose, hier encore vous êtes venue l'attendre, avant-hier même... — Monsieur, monsieur, de grâce, respectez ma douleur. Si les larmes d'une femme sont une prière qui vous touche, allez trouver mon mari, faites qu'il revienne, car je ne veux pas sortir sans lui de cette chambre.

Malgré tout l'attrait que trouvait Frédéric à étudier cette énigme dans la physionomie, dans les pleurs, dans les paroles de madame de Verneuil, il se hâta de lui dire qu'il était heureux de suivre ses ordres. — En effet, madame, il faut que votre mari revienne. Les choses ne sont jamais si désespérées qu'on ne puisse s'entendre entre gens bien nés.

Il s'inclina profondément et sortit aussitôt. Il ne savait trop où retrouver M. de Verneuil. — Cependant, se disait-il, je suis bien sûr que M. de Verneuil n'a pu se décider à s'éloigner beaucoup; car, tout mari et tout furieux qu'on soit, la jalousie est toujours là qui vous enchaine pour tout découvrir et pour tout voir.

Il alla droit au bois, s'imaginant que le comte s'était arrêté dans la première allée pour ne pas perdre tout à fait de vue la porte de la petite villa. En effet, le comte s'était arrêté tout agité dans le voisinage. Pendant que Frédéric le cherchait, il revint tout d'un coup à la villa, se laissant guider par une généreuse inspiration. Quand il rentra dans la chambre à coucher, madame de Verneuil éclatait en sanglots, en proie au plus violent désespoir. Le voyant reparaître, elle se tut et reprit la dignité du calme. — Qu'importe? se disait-elle, je suis résignée à tout, même à mourir, car il m'a blessée au cœur.

M. de Verneuil alla droit à sa femme, lui prit les mains, l'appuya sur sa poitrine et lui baisa le front. La comtesse leva les yeux en silence; elle semblait ne pas comprendre. — Blanche, pardonnez-moi mes injures : j'étais fou; vous ne pouvez pas être coupable, c'est impossible. Je vous connais! — Dieu soit loué! dit madame de Verneuil en se laissant tomber dans les bras de son mari; vous me jugez avant de m'entendre, notre bonheur est sauvé. Mais je vous dirai tout.

Ils s'embrassèrent avec effusion, fiers de se retrouver dignes l'un de l'autre.

Frédéric arriva pour les surprendre dans cet embrassement. Ce fut pour lui un nouvel incident qui expliquait fort peu les autres. Il s'inclina respectueusement. A la vue de Frédéric, le comte ne put dissimuler une certaine expression de dépit. — Encore! murmura-t-il en sentant renaître sa colère si bien apaisée par les larmes de joie et les embrassements de sa femme. — Je vois bien, dit Frédéric, qu'il ne me reste plus qu'à m'en aller. Tout à l'heure, madame, j'aurais pu me féliciter d'avoir fait votre connaissance par un hasard si singulier, qui pouvait me permettre de vous servir. Maintenant que l'imbroglio est dénoué à votre gloire, je me retire, en n'osant pas espérer que vous me pardonnerez ma présence importune. Je suis vraiment désolé d'avoir surpris un secret dont je n'abuserai pas certes, car je veux oublier en sortant que je suis venu ici. Je tiens pourtant à vous expliquer ma présence en cette maison.

Disant ces mots, Frédéric s'adressait à M. de Verneuil. — Vous n'avez peut-être pas remarqué que cette maison est à vendre. Je dois vous avouer que je n'ai demandé à la voir que dans l'espoir d'y découvrir quelque chose d'extraordinaire, car elle m'avait séduit par je ne sais quel air mystérieux. Certes, je ne m'attendais pas à cette rencontre étrange ; je croyais la maison déserte ; je voulais voir les lieux et non les personnes qui y viennent. Pardonnez à un philosophe qui vit un peu par curiosité ; grâce à Dieu, ma curiosité est discrète ; vous pouvez compter sur mon silence.

Frédéric s'inclinait pour sortir. — Un instant, monsieur, dit madame de Verneuil ; demeurez, je vous prie : il faut que vous sachiez pourquoi je suis venue ici : mon devoir est de vous le dire. — Madame, je vous avouerai, dit Frédéric en souriant, qu'il ne faudra pas me retenir de force. — Eh bien, vous allez avoir cette explication : maintenant que j'ai pardonné à un mouvement aveugle, à un cœur qui souffre et qui devient cruel...

M. de Verneuil exprima un mouvement d'impatience.

Il envoyait au diable le philosophe curieux qui avait surpris une scène conjugale, et qui, par sa position, se trouvait avoir autant de droit que lui-même pour écouter ce qu'allait dire sa femme. Il n'était plus jaloux d'un amant, mais jaloux d'un étranger qui entrait ainsi de plain-pied dans les mystères de son intérieur, un étranger devant qui sa femme allait parler à cœur ouvert.
— Qu'importe? dit M. de Verneuil. Il faut bien accepter les caprices du hasard.

Voyant que son mari redevenait inquiet et pensif, madame de Verneuil s'était interrompue. — Hélas! reprit-elle tristement, pourquoi n'ai-je pas osé vous dire cela il y a deux jours? Nous nous serions épargné bien des heures d'angoisses. Mais voilà ce qui s'est passé.

Frédéric se mit très à son aise dans un fauteuil. La comtesse, épuisée par de telles secousses, s'était assise elle-même près de l'armoire où son mari avait rejeté ses lettres. M. de Verneuil se contenta de s'appuyer à la cheminée.

La fenêtre était restée ouverte; le soleil, traversant un amandier, répandait sur le tapis ses rayons brisés. Cette chambre à coucher, tout à l'heure si sombre et si désolée, avait pris tout à coup un air de gaieté douce et charmante. — Mais, disait Frédéric en regardant madame de Verneuil qui allait parler, que va-t-elle dire? A moins que ce ne soit un jeu de jeunes époux qui veulent se distraire, à moins que je ne sois tombé dans quelque accès de folie, il y a là quelque chose d'inexplicable. Ce mari qui redevient tout à coup si amoureux de sa femme, ne sait-il donc pas qu'elle est venue seule hier? que déjà la veille elle s'était arrêtée à la grille sans oser aller plus loin? Et ce nom de Gaston? et cette rose cueillie d'une main tremblante, c'est-à-dire d'une main coupable? et ces larmes que j'ai jugées tout à la fois douces et amères? et cette lettre qu'on relisait à l'ombre avec tant d'émotion? Voilà, ce me semble, des charges terribles. Mais enfin je vais tout savoir, car jusqu'à présent je ne sais encore rien.

VI

Madame de Verneuil parla ainsi: « Ce qu'il y a de plus triste, c'est que je ne puis pas vous dire cela en deux mots. — Mon Dieu! c'est pourtant bien simple. Enfin, prenez patience, puisqu'il faut tout vous dire, je dirai tout.

« Il y a trois ans, M. Gaston d'Avrigny... »

A ce nom, M. de Verneuil leva la tête avec attention. La comtesse regarda son mari sans se troubler.

« Il y a trois ans, reprit-elle d'une voix calme, M. Gaston d'Avrigny vint passer l'automne au château de mon père. C'était mon cousin, — nous nous connaissions de vieille date, — vous le savez, monsieur de Verneuil. — Dans l'enfance, nous avions été des mêmes fêtes, nous avions cueilli ensemble les primevères du parc. Gaston venait chez mon père pour la saison de la chasse; Gaston était un désœuvré; avec très-peu de fortune, il n'avait pas d'état; il aimait beaucoup à ne rien faire, c'est-à-dire à se promener à cheval, à chasser, à courir le monde comme un enfant prodigue de bonne maison. Encore s'il s'était contenté de ces plaisirs-là chez mon père! Il s'avisa, le croiriez-vous? de tomber éperdument amoureux de moi. »

Un éclair de jalousie brilla dans les yeux de M. de Verneuil.

« Ne vous offensez pas, je n'y pouvais rien ; j'étais d'abord bien loin de m'en douter. Il avait lu les romans modernes, il parlait sans cesse de passions furieuses, profondes, fatales. Je ne comprenais rien à tous ses discours, moi qui demandais à Dieu dans toute la simplicité de mon cœur un mari qui m'aimât doucement, un intérieur calme et béni… comme celui que j'ai trouvé… Je disais sans cesse à Gaston qu'il perdait la tête, que toutes ces grandes phrases étaient dignes d'une maison de fous. A l'entendre, il lui fallait un amour plein d'orages et de tempêtes. Quiconque l'aurait cru à ses paroles se fût imaginé qu'il avait dans le cœur le Vésuve ou l'enfer. Plus jaloux qu'Othello, il jurait de pourfendre le genre humain pour un simple regard. Enfin, je ne saurais vous donner l'idée de toutes les folies dont il s'était fait pour ainsi dire un cortége. Le pauvre garçon! les faiseurs de romans en ont gâté bien d'autres. Je l'avais connu autrefois simple, naïf, franc, aimable sans le savoir ; je le retrouvais, à mon grand chagrin, triste, rêveur, fatal : Manfred ou Ravenswood.

« Je le vois toujours traversant le parc, fièrement drapé dans son manteau comme un amoureux castillan qui attend l'heure du rendez-vous. Pour lui, il n'avait de rendez-vous qu'avec la lune, car, autant que j'ai pu le deviner, c'était à la lune qu'il confiait les ouragans de son cœur. Je ne ris pas, mon Dieu! puisque je parle de lui, ne faut-il pas le peindre tel qu'il était?

« La première fois qu'il me confia son amour, ce fut dans une petite promenade archéologique faite à cheval, à pied et en char à bancs, avec toute la compagnie du château. Gaston était à cheval ; il prenait plaisir à braver les dangers ou plutôt à créer des dangers, car pour un cavalier raisonnable la route était facile : quelques gués à traverser, quelques sentiers escarpés, une petite rivière à passer en bateau, enfin un chemin comme il y en a tant. Moi aussi j'étais à cheval, très-fière de ma monture et de mon amazone, très-heureuse de mes dix-huit ans et du ciel qui couronnait mon front.

« Nous étions dans la montagne, je suivais le sentier, tout en écoutant les gais sifflements du merle. Voilà tout à coup mon extravagant cousin qui jette son cheval sur le versant pour marcher de front avec moi. — Gaston, vous ne savez pas ce que vous faites, prenez donc garde. — Ne craignez rien, me répond-il en contenant mal son cheval qui se cabrait, je suis fataliste, ma belle cousine ; d'ailleurs, reprit-il en se penchant vers moi, ne serait-il pas bien doux de mourir ici, sous vos yeux, par un si beau jour ? — Voilà, lui dis-je en souriant, car j'étais loin de le prendre au sérieux, voilà une idée qui ne pouvait venir qu'à vous. — Ah ! ma cousine, reprit-il en s'animant, si vous saviez comme je vous aime ! — Je n'en doute pas ; voilà dix-huit ans que je le sais. — Hélas ! ma cousine, je ne vous aime plus comme je vous aimais enfant ; c'est une passion qui me tuera, croyez-le bien ! Si je n'espérais vous toucher un jour, je précipiterais à l'instant même mon cheval à travers ces rochers... Je fus effrayée de l'air de bonne foi qu'il mit dans ses paroles. Un instant auparavant j'aurais éclaté de rire : je n'osai ni rire ni répondre. — Songez-y, reprit-il d'un air presque désespéré, le premier mot que vous allez me dire me fera vivre ou mourir! Depuis tantôt cinq semaines, j'ai combattu mon cœur sans triompher. Vous étiez là, toujours là!... J'avais beau fermer les yeux!.. Est-ce qu'on ferme les yeux de son âme? — Écoutez, mon cousin, je ne suis pas comme vous dans les régions poétiques de l'impossible; nous reparlerons de cela, mais, en attendant, prenez garde de tomber. — Cruelle! dit-il en levant les yeux au ciel, je pleure et vous riez; un jour je serai vengé; vous aimerez à votre tour, et alors on ne vous comprendra pas, car il n'y a que là-haut que se rencontrent les âmes vraiment sympathiques. — Enfin, poursuivit-il en me saisissant une main que je ne lui laissai pas une seconde, il ne faut désespérer de rien.

« Une bordure de bouleaux, qui se trouvait sur le bord du sentier, nous sépara alors à ma grande joie; durant le reste de la promenade, je m'arrangeai si bien que nous ne nous retrouvâmes pas seuls.

« Le soir, j'étais dans ma chambre, un peu préoccupée de la folie de mon cousin; ma gouvernante me remit un billet en me disant que Gaston allait partir; qu'il me priait de lire ces quelques lignes et d'y répondre par deux mots. J'ai oublié toutes les phrases singulières, bizarres, extravagantes qu'il m'écrivait. J'étais un ange; il attendait de moi la vie et la raison, car il avouait avec humilité que cette passion violente que je lui avais inspirée égarait sa raison.

« Mon dessein était d'abord de renvoyer la lettre sans la lire, ensuite d'avertir mon père; puis, craignant de faire du bruit pour rien, comme j'étais bien sûre que le beau style de mon cousin ne changerait rien à mes sentiments pour lui, je me déterminai à lire tout simplement sa lettre. Après l'avoir lue, je trouvai que je n'avais qu'une chose à faire : guérir Gaston de sa folle passion par des paroles de sœur. J'écrivis : c'était un tort sans doute ; mais je ne prévoyais pas qu'il y eût du danger à faire une bonne action.

« Je lui écrivis qu'avant de songer aux folies de l'amour, il devait bien songer un peu à faire son chemin dans le monde ; qu'il était jeune, brave, intelligent : qu'il n'avait qu'à vouloir pour arriver à tout. Je lui reprochai d'une façon toute maternelle son oisiveté, son désœuvrement, sa nonchalance. Pour mieux atteindre mon but, je lui déclarai avec un air de franchise que, s'il arrivait à quelque chose, peut-être mon père lui accorderait-il ma main ; qu'alors il était sous-entendu que mon cœur suivrait ma main.

« Le lendemain, avant midi, il répliquait par une lettre qui était tout un volume. J'y répondis, je l'avoue, sans l'avoir lue tout entière. Gaston me disait que sur un seul mot d'espoir il partirait bravement pour la conquête du monde, qu'il deviendrait ministre, maréchal de France, roi, enfin tout ce qui fait la gloire et non le bonheur ici-bas. Je lui écrivis que le bonheur suivrait la gloire. Comme je n'avais rien à faire en ce temps-là, je me laissai aller à griffonner de grandes pages à mon cousin ; je trouvais plaisant de lui donner des conseils, moi qui avais dix-huit ans, lui qui en avait vingt-sept.

« Pendant huit jours qu'il demeura encore au château, nous échangeâmes donc quelques lettres. Cette correspondance assidue avait fini par me fatiguer; d'ailleurs il s'était enhardi jusqu'à me parler trop passionnément. Il fallait en finir : non pas que je craignisse un seul instant d'aimer Gaston, mais je comprenais que je m'étais engagée dans une voie dangereuse et compromettante.

« Gaston avait à régler quelques affaires de famille par suite de la mort d'une grand'tante ; il partit tristement, comme à regret. « Adieu, Blanche, me dit-il en « me baisant la main, quand je reviendrai, je serai « digne de vous. »

« Nous le conduisîmes avec mon père jusqu'au bout de l'avenue où passait la diligence. Quand je le vis disparaître, je ressentis tout à la fois une secousse de joie et de douleur. J'étais heureuse d'être délivrée d'un cousin si opiniâtre dans son amour. J'étais triste, car sans doute un pressentiment m'avertissait que je ne le verrais plus.

« J'eus bientôt oublié la promenade, les lettres et les héros de roman. Je revins passer l'hiver à Paris, et peut-être, monsieur... » Madame de Verneuil regarda tendrement son mari: « Peut-être vous souvenez-vous que nous nous rencontrâmes chez madame de C—? Vous aviez l'avantage de ne pas être mon cousin et de ne pas être le fac-simile d'un héros de roman.

« Mais ce n'est point ici le lieu de rappeler ces premiers chapitres de notre mariage. Il y a trois jours, je ne pensais guère à mon pauvre fou de cousin; un domestique se présenta chez moi, et, s'assurant que j'étais seule, me remit une lettre et deux clefs. « Que signifie

« ce message? lui demandai-je avec surprise. — Je n'ai
« rien à dire à madame; j'obéis à un ordre précis, voilà
« tout. » Je retournai vingt fois la lettre avant de la
décacheter; vingt fois j'examinai les deux clefs; enfin
je brisai le cachet avec une violente palpitation. Quoique je ne songeasse pas du tout à Gaston d'Avrigny,
je reconnus tout de suite son écriture. Je devinai, je
ne sais pourquoi, que j'allais apprendre un triste événement.

« Je savais, depuis quelques mois seulement, que
Gaston, après avoir à peu près échoué dans toutes les
carrières, s'était engagé — pour en finir — dans l'armée d'Afrique, où d'ailleurs il connaissait le général
Lamoricière. C'était un homme fait pour la guerre; je
ne lui savais qu'une qualité sérieuse, la bravoure. Il a
été atteint d'un coup mortel sur le champ de bataille,
à la dernière sortie contre les Arabes; mais d'ailleurs
cette lettre, que vous pouvez lire, achèvera de vous
expliquer tout le secret de ma présence dans cette
chambre. »

Disant ces mots, madame de Verneuil présenta à son
mari la dernière lettre de Gaston. M. de Verneuil saisit
à la fois la lettre et la main de sa femme. La comtesse
respira, baissa la tête et rougit de plaisir. Après avoir
déplié et retourné la lettre à diverses reprises, M. de
Verneuil la lut à haute voix :

« MA COUSINE,

« Sans doute vous avez oublié dans votre bonheur ce
pauvre Gaston d'Avrigny, qui vous a tant aimée, qui
vous a trop aimée. Faut-il vous le dire? moi, depuis

plus de deux ans que j'ai vécu sans vous voir, j'ai toujours porté dans mon cœur cette folie charmante et terrible qui a dévoré ma vie. Ah! vous n'avez pas su quel amour profond et dévoué j'avais pour vous. Ne pouvant vivre à vos pieds, vivre de votre regard, de votre sourire, de votre beauté, je n'ai pu vivre ailleurs de tout ce qui fait la vie sans l'amour. J'ai essayé de tout pour abuser mon cœur; je savais qu'il me restait un peu de fortune, je l'ai jetée dans toutes les ivresses trompeuses de la vie parisienne. Mais, au milieu de toutes ces folies, j'ai gardé votre image adorée comme un coin du ciel qui sourit à travers la tempête. Ne pouvant vaincre mon cœur, il ne me restait qu'à mourir. D'ailleurs, je dois l'avouer, car il ne faut pas faire de charlatanisme, j'étais à peu près ruiné et je ne me sentais pas le courage, dans mon chagrin et dans mon abattement, de surmonter les ennuis d'une fortune à faire. Le suicide est devenu une banalité; il y a toujours de la place sur le champ de bataille pour un homme de cœur. Il y a tant de gens qui sont aimés, me disais-je, et qui vont là-bas mourir quand un cœur attendri les appelle ici! Moi, qui ne serai pas regretté, pourquoi n'irais-je pas m'offrir à la balle d'un Arabe destinée à frapper un pauvre garçon qui aime la vie! J'ai bientôt passé ici pour un héros. N'avez-vous donc pas vu mon nom cité glorieusement dans un rapport du maréchal? Enfin, le jour que j'attendais est venu.

« Quand vous lirez cette lettre, je serai mort avec le seul regret de n'avoir pas été frappé au cœur. Je ne vous dirai rien de mes dernières angoisses : j'étais résigné à tout. Je n'ai qu'une inquiétude; je vais vous la dire. Vous m'avez écrit huit lettres dans ce doux et triste automne que j'ai passé au château de mon oncle. Ces lettres qui m'ont désespéré m'étaient pourtant précieuses; je les ai toujours gardées comme un trésor. Dans mes heures les plus sombres, je les relisais avec une volupté amère qui me charmait. Quand j'étais en train de me ruiner, j'ai loué une petite villa au bois d'Auteuil, où j'ai passé l'été dernier en joyeuse compagnie : c'était un rendez-vous de désœuvrés comme moi. Tout le monde s'y amusait, excepté moi-même; mais je faisais semblant de m'amuser comme les autres. Dans une petite armoire en bois de rose qui se trouve au fond de la chambre à coucher, j'ai caché vos lettres; vous l'avouerai-je? toutes les lettres galantes que j'ai reçues à Auteuil, je les jetais par mégarde dans cette armoire : pardonnez-moi cette profanation. Quand je partis pour l'Afrique, vers le mois de novembre, j'étais à Paris, je ne trouvai pas le temps de retourner à Auteuil; je laissai la clef de ma maison à mon domestique, en lui ordonnant d'y aller quelquefois et de cultiver le jardin, pour lui faire croire que je reviendrais. Je ne reviendrai pas. Mais comment vous faire remettre, ma cousine, les huit lettres qui sont là-bas avec tant d'autres? Vous seule pouvez les reconnaître. Qui sait si ces huit lettres ne tomberaient pas dans des mains indignes! J'ai des créanciers, et j'ignore ce qui aura lieu quand on saura ma mort. Voyez si vous aurez le courage d'aller les chercher vous-même. Je n'écris qu'à vous et au domestique qui vous remettra les clefs. J'ai deux ou trois jours à vivre; le chirurgien en chef m'a dit la vérité. On ne saura donc pas tout de suite ma mort à Paris;

vous avez tout le temps d'aller à Auteuil. C'est une maison déserte, — au bout du bois : — vous la verrez toute blanche au-dessus des vignes ; — vous la reconnaîtrez à une petite grille brune à flèches d'or. Dubois vous remettra les clefs de la grille et de la porte d'entrée ; les autres portes sont ouvertes, si je me souviens ; malheureusement je ne sais plus où j'ai mis la clef de la petite armoire ; peut-être la trouverez-vous sur la cheminée. C'est d'ailleurs un vieux meuble, bien facile à ouvrir. La première petite clef venue doit y aller. — Enfin faites comme vous pourrez ; mais, de grâce, retirez vos lettres, qui sont en trop mauvaise compagnie.

« Si je m'écoutais, je vous écrirais jusqu'à l'heure de ma mort ; mais que vous dirais-je que vous ne deviniez ! Adieu donc, ma belle cousine. — Pardonnez-moi de vous appeler encore par ce nom si doux à mon cœur ; mais, tant que mon cœur pourra battre, j'aimerai ma belle cousine ! »

Ici M. de Verneuil froissa la lettre avec dépit.

— C'est tout? dit Frédéric qui n'était pas guéri de son amour pour la science.

— Oui, c'est tout, monsieur, dit sèchement M. de Verneuil.

La comtesse avait baissé la tête en soupirant. En historien fidèle, nous reproduirons ici les dernières lignes de la lettre, que le comte ne voulait pas lire tout haut :

« Quand vous irez dans cette petite maison, je serai mort. Ah ! si Dieu permettait à mon âme d'y aller en même temps que vous ! Cette idée me prend au cœur... J'attends la mort avec plus d'impatience que jamais...

« Adieu, adieu, adieu ! Il y a dans le jardin un buisson de roses blanches que, l'an passé, j'ai vu fleurir en pensant à vous, ma cousine; pour tout l'amour que j'ai eu pour vous, allez effeuiller une de ces roses en pensant à moi.

« GASTON D'AVRIGNY. »

Frédéric vit bien que M. de Verneuil ne voulait pas lire le dernier mot de la lettre. En se levant pour partir, par un rapide regard il vit ce mot : *buisson de roses blanches*.

« J'y suis, dit-il à la porte, après avoir salué le comte et la comtesse; or madame de Verneuil a cueilli une rose blanche. »

Il se rappela les craintes, l'agitation, les larmes de la comtesse en cueillant, en respirant et en effeuillant cette rose.

« Qui sait? dit-il; maintenant qu'il est mort, peut-être l'aimera-t-elle. »

Quand Frédéric fut parti, M. de Verneuil regar tristement sa femme et lui dit :

« Blanche, avez-vous cueilli une rose dans le jardin?
— Non, » répondit-elle en embrassant son mari.

Ma voisine lisait le *Constitutionnel*.

Cette histoire parut en cinq feuilletons, dans le *Constitutionnel*.

Le premier jour, ma voisine me demanda de l'air du monde le plus distrait si j'avais écrit mon feuilleton la veille.

12.

Le second jour, elle eut des coquetteries inaccoutumées.

« Soyez calme, lui dis-je en souriant. L'héroïne de mon roman sortira de là plus blanche que la blanche hermine. »

Et quand ce fut fini, elle vint bravement à moi :

« Vous avez tout compris, me dit-elle avec émotion.

— Non; car je ne sais pas la fin.

— Ni le commencement.

— Mais comment êtes-vous seule ici ? car Frédéric de Marvilliers lui-même y perd son latin.

— Parce que mon mari croit que j'ai été la maîtresse de Gaston.

— Et vous, le croyez-vous ? »

Elle sourit tristement.

« Et vous ?

— *Oui*, parce que vous avez dit *non*. »

Un silence.

« Où est votre mari ?

— Il court le monde. Je vais lui envoyer vos cinq feuilletons pour le réconcilier avec moi dans le passé. Mais je n'en ferai rien, car il m'accuserait d'avoir écrit moi-même cette histoire. Il est à Rome en mission pour les jésuites auprès du pape. Il finira par le fanatisme.

— Et vous ?

— Moi, je ne finirai pas. »

Le musicien survint. La *Ténébreuse* alla à lui.

« Vous arrivez à propos. Chantez-moi la *Mort du cœur*. »

Et Arezzo, sans se faire prier, chanta ces strophes sur

un air d'une tristesse si triste, qu'on eût dit le vent nocturne sur les branches nues, pendant la neige.

LA MORT DU CŒUR

O beau pays couvert de roses
Dont je suis à jamais banni !
O beau pays couvert de roses
Qui chantait de si douces choses !
Pourquoi tant de métamorphoses ?
    Tout est fini !

J'avais une blanche maîtresse,
L'amour n'est donc pas l'infini !
J'avais une blanche maîtresse,
Mais à la première caresse
J'ai vu mourir la charmeresse !
    Tout est est fini !

La moisson n'était pas fauchée,
Le pampre n'avait pas jauni ;
La moisson n'était pas fauchée,
La mort sur elle s'est penchée
Et dans le linceul l'a couchée.
    Tout est fini !

J'entends le vent d'hiver qui brame
Chassant l'automne au sein bruni.
J'entends le vent d'hiver qui brame,
La neige tombe sur mon âme,
La Mort me dit : Je suis ta femme.
    Tout est fini !

Et quand Arezzo eut chanté :

« Quel plaisir trouvez-vous à entendre de pareilles litanies? dis-je à la *Ténébreuse*.

— Le plaisir qu'on trouve à fouler d'un pied jaloux l'herbe du cimetière.

— Je comprends : celui qui est mort est plus vivant pour votre cœur que vos cinq ou six amoureux. »

XIII

MON VOISIN

Histoire d'une sensitive

Je vous ai parlé de toutes mes voisines, mais je ne vous ai pas parlé de mon voisin; c'est que pendant mon voyage j'ai eu tant de voisins! ç'a été Théophile Gautier, Alphonse Esquiros, Béranger, Gérard de Nerval, Jules Sandeau, le prince de Capoue — et pas à Capoue! — ç'a été un peu tout le monde, car Paris voyage sans cesse quand il a vingt ans. Si j'ai tous les six mois changé de fenêtre pour changer mon point de vue sur Paris, sur le monde et sur moi-même, combien en est-il qui ont changé tous les trois mois? Les uns pour chercher le bonheur qu'ils ne trouvaient jamais; les autres pour chercher la fortune qui s'assied quelquefois à la porte, mais qui n'ouvre jamais la fenêtre; ceux-ci par amour des aventures, ceux-là pour fuir leur mai-

tresse ou leur propriétaire, ce cerbère qui montre les
dents quand il n'a pas son gâteau trimestriel.

Je n'ai pas toujours voyagé à la même fenêtre. Ma fenêtre s'est ouverte tour à tour sur la rue du Bac, sur la place Vendôme, sur le quai Voltaire, sur les vastes prairies de Ruysdaël, sur le Rhin allemand, sur le lac Majeur, sur la Giudecca, sur le Vatican, sur le golfe de Naples, sur les jardins de Sémiramis, sur le palais de la reine de Saba, mais nulle part ma fenêtre ne m'a si bien ouvert le monde — ne m'a été un si rayonnant cadre à tous les portraits et à tous les tableaux que celle du quai Voltaire.

J'ai habité la fenêtre de M. de Voltaire, quai Voltaire, au-dessus d'une caricature de Voltaire. Je n'en suis pas devenu plus voltairien. J'ai passé deux saisons dans l'appartement de ce grand esprit, conduit là par hasard et non par religion pour la figure du patriarche. C'était un beau point de vue : je voyais tout Paris, depuis l'Arc de Triomphe jusqu'à Notre-Dame. En un jour elle passait devant moi, la ville éternelle, y compris le roi et la Seine. Mais qui oserait peindre ces soudaines métamorphoses? Qui oserait décrire ces mille odyssées quotidiennes? Quel tableau! quel voyage! quel livre! Sous ces lambris dorés — dorés pour lui et non pour moi, — sous cet harmonieux plafond où les muses de Boucher tressent toujours des couronnes, comme s'il était encore là, celui qui les aima toutes sans passion sérieuse, j'aimais mieux lire les contes de Voltaire.

Je n'ai vraiment voyagé qu'à cette fenêtre; le reste du temps j'ai couru le monde, mais jen'ai vu le monde qu'à vol d'oiseau. A cette fenêtre, je voyais tout à loisir le monde comme il est; les Anglais, les Allemands, les Russes, les Italiens, les Turcs, les Arabes, les sauvages, se donnaient la peine de passer davant moi; ce n'était plus moi qui me donnais la peine de passer devant eux. Ce qui m'ennuyait surtout dans mes voyages, c'était de ne voir à Naples, à Constantinople et à Berlin que des Italiens, des Turcs et des Allemands nés à Moscou, à Paris et à Londres. Il n'y a qu'à Paris que toutes les nations se promènent le même jour.

J'ai déménagé pour deux raisons. La première, c'est que je n'écrivais plus, sous prétexte que M. de Voltaire avait bien assez fait de livres comme cela. La seconde raison, c'est que les Anglais demandaient trop souvent à voir l'appartement de M. de Voltaire, qu'ils voulaient bien appeler l'homme le plus spirituel de France, ce qui faisait dire à mon groom, gamin de Paris, qui n'aimait pas les Anglais : « Oui, mylord, l'homme le plus spirituel de France, de Navarre et d'Angleterre. »

J'ai quitté la fenêtre de Voltaire pour une fenêtre de Smyrne; c'était un autre point de vue; mais n'était-ce pas toujours le même homme, la même femme, la même passion, la même comédie qui passaient sous mes yeux?

Depuis quelques jours, mon voisin est un botaniste célèbre — à l'Académie des sciences. — Il a la prétention d'avoir inventé une nouvelle famille de lézards et d'orties; il a surtout l'ambition d'écrire un in-folio sur la sensitive, ses mœurs, ses passions, ses habitudes, ses maladies. Tout à l'heure je l'ai trouvé en contemplation devant une pauvre sensitive qu'il sacrifie à son furieux amour de la science. Voilà donc enfin un homme sérieux. Voyez : il est armé d'une loupe et de ciseaux. La pauvre sensitive, elle n'a de repos que quand elle dort. Que dis-je! quand il dort; car il la réveille à toute heure avec cette cruauté du bourreau qui disait à l'enfant royal : Tu dors, Capet ! Mon savant appelle sa sensitive Ophélia. Quand il lui parlait ces jours passés sous ce nom poétique, je cherchais autour de lui, croyant voir apparaître sa fille ou sa servante. La sensitive a peur de lui : dès qu'il s'approche d'elle avec sa longue robe de chambre qui secoue en marchant la poussière de la science, la sensitive a des défaillances ; un frisson de terreur agite toutes ses feuilles ; dès qu'il la touche elle se replie et s'abat sur elle-même ; elle cache sa vie dans ses mille linceuls. Mon savant ne se contente pas de la toucher du bout de l'ongle; j'entends crier ses ciseaux; çà et là il coupe une feuille. Je suis tout ému par cette barbarie, car je vois les larmes de sang que répand la triste Ophélia. Mais mon voisin, qui n'est pas ému, vient vers moi et me salue de l'air du monde le plus distrait.

— Voulez-vous assister à l'agonie d'Ophélia ?

— Déjà ! Il n'y a que six semaines que vous la torturez.

— Oui, j'ai voulu que l'agonie fût lente et douloureuse ; j'ai voulu étudier sa vie dans sa mort. Voyez comme elle a pâli. Hier je l'ai arrosée avec de l'arsenic. J'avais essayé d'un poison plus doux; mais j'ai reconnu qu'il fallait frapper fort.

— Et vous êtes bien sûr qu'elle va mourir ?

— Oui. La nuit a été terrible ; tout le système est attaqué.

Le savant tira sa montre :

— A midi elle aura cessé de vivre.

— Votre expérience est faite?

— Oui, de point en point. Je vais de ce pas achever d'écrire mon mémoire pour le congrès. Vous pouvez, mon cher poëte, faire l'épitaphe d'Ophélia.

— Passez-moi donc cette pauvre victime.

Je suis rentré chez moi décidé à sauver Ophélia. Je ne suis pas de l'Académie des sciences; mais, si mon voisin a eu la science de tuer, j'aurai, j'espère, la science de ressusciter.

J'ai déraciné la sensitive; je l'ai replantée entre mes rosiers, qui par leur fraicheur et leur épanouissement l'ont déjà rappelée à elle-même. Le soleil vient jusqu'à elle, mais tempéré dans son rayonnement par le feuillage clair-semé de mon oranger. Je l'ai arrosée de la tête au pied. Au lieu d'une épitaphe, qui sait si je ne ferai pas un appendice au mémoire du savant? O injustice des congrès et des académies! tout le monde va le féliciter d'avoir tué une sensitive; et moi qui l'aurai rappelée à la vie, je ne recueillerai que le silence.

On sonne à ma porte. Mon groom, selon son habitude, est allé se promener — pour moi, à ce qu'il dit. Si j'allais ouvrir! — Mais ouvrir à l'ennui, au désœuvrement, à celle qui n'a pas d'amour — à celui qui n'a pas d'esprit. Il y en a quelques-uns et quelques-unes. Non, je n'ouvrirai pas. — D'ailleurs, il est trop tard.

J'ai eu tort. Qui sait si ce n'était pas la destinée elle-même qui sonnait à ma porte?

Je viens d'aller ouvrir; mais je n'ai trouvé qu'une carte, le nom triomphant de Théophile.

Il va passer sous la fenêtre. C'est cela, je reconnais

son coupé et ses deux chevaux lilliputiens. Vanité des vanités! Il ne veut plus être un homme d'esprit, de style, de poésie; il veut être un homme — à cheval.

— Comme j'ai eu raison de ne pas lui ouvrir ma porte : il y a une jolie figure dans son coupé. Que pouvait-il avoir à dévider avec moi? Je la reconnais. Vous la reconnaîtriez — madame — qui allez au théâtre. Je ne vous peindrai pas cette femme, je vous la nommerai par un trait de caractère : Un amant — du lendemain — lui offrit un soir une perle fine dans la coulisse. Elle la saisit, la porta à ses dents, la reconnut pour vraie, et, des mêmes dents blanches, sourit à son adorateur le plus galamment du monde. — Par exemple, si la perle eût été fausse, elle n'eût pas souri et l'eût rendue de l'air le plus détaché des biens de la terre.

Théophile ne lui donne en passant que les perles fines de sa poésie — grains de pourpre dignes de la coupe du roi de Thulé.

Je viens de voir Ophélia. Il est midi. O miracle! à mon approche elle a eu un tressaillement de joie : ce n'était plus ce frisson de terreur qui courait sur elle quand elle voyait la robe noire du savant. Elle est bien malade encore; mais elle soulève ses feuilles en signe de délivrance, comme on lève les mains au ciel après un danger. Déjà sur les lèvres si pâles de la sensitive j'ai vu passer un frémissement d'espérance.

XIV

AU DELA DES ALPES

Ce matin, comme mon cœur n'avait rien à faire, j'ai reçu de Venise cette lettre extravagante

« *Je ne vous ai jamais vu par l'image visible, mais je vous vois tous les jours sous la figure que les Muses vous ont faite; vous êtes loin de vous douter qu'au delà des Alpes, au delà des mers, il y a une femme qui vit avec vous, de votre pensée, de votre rêverie, de vos sourires, de vos colères ; qui vous emporte sur son cœur dans les bois ou dans les montagnes; qui le soir contemple l'étoile que vous contemplez, votre étoile ou la mienne.*

« *Qui va là? allez-vous me demander. — Moi. N'est-ce pas assez vous dire? ne reconnaissez-vous pas ma voix? une voix que vous n'avez jamais entendue, mais qui vous parle d'amour. Je sais bien que vous êtes inquiet, car enfin je suis comme cette apparition du bal masqué qui dit : Je t'aime ! et qui ne montre pas si la bouche qui dit : Je t'aime ! est jolie. Si je n'avais pas toutes mes dents? si j'avais un œil de travers? si j'avais les cheveux rouges sans avoir la chevelure vénitienne? Ne soyez pas tant effrayé. Si je n'étais pas si loin de vous, si les Alpes n'étaient pas un éventail assez ample pour cacher ma rougeur, je n'oserais pas vous dire ce que je vais vous dire :*

« *Je suis belle.*

« *Vous êtes rassuré : je ne suis pas le bas-bleu sempiternel qui peuple aujourd'hui les cinq parties du monde de ses méditations poétiques et sentimentales.*

« *Voulez-vous que nous nous aimions à travers l'éventail des Alpes ?*

« Néidja.

« Venise. Maison du juif Salomon, marchand d'étoffes au Rialto. »

Je répondis ceci ou à peu près :

« *Madame,*

« *Puisque vous êtes belle, je vous aimerai; mais j'attendrai pour cela que l'éventail des Alpes se soit abaissé sous mes regards curieux. Je suis heureux en attendant de vivre avec vous à Venise, car je ne vis pas avec moi à Paris.*

« ★ ★ ★

« Paris. Maison du marchand d'éventails, non loin de la Porte Chinoise. »

J'avais écrit d'un air assez dégagé, mais je dois avouer que cette lettre, qui m'apportait peut-être un battement de cœur tout parfumé par les fleurs ioniennes, m'avait quelque peu ému. Ce fut à peine si le soir je parvins à secouer cette vague inquiétude d'une passion qui s'annonce. Le soir, en passant sur le pont des Arts, je me surpris bêtement à regarder les étoiles en songeant à Neïdja.

Vingt jours après, j'avais tout à fait oublié l'Orient, quand je reçus une lettre dont le timbre étranger fit battre mon cœur : Venise ! Venise ! La lettre n'était pas longue ; elle ne renfermait que ces trois lignes :

« *Je vous aimais quand j'ai reçu votre lettre. A cette heure je ne vous aime plus. J'ai dit à la folle du logis de rentrer au logis.*

« Néidja. »

O cœur humain ! abîme de ténèbres et de contradictions ! elle ne m'aimait plus, et moi je l'aimais.

Ces trois lignes passaient en traits de feu sous mon regard attristé.

— Allons, me dis-je, encore un château en Espagne qui tombe en poussière. Qui sait ? cette femme était peut-être la vraie femme, la femme qu'on a cherchée depuis la création du monde et qu'on n'a pas encore découverte. Enfin il faut en prendre son parti. Si elle habitait la Madeleine ou la Bastille, je courrais chez elle avec une voiture à quarante sous l'heure ; mais aller à Venise ! à ce prix-là ce serait un peu cher.

J'allai sur mon balcon. Les nuages couraient vers l'Orient. Je regardais les nuages comme si j'allais prendre mon vol avec eux.

— Que regardez-vous donc là avec cet air contemplatif ?

C'était ma voisine. J'allai à elle. Je détournai la vigne vierge et les capucines.

— Savez-vous ce qui m'arrive ?
— Vous m'épouvantez. Qu'y a-t-il donc ?
— Je suis amoureux.

— Que me dites-vous donc là? Je voudrais bien voir que vous fussiez amoureux et que ce ne fût pas de moi?

— Est-ce qu'on est jamais amoureux à sa porte? Je suis amoureux au delà des Alpes, au delà des mers, à Venise.

— Allez-y.

— J'en suis revenu. J'y retournerais volontiers ; mais que trouverais-je en arrivant? Une bouffée de fumée.

J'allumai un cigare, ma voisine roula une cigarette dans ses jolis doigts.

— Tout n'est que fumée, un peu plus, un peu moins.

— Ah! s'il n'y avait à traverser que les Alpes de la vertu!

Et je racontai à ma voisine le commencement de cette aventure invraisemblable.

— Je vous ai dit le commencement, madame. C'est à vous à me dire la fin.

— Qui sait le commencement sait la fin. Je vous conseille d'aller à Venise et de ne pas revenir comme vous êtes parti. Adieu.

— Adieu! est-ce que vous vous figurez que je vais partir?

— C'est votre devoir. Quoi! une belle femme vous écrira qu'elle vous attend, et vous n'irez pas jusqu'à elle, vous qui êtes aventureux! Adieu, adieu, je ne veux vous revoir qu'à votre retour.

— C'est parce que je suis aventureux que je n'irai pas à Venise. C'est bien la peine d'aller où on vous attend! Ah! l'imprévu! l'imprévu! voilà la belle vie! Si le dieu des aventures conduit toujours mon étoile, il s'arrangera si bien, qu'un jour ou l'autre je rencontrerai Neïdja sur mon chemin, à l'heure où je ne penserai pas à elle.

XV

CE QU'ON ENTEND PAR LA FENÊTRE

I

On entend l'orgue de barbarie, — l'ogre de barbarie, comme disent les portières; on entend les grognements de l'omnibus, les gaietés de la musique militaire, les cris enroués de Paris, les divagations du vent; mais ce n'est pas là ce qu'on entend, car le bruit de tous les jours, on ne l'entend pas.

Ce qu'on entend par la fenêtre, ce sont les menus propos du voisinage, les secrets intimes de la grande ville, les commérages de celle-ci et de celle-là, les confidences de l'un et de l'autre.

Ainsi, tout à l'heure, j'ai surpris entre deux bouffées de cigare ce duo spirituel.

— Ah! te voilà!

— Est-ce encore moi? Je n'en sais rien. Mon cher ami, je me suis tant ennuyé depuis un mois que j'ai failli me marier.

— Et moi, je me suis tant marié depuis un mois que j'ai failli m'ennuyer.

— Moi, je me serais marié si je n'avais été à la Comédie-Française voir jouer je ne sais plus quoi. Il y a là dedans une comédienne charmante qui m'a fait tourner la tête vers le treizième arrondissement.

— Où en es-tu avec elle?

— Je lui ai écrit ceci :

Madame,

Quand on vous voit, on vous aime; quand on vous aime, où vous voit-on?

— Et qu'a-t-elle répondu?

Monsieur,

L'amour étant aveugle, on ne me voit pas!

— Ce laconisme me rappelle cette femme célèbre qui écrivait à son amant, au delà des Alpes :

Je t'aime!

L'amant, pour toute réponse, écrivit sous ces deux mots :

Fait double entre nous.

— N'as-tu rien répliqué à ta comédienne?

— Je suis allé chez elle. Place forte...

— Occupée par l'ennemi?

— Une femme d'esprit, qui ne prend l'amant qu'elle

n'a pas que pour se débarrasser de celui qu'elle a. Nous nous sommes enlevés avant-hier après le spectacle.

— Ah! mon ami, garde-toi bien des comédiennes. Elles ont toujours un amant inconnu qui trompe tous les autres. — Cet amant, c'est le public. — Tu as raison : au public, les plus doux sourires, — les coquetteries les plus chatoyantes, — tout l'esprit et tout le charme!

II

D'où vient ce duo mélodieux chanté par deux époux assortis?

— Tu finiras comme ton père!

— Mon père est mort fort à son aise, avec de quoi acheter sa dernière tisane — de Champagne.

— Il n'avait pas seulement de quoi se faire enterrer!

— C'est le meilleur moyen de ne pas être enterré vif.

— Aussi on l'a enterré comme un chien.

— Comme un chien de chrétien. Je veux finir comme lui — et je veux — ma douce femme — qu'on inscrive sur mon tombeau ces belles paroles d'un ancien : « Je suis venu sur la terre nu, et je suis retourné nu dans la terre. A quoi bon me serais-je inquiété dans la vie, puisque je savais qu'on arrive nu à la fin de toutes choses! »

— S'il n'y a pas de quoi perdre la tête!

— Oui, ma douce femme, je veux finir ainsi, et je ne veux pas qu'on inscrive sur mon monument, comme sur celui de cet enragé conjoint du cimetière Montmartre : « *J'attends ma femme !* » avec deux mains en argent, dont l'une étreint et attire l'autre.

III

Mais quelle est cette chanson qui me vient par une fenêtre du cabaret? C'est mon peintre d'enseigne qui trempe un peu son pinceau dans la pourpre des vendanges.

Il chante comme s'il était engagé à l'Opéra.

>Avec son bonnet de travers,
>Sa jupe que le vent relève,
>Ninon se moque des grands airs :
>C'est la feuille de vigne d'Ève,
>Sa jupe que le vent soulève.
>
>O Ninon ! ta lèvre pâlit
>Sous les baisers dont je raffole ;
>Ton ciel est le ciel de ton lit,
>Ta sagesse c'est d'être folle :
>L'amour est ton maître d'école.
>
>O Ninon ! je sais bien comment
>Tu mourras, maîtresse, ma mie :
>Le verre en main, quand ton amant,
>Celui qui t'aime à la folie,
>Te dira : « Tu n'es plus jolie. »

Si le peintre d'enseignes chante si bien, c'est qu'il a fait l'air et la chanson. Il faut que je sache l'histoire de cet homme. Il y a sous son masque un philosophe qui se cache.

IV

Je n'entends plus que le silence; mais, en écoutant bien, voilà que je distingue ce que disent mes voisins d'en haut. Il est question de nos amis — à vous comme à moi. — C'est de la haute critique en plein vent. Ils s'imaginent n'écrire que dans l'espace; mais j'écoute aux portes. C'est un dialogue entre un étudiant et un sculpteur.

L'ÉTUDIANT

Lamartine, c'est la nature dans l'art.

LE SCULPTEUR

Hugo, c'est l'art dans la nature, mais l'art étouffant la nature sous les longs plis de sa robe à queue.

L'ÉTUDIANT

Alfred de Vigny et Théophile Gautier, c'est l'art qui cache la nature.

LE SCULPTEUR

Il n'y a plus ni art ni nature, il y a l'homme.

L'ÉTUDIANT

Tu as raison : l'homme, c'est-à-dire l'art moderne, ce n'est ni l'art ni la nature; c'est l'esprit, c'est le sentiment, c'est la passion, c'est la fantaisie, c'est l'idée, c'est tout.

LE SCULPTEUR

Ce n'est rien. Oh! les anciens! les anciens!

L'ÉTUDIANT

Quelle hérésie ! Jamais génération plus verte et plus dorée que la nôtre ne s'est épanouie en Grèce — même sous Périclès, — à Rome — même sous Auguste, — en Italie — même sous Léon X, — en France — même sous Louis XIV. — On a franchi les colonnes d'Hercule, on a escaladé l'Olympe, on a dérobé le feu du ciel. On est allé à tout.

LE SCULPTEUR

Oui, et on n'est arrivé à rien.

L'ÉTUDIANT

La question n'est pas d'arriver. On l'a dit : Il n'y a en ce monde que des commencements. La vie elle-même n'est pas un livre achevé. A la dernière page on n'écrit pas FIN, mais CI-GIT.

LE SCULPTEUR

J'aime mieux Phidias et Praxitèle que Pradier et Clésinger.

L'ÉTUDIANT

Qu'as-tu vu de Phidias ? qu'as-tu vu de Praxitèle ? Les anciens ne sont qu'un prétexte pour l'Académie des inscriptions. Pour moi, je donnerais la raison des sept sages de la Grèce pour une folle page de Balzac ou de Sand. — Sand ! cette femme qui écrit comme un homme. — Balzac ! cet homme qui lit dans le cœur comme une femme.

LE SCULPTEUR

J'avoue que je donnerais beaucoup de poëtes du siècle d'Auguste et du siècle de Louis XIV contre Béranger et Alfred de Musset, Béranger ce dernier Gaulois,

Alfred de Musset, cet enfant prodigue de la poésie qui s'enivre avec les belles filles tapageuses, mais qui leur verse une larme — une perle du divin sentiment — dans leurs coupes de bacchante.

L'ÉTUDIANT

Ce qui me charme dans nos contemporains, c'est la vaillance. Ils n'ont peur de rien, pas même de l'Académie. Ainsi Hugo et Lamartine dirait-on des académiciens? N'ont-ils pas toujours hors du fourreau l'épée étincelante?

LE SCULPTEUR

Il y a aujourd'hui des conteurs dont je raffole. — Je n'ai pas le temps de lire Dumas, qui écrit avec une plume arrachée aux ailes du Temps; mais comme je lis Karr!

L'ÉTUDIANT

Un trait de sentiment aigu comme un trait d'esprit.

LE SCULPTEUR

Et Janin?

L'ÉTUDIANT

L'esprit fait homme. Que dis-tu de Houssaye?

V

Je voudrais bien savoir l'opinion du sculpteur. Mais quel est ce bruit étrange? C'est encore un voisin. Celui-là a une femme et un ami; mais l'ami n'est pas là, à en juger par la conversation.

— Pan! pan! pan!
— Aïe! aïe! aïe!
— Si tu dis un mot de plus je prends un candélabre.

— Si tu me donnes un coup de plus...
— Je te jette par la fenêtre!
— Je m'y jetterai moi-même!
— Alors nous sommes d'accord.

Un silence; — un éclat de rire; — un embrassement: — c'est le dernier mot.

VI

Ce qu'on entend par la fenêtre, ce sont les voix idéales de l'infini, les voix perdues de la grande ville qui crie misère, les voix amoureuses des âmes qui se cherchent, les voix déchirantes des cœurs brisés, les voix lamentables des mères qui ont faim de la faim de leurs enfants.

Ah! quand ma fenêtre était ouverte sur le golfe de Naples, en regard du pampre d'où jaillit le lacryma-christi, en face de ces belles filles qui vivent de l'air du temps, dans le soleil et dans l'amour, je n'entendais que le bruit des chansons folles et des rires éclatants!

XVI

PAR LA PLUIE

Il pleut — il pleut, bergère. — Voilà une belle occasion de sortir, pour moi surtout qui n'ai pas de parapluie.

Je n'ai jamais eu qu'un parapluie; il y a bien longtemps de cela : c'était au sortir du collége. Je passais sur les boulevards armé de mon parapluie comme en revenant de Pontoise. Une femme vient à passer qui me jette un regard fort tendre.

— Madame !
— Monsieur !

Après cette conversation, nous étions de vieilles connaissances. Elle prit mon bras.

— Où allez-vous, madame ?
— Rue de la Victoire.
— J'y vais.

Et nous y allâmes gaiement, en nageant un peu. Nous débitions déjà quelques phrases galantes quand nous arrivâmes devant le n° 50.

— Adieu ! me dit-elle.
— Quoi ! lui dis-je, nous ne continuons pas la conversation ?
— A la prochaine averse !

Et elle s'envola en saluant mon parapluie.

Je me suis vengé — à la prochaine averse.

Je sortais du bal de l'Opéra par une pluie battante. Pas un fiacre à vingt lieues à la ronde. Je m'amusais de la colère des belles filles vêtues de l'air du temps, en amours ou en sylphides. La nuit était sombre — nuit noire comme on disait alors.

— Et pas un coquin de parapluie ! disait un joli domino gris de perle appuyé au bras d'une Vénus qui ne voulait pas entrer dans les flots.

— Domino, mon ami, dis-je galamment, veux-tu mon parapluie et mon bras ?

— Oui, oui, dirent-elles toutes les deux en même temps.

Et elles prirent mes deux bras avec un adorable abandon. Nous nous mîmes en route. On entendait le bruit du vent, le bruit des cheminées qui tombaient dans les rues, le bruit de la pluie qui battait la muraille et les cris effarés des masques qui noyaient le carnaval.

— Monsieur, me dit ma Vénus, penchez donc un peu votre parapluie de mon côté.

— Mon cher, me dit mon domino gris de perle, abrite-moi donc un peu pour l'amour de ton prochain.

Je répondis à droite et à gauche par des quolibets d'un joli goût. J'étais si pittoresque dans mes reparties qu'elles riaient comme des folles. Cependant plus nous allions et plus elles se plaignaient de mon parapluie.

— Il n'y en a que pour lui, disait la Vénus.

— C'est donc une ombrelle, ce parapluie! disait le domino.

Et nous allions toujours; mais à la fin elles se révoltèrent.

— Voyons, dit la Vénus marine, donne-moi le parapluie et passe de côté.

J'obéis avec une bonne grâce parfaite.

— C'est là ton parapluie?

La tempête éclatait.

— Je n'en ai pas d'autre, dis-je avec calme.

— Par exemple! ma chère, cela dépasse toutes les plaisanteries du bal masqué. Regarde donc ce qu'il appelle son parapluie!

L'autre regarda.

— Je n'y vois goutte.

— Moi non plus; voilà pourquoi nous n'avons pas remarqué que son parapluie, c'est une cravache.

Et disant ces mots, elle fit semblant de m'offrir ma cravache à tour de bras.

— Que voulez-vous? dis-je en reprenant mon bien par la douceur; on donne ce qu'on a. Mon parapluie, c'est ma cravache. Eh! qui de vous, mesdames, un jour ou une nuit de sa vie parfumée, n'a rêvé de cette bonne madame Sganarelle qui aimait surtout les onomatopées violentes de son mari? Si vous saviez le latin, je vous parlerais de M. le duc de Buckingham, un grand seigneur qui reconnaissait modestement ne devoir ses triomphes qu'à sa cravache, qu'il faisait sans vergogne intervenir dans ses royales amours. Mais, ma cravache, à moi, n'est un sceptre aujourd'hui que pour les Vénus et les dominos sans feu ni lieu.

— Sans feu ni lieu! dit Vénus écumante. Veux-tu venir prendre du thé chez moi?

— Assez d'eau comme cela, ô ma naïade!

J'étais vengé!

Le parapluie est un préjugé; c'était tout au plus bon avant l'invention des gouttières; mais aujourd'hui pourquoi se garantir de cette rosée bienfaisante que le ciel nous envoie d'une main toujours ouverte? Est-ce que les arbres et les fleurs se servent d'un parapluie? Déjà les Anglais, qui ont le pas sur nous pour le comfort, ont proscrit cette ridicule invention d'un siècle hydrophobe. Si on admet sérieusement les parapluies, il faut admettre les parasols. Il ne faut plus sortir dans les rues qu'avec un parachute, un paraomnibus, un parajournal, — et surtout — un parafemme de la moyenne vertu ! — Mais quelle sera la configuration de celui-là ?

XVII

QUE LA PENSÉE HUMAINE VA TOUJOURS PAR QUATRE CHEMINS

Vous arrive-t-il souvent de penser à ce que vous faites? N'avez-vous pas reconnu que la pensée la plus obstinée, la plus profonde, la plus sérieuse n'occupe jamais tout notre esprit? — Notre esprit va presque toujours par quatre chemins. C'est l'histoire du cœur, qui sans cesse est pris par deux amours à la fois, — celui qui vient et celui qui s'en va, — comme la nuit qui se souvient d'un côté du soleil couchant, et qui pressent de l'autre le soleil levant.

La pensée humaine, puissante comme Dieu, puisqu'elle devance le temps et va plus loin que l'espace, suit toujours du même vol deux chemins opposés. N'arrive-t-il pas souvent au poëte d'écrire une scène de comédie quand son âme est prise par quelque scène tragique? Que de fois Molière riait avec un cœur tout saignant ! « Une larme tombe de mes yeux, disait Lesage; j'y trempe ma plume et j'écris mon dialogue le plus gai. »

Quel est celui d'entre nous, parmi ceux qui savent tailler leur plume, qui ne s'engagerait à dicter à la fois un feuilleton et un *premier-Paris*, tout en déjeunant ou tout en faisant des armes? Rien de plus simple. M. de Voltaire était un grand paresseux, — hormis pour ses contes, ses seuls chefs-d'œuvre,—qu'il écrivait au galop de la plume, en songeant qu'il ne signerait pas cela.

Ah! si la plume suivait la pensée dans son vol radieux! Mais que de fois la plume reste tout embourbée et perd de vue la pensée dans ses trouvailles et dans ses découvertes! Il viendra un jour, quand les journaux seront grands comme ma fenêtre, où les journalistes sauront tous sténographier, — mais ils ne sauront plus écrire.

Pour moi, quand je ne fais que deux choses à la fois, je me reconnais pour l'homme du monde le plus paresseux. Par exemple, si j'écris, je laisse au hasard — à l'inspiration si vous voulez — le soin de conduire ma plume, et je m'abandonne à tous les enivrements de la rêverie et à toutes les inquiétudes de la vie privée. — En un mot, je pense à tout, — hormis à mon style. Et mon style n'y perd pas : je suis semblable au musicien qui trouve sous l'archet l'hymne ou la chanson pendant que son âme va dans le passé ou dans l'avenir, amoureuse du connu et de l'inconnu. Le style a sa musique : il monte ou descend la gamme, triste ou joyeux, assombri ou rayonnant, ému ou railleur, amolli ou incisif, silencieux ou bruyant; — c'est un voyageur qui sait tous les chemins et tous les sentiers du pays qu'il traverse; il va et vient sans y songer, selon sa fantaisie, mais avec toutes les distractions d'un voyageur qui voyage moins pour arriver que pour voyager.

Qu'il serait curieux de mettre toujours en regard de ce qu'il écrit ce que l'auteur n'écrit pas ! J'en veux donner un exemple. On m'a demandé un travail sur la peinture française ; je vais commencer :

Ce que l'auteur écrit.

La peinture française est aujourd'hui la première école du monde. On a secoué les vieilles entraves, on a marché en avant avec le souvenir du passé, mais entraîné par la poésie de l'imprévu. Toutes les écoles où s'est épanoui le génie humain se retrouvent maintenant en France, ranimées sous le sentiment moderne. Nous sommes tour à tour Florentins, Allemands, Romains, Flamands, Vénitiens, Espagnols, Hollandais, mais avec un accent national. On a quelquefois nié l'école française ; l'école française a toujours existé, elle a toujours eu son caractère, soit par la pensée, soit par la couleur, soit par le style, soit par le sentiment. Dès l'ère gothique, nous avions des peintres. Jean Cousin était bien plus le représentant des traditions françaises que l'aveugle disciple des écoles de Florence et de Rome. Ses Descentes de croix et ses Jugements derniers rappellent, il est vrai, le Pérugin par les couleurs tendres et claires, par la douceur ineffable de l'expression ; mais où avait-il puisé le goût de ses paysages si poéti-

Ce que l'auteur n'écrit pas.

Triste ! triste ! triste ! Le poëte avait raison : tout est triste, et la vie est un livre difficile à faire. — Cherchons un peu d'amour s'il y en a encore. — Ah ! si elle n'avait pas un nez à la Roxelane ! — Pourvu que Diaz m'envoie demain ces *Baigneuses d'Aréthuse* qu'il doit toujours m'envoyer demain depuis un an. — Sa palette est couverte de perles qui rayonnent au soleil — ou plutôt il trempe son pinceau dans l'arc-en-ciel. — J'oubliais que je vais ce soir à l'Opéra. — Pourquoi donc vais-je à l'Opéra ? — avec qui ? — Oui, je me souviens, c'est pour ne pas la rencontrer. — Allons, voilà encore le ciel qui se barbouille ; c'est odieux, on ne rencontrera que des parapluies sur son chemin.

Le soleil déchire les nues, il ne pleuvra pas. Les oisifs iront voir partir le ballon. Je le verrai passer de ma fenêtre. Voilà enfin une bonne occasion pour les femmes qui veulent être enle-

ques dans leur agreste simplicité? Certes l'Italie ne lui avait point enseigné ce profond sentiment de la nature. Jean Cousin, le peintre de la renaissance, était l'héritier suprême de l'art gothique en France; il avait pieusement recueilli la science, la hardiesse, le caractère de ses prédécesseurs.

Dira-t-on que l'école française n'existait pas quand Nicolas Poussin, cette sévère et profonde intelligence, le doux rêveur égaré avec les *Bergers d'Arcadie* et le sombre et solitaire *Déluge*, ce penseur né pour l'étude, rapportait des chefs-d'œuvre de son commerce intime avec les anciens; quand le Raphaël français, Eustache Lesueur, peignait comme un poëte, au temps où le Poussin peignait comme un philosophe; quand Moïse Valentin, enfant prodigue de l'art, jetait dans ses tableaux toute sa fougueuse jeunesse; quand Claude Lorrain créait avec tant de magie ses adorables paradis terrestres, où Dieu lui-même eût aimé à se promener?

Avec Claude Lorrain expira la grande tradition : l'abus de la forme académique avait amené un réformateur, Watteau, homme de génie, qui ne s'est jamais pris au sérieux, comprenait bien que ce n'est point dans les académies, mais devant l'œuvre des grands peintres, ou devant l'œuvre de Dieu, que les artistes bien doués puisent aux sources vives. Lebrun avait amené la décadence, Wat-

vées. Le ballon, c'est l'histoire des rêves; il s'élance dans le bleu par le bon vent, mais ses ailes humaines ne le soutiennent pas longtemps sur les nuages. Il retombe sur la terre en reconnaissant que le ciel est le royaume de Dieu tout seul. Ceci mérite la peine d'être rédigé quelque part.

A propos, j'ai oublié d'écrire à Roxane. Qu'est-ce que cela fait? je lui dirai que je lui ai écrit, et elle ne le croira pas. D'ailleurs, que lui dirais-je qu'elle ne sache pas? Et puis les femmes sont toutes la même, il faut donc toujours leur écrire la même chose.

———

Les femmes sont toutes la même, surtout pour écrire. Montrez-moi une lettre passionnée où il n'y ait pas ces mots : *Ah! je sens bien que je n'ai aimé que toi!* — Depuis quand, madame? On tomberait juste souvent en leur disant : — Depuis hier.

———

— Arthur (je vous demande pardon, monsieur, qui vous nommez Arthur, car Arthur, c'est mon groom), Arthur, apportez-moi un verre d'eau!

— Mais, monsieur, je ne puis pas faire deux choses à la fois; je vernis les bottes de monsieur.

—Comment, drôle, tu ne peux

teau secoua le joug; Lebrun avait affublé l'art français de la perruque de Louis XIV, Watteau ramena le sourire et la liberté dans ses fêtes galantes. La peinture française, toujours digne et réservée jusque-là, dominée par la raison ou par le sentiment, ne s'était jamais perdue dans les enivrements de la palette; elle se laissa éblouir par Watteau. La peinture avait toujours entraîné la poésie dans son chemin; elle lui avait emprunté son éloquence, sa raison ou sa rêverie : sous Watteau, la peinture, plus fière que jamais de sa palette luxuriante, laissa la pensée en chemin, croyant désormais pouvoir marcher seule à la conquête du génie et de la renommée.

Ce fut toute une période de peintres amoureux de la couleur, dédaigneux du grand style et du beau caractère. On salua les Vanloo, nombreuse et puissante famille, qui éparpilla ses forces d'une main prodigue; on salua Lemoine, né pour devenir un grand peintre; on salua Boucher, qui étouffa son génie sous les débauches de la palette; Boucher, enfant de Rubens, qui resta toujours enfant; La Tour, peintre savant, amoureux de la nature, qui eut le malheur de n'avoir sous les yeux qu'une nature mensongère; Greuze, peintre tour à tour charmant et déclamateur, qui tenta, mais en vain, de renouer la chaîne d'or du sentiment brisée sur la tombe de Lesueur.

Watteau avait fait une révolu-pas faire deux choses à la fois, et tu demandais le droit au travail; mais moi qui demande le droit à ne rien faire, je fais toujours deux choses à la fois!

— Voilà, monsieur, voilà le verre d'eau.

— Apporte-moi mes souliers?

— Il faut que j'aille acheter du vernis.

— Comment, gamin! et celui que tu as acheté avant-hier?

— J'ai verni tous les souliers de monsieur.

— A commencer par les tiens.

— Monsieur est bien bon.

— Il faut que ce coquin-là ait sa part de toutes les bouteilles.

— C'est une vieille habitude.

— Comment, une vieille habitude, tu n'as pas dix-sept ans!

— Monsieur sait bien que nous prenons cette habitude-là aux bouteilles de notre nourrice.

———

— On sonne, tu n'entends pas? va donc ouvrir!

— Non, monsieur, on n'a pas sonné.

— Si tu dis encore un mot... Qui est-ce qui me vient si matin? Ce serait l'empereur de la Chine que je n'en continuerais pas moins mon travail. Arthur, tu diras que je n'y suis pas. Cette eau est délectable. Je comprends bien le mot de madame de Longueville : « Ah! pourquoi n'est-ce pas un péché de boire de l'eau? »

tion dans l'art pour délivrer l'art des traditions académiques de Lebrun : David, qui avait étudié à l'atelier de Boucher, fit pour ainsi dire une contre-révolution pour ramener l'art à une idée plus digne, à un sentiment plus noble, à une mission plus haute ; mais il se garda bien de reprendre le mouvement imprimé par Lebrun ; il alla droit à l'antiquité chercher des maîtres et même des modèles. Malheureusement pour lui, malheureusement pour l'art français, David était né sculpteur plutôt que peintre ; il étudia bien moins le style des bas-reliefs antiques que celui des statues : aussi fut-il plus solennel que pittoresque ; il fit des groupes et ne fit point de tableaux. En effet, il a toujours le geste, le mouvement isolé, la sévérité de la ligne, mais il n'a jamais ni la composition, ni la couleur ; il étouffe la vie sous la science ; c'est un peuple de statues qu'il répand dans ses tableaux, soit qu'il cherche à créer des Grecs ou des Français : ses Français de 1792 et de 1814, ce sont des marbres romains.

Pendant que David arrivait par la science au caractère antique, Prudhon, cet autre Raphaël français, y arrivait par la divination. Avec quel charme de naïveté il s'en allait, pénétré du sentiment moderne, évoquer toutes ces charmantes images des païens que les Amours et les Grâces entraînent à leur suite ! Boucher faisait jolis les Amours, mais qui

J'entends du bruit dans l'antichambre ; c'est Gérard de Nerval qui veut entrer et qui a raison. Voilà Arthur qui reparait furieux.

— Monsieur Gérard de Nerval prétend que monsieur y est !

— Je savais bien, dit Gérard qui apparaît gaiement.

— Alors si monsieur ne dit pas lui-même qu'il n'y est pas, on ne me croira jamais.

— Ce serait bien dommage pour la dignité de l'antichambre ! Apporte-nous des cigares et va-t'en.

———

— Mon cher Gérard, je n'y suis pas tout à fait, je voyage dans l'histoire de l'art, mais tu es bon compagnon de voyage ; cela d'ailleurs ne m'empêche pas de t'écouter et de te répondre. D'où viens-tu ?

— De Constantinople.

———

— Où vas-tu ?

— A Harlem.

— Le sérail des tulipes vaut-il l'autre ?

— Ne te souviens-tu donc pas de notre voyage à Harlem ?

— Oui, mais nous y sommes allés trop tard. Il n'y avait plus que des tulipes peintes.

— Et la belle Hélène ? Amour, tu perdis Troie !

— Ah ! je m'en souviens ! une

les fera jamais plus charmants que Prudhon? Et ses Grâces, comme il les a rajeunies! comme elles vous inspirent le sentiment de la beauté! quel contour ineffable! quelle touche à la fois austère et voluptueuse! Prudhon fut païen avec toute son âme.

tulipe vivante qui valait bien celles de Van Huysum!
— Qu'est-ce que tu écris donc là à bâtons rompus?
— Je ne sais pas, mais j'ai fini. Ne penses-tu pas comme moi : *Prudhon fut païen avec toute son âme.*

Voilà à peu près les deux chemins que suivait à la fois ma pensée ce matin. J'aurais dû, pour plus de vérité, marquer çà et là les douleurs de l'enfantement pour la phrase qui se présentait mal. Mais ceci n'est-il pas indiqué par les repos de la seconde colonne?

XVIII

HISTOIRE DU PEINTRE D'ENSEIGNES

I

Le génie au cabaret.

Hier, je passais rue du Cherche-Midi avec un de mes amis. — Vois-tu, me dit-il, ce petit cabaret? — Oui, ce cabaret où serpentent des ceps de vigne! — C'est une vigne peinte.

Jamais, depuis qu'il y a des peintres, on n'a copié a nature avec plus d'effet et de vérité. Le feuillage eût arrêté Ruysdaël et Van Huysum; les grappes, jaunes d'un côté, noires de l'autre, semblaient fatiguer les deux ceps; l'ombre et la lumière s'y jouaient à merveille; quelques gouttes de rosée brillaient au soleil; quelques fils d'araignée se balançaient à l'ombre. Par une supercherie du peintre, les grappes du haut étaient picotées par les guêpes, les grappes du bas étaient à demi égrenées, si bien que tout naturellement l'envie me prenait de cueillir un grain à mon tour.

Nous entrâmes dans le cabaret pour demander le nom du peintre. En passant dans la salle, je n'aperçus d'abord qu'un nuage de fumée, je n'entendis qu'un bruit confus de voix avinées. Peu à peu je vis se dessiner les figures enluminées de sept ou huit buveurs discutant, les uns avec gravité, les autres avec feu, sur les affaires de l'État. Une figure me frappa surtout par sa pâleur et ses belles lignes; un rayon d'intelligence éclairait encore le front; les yeux éteints jetaient çà et là un regard triste et dédaigneux. Mais cette figure était ravagée par les passions flétrissantes; le sceau de la débauche était imprimé sur le front; les cheveux ébouriffés et coloriés indiquaient que le peintre, comme il le disait lui-même en jouant sur le mot, ne se peignait guère qu'à coup de pinceau; les moustaches étaient humides de vin, des rides précoces creusaient le front et les joues, Rembrandt seul pourrait vous reproduire cette physionomie de cabaret. Le costume était en harmonie : une vieille houppelande, une chemise de je ne sais quelle couleur, des souliers problématiques.

J'avais reconnu mon peintre d'enseignes.

C'était le plus ivre de toute la bande; il jetait un mot

par-ci par-là, en promenant au hasard ses yeux égarés. En vain la cabaretière était venue lui recommander une enseigne de marchand : pour toute réponse, il se versait à boire. On nous raconta en peu de mots comment il était venu de Rouen sans dire son nom et son origine; comment, grâce à la cabaretière, il faisait là une halte assez longue; comment, enfin, il passait sa vie dans une ivresse sans trêve. A notre entrée, les buveurs cherchaient à le réveiller et à le faire parler. Je me souviens d'une de ses réponses entre autres : on lui demandait son opinion sur la liberté. Il fit d'abord signe qu'on l'ennuyait; mais bientôt, prenant en pitié les maximes de ses compères les ivrognes, il leur dit d'une voix lente, tout en s'accoudant sur la table : « La liberté elle est là. » Et il montra de l'index son verre plein. Et prenant dans sa houppelande une pièce de vingt sous : « La liberté, la voilà encore. Mais, reprit-il en riant, c'est la liberté en menue monnaie. » A ce mot, il retomba dans son ivresse et dans son silence.

Mais presque aussitôt il se leva lentement; il alla vers la cheminée en trébuchant un peu, prit un charbon dans l'âtre, s'avança près de la muraille, demeura un instant immobile comme une statue, enfin traça une première ligne comme par souvenir. « Oh! oh! dit un buveur, le voilà si loin dans la vigne du Seigneur, qu'il s'imagine peindre une enseigne. »

Le peintre d'enseignes n'entendait pas, il avait l'air d'être seul. Je le suivis d'un regard curieux. Il s'anima bientôt; il repoussa ses cheveux en arrière, comme un homme frappé d'une idée rayonnante; sa figure flétrie eut un moment de noblesse. En quelques minutes il acheva son dessin. Il avait voulu représenter Madeleine aux pieds de Jésus. Je ne dirai pas que son Christ et sa Madeleine étaient dessinés de main de maître ; seulement le peintre d'enseignes était parvenu, avec un charbon rebelle, à indiquer les figures avec plus d'expression que n'en trouvent certains peintres qui ont pour ressource le coloris. Quand il eut jeté son dernier trait, il s'éloigna à reculons, contempla son œuvre en clignotant et se remit à table. « Allons, allons, dit-il, il faut noyer ces idées-là. »

J'allai à lui.

— Camarade, voulez-vous trinquer avec moi? lui dis-je en lui prenant la main.

— Oui, me dit-il en me serrant la main, parce que vous êtes un brave homme et que je suis un brave buveur. Je ne trinque pas avec le premier venu.

Je le priai de me venir voir le lendemain. Tout à l'heure il est venu sur mon balcon.

— Pourquoi êtes-vous un peintre en plein vent, vous qui avez la science et l'inspiration?

— Pourquoi? dit-il en penchant la tête sous les tristes souvenirs. Pourquoi?

Et après un silence :

— N'ayez pas la cruauté de me faire regarder en avant ou en arrière. Je vis au jour le jour, après un passé noyé de larmes, devant un avenir odieux. Laissez-moi vivre dans l'oubli de moi-même et des autres, — entre deux vins; — car c'est là mon refuge.

Je n'osai plus l'interroger. Nous fîmes le tour de ma chambre tout en regardant les tableaux. Il jugeait d'un mot, un seul mot pittoresque, un style un peu encabaillé. Tout d'un coup, il tomba agenouillé sur un fauteuil à la vue d'un tableau de Prud'hon : — Moi aussi j'étais peintre! s'écria-t-il avec un accent désolé.

Et il me raconta son histoire.

II

Du danger de peindre la Madeleine au désert.

Jusqu'en 1837 son histoire se peut raconter en quelques lignes. Son père, d'origine lorraine, peintre lui-même, paysagiste de l'école de Lutherbourg, l'avait laissé au berceau, à la garde d'une mère isolée, qui s'attacha à son enfance de toute son âme. N'ayant plus que lui à aimer, elle l'aima jusqu'à l'idolâtrie. Vous dire toutes les tendresses de cette pauvre mère, ce serait un trop long chapitre. Elle commençait à ressaisir l'espoir du bonheur; mais le ciel lui permit à peine de sourire, il la frappa pour la seconde fois. Elle mourut en décembre 1836, laissant Frédéric seul en ce monde. Comment allait-il faire, maintenant qu'il n'avait plus le sourire de sa mère? Il fut près de se laisser abattre; mais la jeunesse a tant de ressources cachées au jour du malheur, elle rebâtit si gaiement et si vite sur des ruines! Frédéric pleura sa mère, il garda son image adorée dans le sanctuaire de son cœur, il vécut durant de longues semaines dans le souvenir de cette pauvre femme qui avait subi un si triste destin. Il avait recueilli de l'héritage de sa mère à peu près deux mille livres de revenu, un ameublement assez joli, quelques tableaux et un peu d'argent comptant. Il y avait là de quoi vivre pour traverser la préface de la vie et du talent. Frédéric résolut de vivre seul : il loua un atelier dans la rue Notre-Dame-des-Champs, en belle vue et en belle lumière; il se mit à l'œuvre gravement, après avoir pressé sur son cœur un vieux pinceau de son père. Il commença par une *Vierge au pied de la Croix*. Quoiqu'il eût un peu oublié sa mère, ce fut cette tendre et suave figure qui vint d'elle-même s'animer sur la toile. Cette figure une fois retrouvée, Frédéric sentit qu'il n'était pas tout à fait seul, que par la volonté du ciel sa mère venait veiller sur lui et lui dire d'espérer. Vous pensez qu'il se garda bien de se séparer de ce tableau ; il le caressa de tout son amour et de tout son talent; il le suspendit au-dessus de sa couche solitaire et pieuse; il refusa, sur l'instance d'un ami, de le laisser partir. Jusque-là tout allait bien : le travail était son refuge et sa vie, son espoir et sa joie. Il se levait de bonne heure, comme l'oiseau chanteur, comme l'ouvrier laborieux; il déjeunait dans son atelier, se délassant par quelque lecture plus souvent frivole que solide. Sur le soir il allait dîner, ou à peu près, avec quelques étudiants; après dîner il se promenait dans Paris pour étudier encore, cherchant partout des yeux quelque noble et belle tête digne de figurer dans sa galerie. Quand le pinceau était rebelle, il allait au Louvre s'extasier devant quelque splendide page de Rubens, son vrai maître.

En 1837, au mois d'avril, par une fraîche et souriante matinée, Frédéric peignait une *Madeleine au désert*. Pendant qu'il peint, traçons nous-même son portrait : une figure de vingt ans, d'un profil pur, des cheveux brunissants, des yeux bleus qui rêvent, une bouche timide encore, quoique relevée d'une fine moustache, des joues un peu colorées, mais qui pâliront bientôt, taille svelte, pied léger, main de femme, voilà Frédéric. Si j'avais à peindre son esprit, je n'oublierais pas de l'affubler de tous les travers de notre temps.

Il avait ce jour-là pour modèle de sa *Madeleine* une jeune fille blonde qui promettait, par sa physionomie, de se faire beaucoup pardonner, mais qui n'en était pas encore au repentir. Tout en s'élevant au ciel, ses yeux petillants de tous les feux de la volupté semblaient regretter les joies de la terre. En un mot, c'était Madeleine pécheresse et non Madeleine repentante.

Frédéric ayant déposé sa palette pour contempler son œuvre à divers points de vue, secoua la tête avec chagrin : « Ce n'est point la Madeleine au désert, dit-il en prenant son chapeau. — Où allez-vous ? lui demanda son modèle. — La séance est levée ; renouez vos cheveux, je vais chercher une autre Madeleine. » Disant ces mots, Frédéric sortit gravement. Il traversa le Luxembourg et descendit la rue de Tournon. Comme il passait devant la maison toute ridée et tout édentée d'une devineresse célèbre, mademoiselle Lenormand, Frédéric s'arrêta émerveillé devant une jolie femme qui descendait d'un fiacre, en toilette extravagante. Ne voyant que sa figure, il s'écria : « Voilà ma Madeleine ! » Et, sans trop savoir ce qu'il faisait, il la suivit jusqu'à l'escalier de la prophétesse. Revenant un peu de son enthousiasme, il voulut, au bas de l'escalier, rebrousser chemin ; mais, cette femme s'étant retournée je ne sais pourquoi, il ne put résister à l'attrait de la voir quelques instants. Il entra donc à la suite de la dame et alla s'asseoir en face d'elle dans le salon d'attente. Pendant qu'elle regardait avec une curiosité inquiète l'ameublement fantasque de la vieille sibylle, il étudiait avec les yeux du peintre toutes les lignes et tous les tons de cette belle figure un peu dévastée par les veilles, les passions et le chagrin. Cette femme finit par s'impatienter du regard obstiné de Frédéric : elle détourna la tête; mais, sous prétexte de voir un paysage, il se leva et alla se placer plus près d'elle. L'inconnue lui demanda alors sans façon ce qu'il prétendait faire. Il répondit en s'inclinant : « Je vous ai suivie sans le vouloir. — Que voulez-vous dire ? »

Et la dame regarda Frédéric des pieds à la tête pour savoir à qui elle avait affaire. « Je veux dire, madame, que votre figure m'a frappé; je suis peintre, je cherchais partout une tête de sainte... ne vous offensez pas, c'est sainte Marie-Madeleine que je veux peindre... Si vous voulez que je fasse un chef-d'œuvre, vous n'avez qu'à venir à mon atelier. — Me feriez-vous mon portrait? — Vingt fois; je ne me lasserais pas de reproduire ce chef-d'œuvre de la création. »

Tout en parlant, la dame avait pénétré avec ses yeux de lynx dans l'âme de Frédéric, elle y avait découvert je ne sais quoi de noble et de grand qui la séduisait, elle n'avait pu se défendre d'un certain entraînement vers lui. « Écoutez, lui dit-elle avec un joli jeu de physionomie, je vais demander à la devineresse si je puis sans danger aller dans votre atelier. »

A cet instant une grande dame un peu fanée sortit

du cabinet mystérieux ; la devineresse apparut sur le seuil et fit signe d'entrer à la nouvelle venue. Frédéric était si enivré de son aventure, qu'il ne prit pas garde à la sibylle. La porte se referma ; il demeura seul très-agité, jetant çà et là un coup d'œil distrait sur les tableaux et les gravures où l'araignée se promenait et filait sa toile.

Au bout d'un quart d'heure la jeune dame sortit. « Eh bien ? » lui demanda Frédéric d'un air suppliant.

Elle prit son bras sans façon. « Eh bien ! lui répondit-elle avec un sourire forcé, allons à votre atelier. »

La dame se nommait Lydia ce jour-là. Son histoire est connue, car ces dames ont toutes la même histoire. Sous les poëtes mythologiques on l'eût surnommée la Sirène, sous les poëtes romantiques on l'eût surnommée la Lionne ou la Panthère ; le nom n'y fait rien. Elle habitait la rue Notre-Dame-des-Lorettes ; elle ne figurait pas mal dans les chœurs de l'Opéra, mais elle jouait beaucoup mieux son rôle sur le théâtre du monde. Ce qu'elle étudiait le plus était son calendrier pour se rappeler les mille noms dont elle s'affublait, les mille noms de ses amants, les mille rendez-vous qu'elle accordait. Son origine, son avenir, vous le savez. On ne les voit pas venir, on ne les voit pas s'en aller ; elles apparaissent et disparaissent sans avertir personne. J'en connais qui aboutissent à la dévotion ; celles-ci ont imité les bateliers, qui abordent au rivage tout en lui tournant le dos. Sa figure était faite par l'amour et embellie par le diable. Quoiqu'elle vécût dans le péché, avec le péché et par le péché, il restait à ses traits je ne sais quoi de noble et d'élevé qui avait séduit Frédéric. A coup sûr, plus qu'une autre de sa famille elle pouvait inspirer un peintre pour une Madeleine repentante.

Frédéric et Lydia allèrent tout droit à l'atelier, Frédéric heureux d'une si belle découverte, Lydia curieuse de voir si le jeune peintre possédait autre chose que ses pinceaux et sa palette. En moins d'une heure elle compta sur ses doigts toutes les ressources de Frédéric, car il était confiant comme la jeunesse, il répondit à tout. « A merveille, dit Lydia, celui-là pourra fournir à mes dépenses pendant la saison. »

Et, tout en mettant en jeu ses artifices, elle posa en Madeleine repentante. « Faut-il que je pleure? demanda-t-elle à Frédéric. — Quoi! dit-il tout enchanté, vous pousseriez si loin l'amour de l'art? — Croyez-vous donc que je ne connaisse pas les larmes de Madeleine? »

Lydia prit un crucifix d'ivoire et leva les yeux au ciel. Frédéric se mit à l'œuvre. Se tournant vers Lydia, il fut surpris de voir briller deux larmes dans ses yeux bleus. « Ah! madame, dit-il avec enthousiasme, ces larmes-là ne seront pas perdues. »

Il retoucha les yeux de sa Madeleine, il y suspendit les pleurs de Lydia. Mais tout à coup, jetant son pinceau, il tomba aux pieds de la comédienne.

Le lendemain, l'atelier ne fut point ouvert; le surlendemain, Frédéric y vint un instant; mais à peine s'il prit le temps de regarder sa Madeleine. Comme il entrait dans sa chambre à coucher, il fut frappé plus que jamais de l'expression tendre et inquiète du portrait de sa mère. « C'est vrai, dit-il, saisi d'une émotion confuse, je n'étais pas là cette nuit, — ni l'autre. »

Mais le démon du mal ne lui laissa pas le temps de réfléchir : il ferma la porte et ne vit plus que l'image attrayante de Lydia.

III

Les folles amours.

Vous raconterai-je mot à mot tout le chapitre de ses folles amours, toutes les coquetteries de Lydia et toutes les faiblesses de Frédéric? Pénétrerai-je dans le labyrinthe sans poétiques visions où s'égare plus que jamais la jeunesse dorée de notre temps, ce labyrinthe de la passion sans âme, du désenchantement et du désespoir? Vous montrerai-je à la pâle lumière de la vérité la galerie de ces belles aventurières qui ravagent tant de nobles cœurs, qui flétrissent tant de nobles esprits! Ne criez pas trop à la moralité; j'ai assisté plus d'une fois à ce douloureux spectacle d'un avenir doré qui se perdait sans retour dans cet abîme sans fond. Lydia puisa à pleines mains dans la bourse et dans le cœur de Frédéric; elle dissipa en peu de temps ses ressources et ses aspirations. Il découvrit trop tard qu'il était la proie du démon, ou, qui mieux est, d'une courtisane. Il voulut revenir sur ses pas; mais retrouvera-t-il son ardeur pour le travail, ses caressantes illusions, sa petite fortune, fruit des veilles de son père? C'en était fait de lui; la fumée du plaisir lui cacha bientôt la fumée de la gloire. » Autant l'une que l'autre, » lui disait Lydia. De plus en plus égaré dans un monde éperdu, il ne voyait plus que par le prisme de l'ivresse; une longue nuit s'étendait sur son âme.

Toutes les semaines il vendait un coupon de rentes, s'imaginant, dans son insouciance ou son découragement, qu'un homme de talent n'était jamais ruiné. Dans les premiers temps, il comptait un peu, se rappelant les pieuses économies de sa mère; mais il finissait par ne plus compter. Lydia savait mieux que lui l'état de sa petite fortune. Elle lui en donna bientôt la preuve en se brouillant avec lui sans raison apparente. Elle prépara une scène de jalousie. Comme il ne l'aimait plus depuis longtemps, il se brouilla de bon cœur. C'était une bonne fortune; il allait reprendre sa liberté. Il rentra chez lui le cœur plus gai que de coutume. « C'est étonnant, disait-il en revoyant sa palette avec un charme inconnu; c'est étonnant que Lydia ait songé à se brouiller avec moi : que me manque-t-il? Je suis beau, j'ai les airs d'un grand seigneur, j'ai plus d'esprit qu'il n'en faut, je suis généreux comme un fils de famille, on peut dire que je jette avec grâce l'argent par la fenêtre... » A ces derniers mots, Frédéric pâlit et secoua la tête. « Voyons! » dit-il. Il fit l'inventaire de ses papiers et de sa fortune, Lydia avait compté juste : il ne restait que mille francs à Frédéric. « Je comprends, dit-il avec colère, je comprends pourquoi elle s'est brouillée avec moi! »

Il rentra dans l'atelier avec la résolution de reprendre son œuvre où il l'avait laissée, de ressaisir avec ardeur tous les lambeaux éparpillés de son talent. Durant deux jours, il travailla sans reprendre haleine; mais il était un peu tard pour revenir dans le beau chemin si verdoyant qu'il avait quitté sans presque retourner la tête; le désœuvrement l'avait envahi; la religion de l'art était éteinte en son âme; la soif de la renommée ne passait plus sur ses lèvres flétries. Son ardeur ne fut que passagère. Le troisième jour, il alla retrouver ses amis; après souper, il prit une autre maîtresse, une digne compagne de Lydia, qui ne fut pas longtemps à dévorer le millier de francs que Lydia avait dédaigné en disant : « Va te ruiner avec une autre. » Après Lydia, il avait pu relever encore son front abattu; après Olympe, tout espoir était perdu. Il se laissa aller aux mille extravagances de l'orgie du cœur; il suivit tête baissée, sans honte et sans regrets, l'ornière fatale qui se creusait au bal de l'Opéra pour aboutir à Clichy. » Tu n'es qu'à moitié ruiné, lui dit Olympe le jour où il jeta son dernier écu chez une marchande à la toilette, tu n'es qu'à moitié ruiné; n'as-tu pas la ressource des dettes? Avec ta bonne mine, il y a là de quoi vivre un an. » Frédéric, sans guide et sans frein sur cette mer orageuse, se laissa aller à tous les vents. « Qu'importe? disait-il dans son insouciance, je ne crains pas le naufrage: la peinture ne sera-t-elle pas toujours une planche de salut? »

Quand il se fut raisonnablement endetté, Olympe se brouilla avec lui je ne sais comment. Frédéric ne prit point le temps de s'arrêter pour regarder la vie en face: il s'égara de plus en plus. Bientôt on saisit ses meubles et on les vendit à l'encan; bientôt il fut poursuivi à chaque coin de rue par un créancier. Il ne lui resta rien de tout le mobilier qu'avait béni sa mère. On lui laissa son chevalet, sa palette, ses pinceaux, le portrait de sa mère, sa fatale *Madeleine* toujours inachevée et quelques toiles barbouillées à peine. Il loua un autre atelier, ou plutôt un coin de grenier mal éclairé par deux lucarnes, près de Sainte-Geneviève. Il espérait sortir bientôt de ce mauvais pas; il disait, pour se consoler, que la pauvreté est la meilleure compagne du génie. Cette maxime n'était plus vraie pour lui, pour lui qui avait perdu la religion de l'art, l'enthousiasme de la jeunesse, les prismes de l'illusion. Autrefois la pauvreté aurait eu pour lui, comme pour les nobles esprits qui se dévouent au martyre de l'art, des sourires encourageants; mais, à cette heure, la pauvreté devait apparaitre à ses yeux sans masque et sans déguisement, dans sa pâleur de mort, avec ses guenilles qui sentent le linceul. Il voulut la fuir par l'ivresse; il créa mille paradoxes pour s'étourdir encore; mais la nuit il rentrait chez lui; en franchissant le seuil désolé de la porte, il entendait une voix terrible qui lui demandait compte de son temps; dans l'âtre nu, la pauvreté lui apparaissait grelotante et affamée; enfin sa mère lui souriait toujours d'un sourire angélique, sourire doux et terrible. Une nuit, se trouvant indigne de ce sourire, il saisit le portrait, le baisa en pleurant et s'écria : « Non! ma mère! non, tu ne sais pas quelle route impie j'ai traversée; non, non, je n'ose plus dormir sous ton regard. Adieu! »

Il retourna le portrait.

Il faut le dire à sa louange, il ne put résister à tant d'ignominie : il tenta de se faire une ressource de la peinture; mais il avait perdu son talent : sa main tremblait; le pinceau, naguère si docile, était devenu rebelle; la palette où il trouvait la création n'était plus qu'un triste chaos; son front, qui avait renfermé mille et mille images adorables, ne renfermait plus qu'un désert aride. Il voulut cependant achever sa *Madeleine*; comme il n'avait ni foi ni amour, il gâta en quelques coups de pinceau l'expression divine qu'il avait trouvée autrefois. « C'est fini, dit-il en rejetant son pinceau, je ne suis qu'un barbouilleur. » Il fut pris d'une colère sauvage, il renversa son chevalet et piétina la toile. « Oui, reprit-il, je ne suis qu'un corps sans âme, un cœur sans passion : tout est fini pour moi. » Il voulut mourir. « Mais comment mourir? Et puis, pourquoi ne pas soutenir la lutte au moment terrible? Il faut des soldats au pays, je serai soldat. Dieu me fera la grâce de bien mourir. » Tout en disant cela, il se mit à la lucarne de son triste refuge. En face de cette lucarne, on bâtissait une maison; une douzaine de maçons, éparpillés sur les murs, manœuvraient avec ardeur. Toutes ces figures plébéiennes étaient animées d'une franche gaieté; les uns chantaient, les autres devisaient, tous sans perdre de temps. L'équerre, le compas, le ciseau, s'agitaient sans cesse dans ces mains laborieuses. Frédéric fut ému jusqu'au cœur par ce tableau du travail; il comprit que la vie était là, que le travail était pour moitié dans le bonheur, que le pain du travail était le seul béni de Dieu. « Je ne serai pas soldat, dit-il, je serai peintre d'enseignes; puisque je suis indigne d'être un artiste, je serai un ouvrier. » Il tint bon dans cette résolution; il ramassa ses hardes et ses pinceaux; il déposa le portrait de sa mère à la garde d'un marchand de tableaux qui lui avait acheté quelques esquisses de son bon temps ; enfin il partit de Paris sans savoir où il allait, n'ayant gardé sur lui qu'une douzaine de francs. Vous croyez peut-être qu'il est sauvé, que les beaux sentiments vont refleurir en lui, que le peintre d'enseignes va retrouver peu à peu son talent d'artiste? Non, Dieu est plus rebelle à ceux qui ont dégradé son œuvre ; il veut que celui qui gaspille les fleurs ne recueille que des fruits amers.

IV

Les pervenches.

Frédéric arriva à Rouen, le bâton à la main, un soir d'octobre 1843; il se présenta chez un peintre en bâtiment qu'un compagnon de voyage lui avait indiqué. Cet homme n'y étant pas, il entra dans un cabaret, espérant y trouver sur sa bonne mine le souper et le gîte. La maîtresse du lieu, veuve depuis peu, n'étant pas habituée à héberger un buveur d'aussi belles manières que Frédéric, l'accueillit avec bonne grâce. Ce que voyant, il lui conta tout simplement qu'il était peintre d'enseignes à Paris. « Eh bien ! dit la cabaretière, peignez-nous quelque enseigne de votre façon. Ma sœur est sage-femme, pourquoi ne lui feriez-vous pas un tableau? Moi-même, si j'osais vous prier, je vous dirais de me peindre quelques grappes de beau raisin sur les murs du cabaret. — Comptez sur moi, » dit Frédéric en se versant à boire.

Le lendemain, dès sept heures, il peignait sur le mur

du cabaret. Plaignez-le : il n'avait eu du courage qu'à demi; il ne s'était résigné à son métier qu'après avoir bu une pinte de cidre, dont les vapeurs lui cachaient le passé, le présent et l'avenir. La cabaretière le suivait des yeux, tout émerveillée du talent d'un homme à demi ivre.

Nous ne l'étudierons pas jour par jour dans cette phase de sa vie. Il prit pied chez la cabaretière. Cette femme vanta si bien partout et toujours son peintre d'enseignes, que des commandes vinrent en grand nombre, d'autant plus vite qu'on s'imaginait que Frédéric ne séjournerait pas longtemps dans la ville. Il travaillait la moitié du temps, n'oubliant pas de s'enivrer un peu avant de se mettre à l'œuvre. Il s'était d'abord enivré par raison, il s'enivra bientôt par habitude, soit pour oublier les chagrins, comme dit la chanson, soit pour retrouver des rêves, comme Hoffmann. Il devint le plus grand buveur du cabaret; la cabaretière avait beau lui prêcher la sagesse, il buvait à lui seul plus que tous les chalands du voisinage. La cabaretière, qui était bien payée, finit par prendre son parti; d'ailleurs, à en croire les commères de la rue, Frédéric était de taille à ne pas l'écouter; si elle était la maîtresse du cabaret, il en était le maître.

Frédéric devint si célèbre à Rouen, que le petit cabaret était sans cesse visité par les étrangers. Le pauvre peintre d'enseignes comprit bientôt qu'il était en spectacle; il n'avait point encore assez de cynisme pour braver les regards curieux. Il parla de partir. La cabaretière lui prouva qu'elle avait cent écus à lui. Il reprit le chemin de Paris. C'est la bonne ville, la seule ville où le malheur puisse vivre solitaire et caché; c'est l'abri discret de toutes les âmes qui veulent souffrir en silence. Frédéric craignit pourtant d'y être reconnu; il n'osa, à son arrivée, se hasarder ni du côté de l'Opéra, ni du côté du Luxembourg. Il se logea dans le Marais, au-dessus d'un cabaret. Où plaça-t-il son argent? Vous le devinez, chez tous les marchands de vin du voisinage, les priant d'étendre de proche en proche sa renommée de peintre d'enseignes.

L'ouvrage se fit attendre, la misère la plus sombre ressaisit Frédéric aux approches de l'hiver; perdant ses dernières forces morales, il ne voulut pas lutter plus longtemps: il résolut de se laisser mourir de faim. Un entrepreneur vint à temps lui commander les décorations d'un petit théâtre. Il se remit au travail et à l'ivresse. L'entrepreneur, content de sa touche franche et agile, le paya assez bien et chercha à l'encourager par l'espérance d'un plus grand travail. Cet homme avait démêlé à travers les fumées du vin le talent de Frédéric : loin de le traiter comme un ouvrier travaillant sous ses ordres, il avait pour lui le respect dû à une intelligence que le malheur a frappée. Frédéric d'ailleurs conservait, jusque dans l'orgie la plus triste, une fierté native qui étonnait tout le monde; il voulait bien tomber aussi bas que possible, mais il ne voulait pas être insulté par d'autres que par lui. Malgré la bonne volonté de l'entrepreneur, Frédéric, qui aimait par-dessus tout la paresse, le cabaret et la liberté, se brouilla avec lui. Il retomba dans sa misère et dans son ignominie; jusque-là il était descendu bien bas, alors il descendit sur le degré fatal qui conduit de la débauche au crime. Depuis son retour à Paris, il entendait tous les jours bruire à ses oreilles de si étranges maximes, qu'il commençait à ne plus distinguer le bien d'avec le mal. Dieu sembla prendre en pitié ce profanateur de la création. Dieu permit que l'amour, la cause de la chute, fût aussi le sauveur.

On vint un matin chercher Frédéric pour retoucher une enseigne. En montant à l'échelle, ivre comme de coutume, il remarqua à une fenêtre de l'entresol un profil d'une pureté ravissante. Il monta sans s'arrêter; mais, en moins d'un quart d'heure, vingt fois il pencha la tête pour revoir ce profil d'ange. Il échappa bien vite aux fumées de l'ivresse, et, par une vieille habitude, il rajusta son costume qui était en grand désordre. La jeune fille qu'il voyait de profil était une belle créature bénie du ciel, qui nourrissait de son travail une mère aveugle et de très-jeunes sœurs; elle gravait de la musique, coloriait des estampes et faisait de la tapisserie, selon les commandes. Elle avait vingt-deux ans à peine; depuis longtemps déjà elle était la providence de sa famille. Frédéric devina, en la voyant travailler avec une ardeur pieuse et gaie, qu'elle accomplissait une bonne œuvre. Elle gravait alors de la musique. Une fraîche et gracieuse figure de sœur se penchait sur son épaule; deux autres sœurs plus petites jouaient à ses pieds; sa mère semblait se recueillir, les yeux tournés vers la lumière. Ce joli tableau était encore animé par quelques pots de verveine et de pervenche qui s'épanouissaient sur la fenêtre. Frédéric, qui n'avait jamais vu un si doux, si simple, si calme intérieur, fut ému, soupira et leva les yeux au ciel.

La jeune ouvrière s'étant mise à chanter, sa voix vint résonner dans le cœur du peintre d'enseignes comme un pur écho de ses dix-huit ans. Elle chantait pour la musique plutôt que pour la chanson; tout en l'écoutant, Frédéric avait interrompu son barbouillage. Il finit par descendre de l'échelle ému jusqu'aux larmes, surpris des battements de son cœur, — son cœur qui, depuis dix ans, n'avait presque jamais battu! Il était trop habitué au cabaret pour n'en pas prendre encore le chemin; il alla s'établir dans un coin pour caresser tout à loisir l'image de la jeune fille. Le cabaretier lui apporta du vin et une pipe. « Ce n'est pas cela, dit Frédéric avec dégoût. Qu'on aille me chercher du papier et des crayons. »

Le cabaretier obéit. En attendant, Frédéric, sans qu'il s'en doutât, se versa à boire et alluma sa pipe. Quand il eut sous les yeux ce qu'il avait demandé, il jeta sa pipe et son verre. Il fut bientôt à l'œuvre; un sourire d'amour passa sur ses lèvres flétries quand il vit reparaître sur le papier l'angélique profil. « C'est étrange, dit-il avec amertume, je sais encore dessiner. » Il représenta la jeune fille comme il l'avait vue, devant la fenêtre fleurie, penchée sur une planche de musique; il indiqua en quelques traits les accessoires du tableau. Il parvint en moins d'une heure à saisir le caractère de la figure, cette douceur si tendre, si gaie et si sereine, cette grâce naturelle et simple, ce charme ineffable que la paix du cœur répandait dans le regard.

« C'est bien touché, » dit un buveur penché au-dessus de Frédéric. Le peintre retourna aussitôt son dessin.

« Qu'est-ce que cela te fait? dit-il à l'ivrogne; va-t'en boire. »

Il retoucha le portrait à la sanguine, y répandit des ombres légères, enfin y donna le dernier coup; après quoi il sortit. La nuit tombait, il jugea qu'il ne trouverait plus la jeune ouvrière à la fenêtre; cependant il retourna dans la rue Saint-Louis. Il aperçut de loin Gabrielle penchée à la fenêtre. Il passa en rougissant, sans oser lever la tête.

Le lendemain, il fut de bonne heure sur son échelle. Il vit le soleil levant dorer les toits d'alentour; il vit arriver à son travail la douce Gabrielle, qui chantait comme l'alouette matinale. Elle était plus jolie encore que la veille. Une robe de basin blanc, d'une grande fraîcheur, dessinait les contours de son corsage. Quoiqu'elle eût peu de temps à elle, ne croyez pas qu'elle négligeât sa belle chevelure. Elle passait une demi-heure chaque matin à la peigner et à la tresser. Sa seule coquetterie, coquetterie permise par Dieu même, était de changer souvent sa manière de se coiffer. Ce jour-là, quand elle eut gravé sans relâche pendant près d'une heure, elle leva les yeux, et, voyant ses pervenches toujours fraîches et toujours en fleur comme son âme, elle vint à la fenêtre, un pot chinois à la main, pour les arroser. Elle compta avec une joie enfantine les fleurs qui allaient éclore. Près de se retirer, elle passa les deux mains dans le feuillage odorant de la verveine. Frédéric, la voyant seule, voulait à toute force lui parler; mais comment oser lui parler? que lui dire? pourquoi troubler tant d'innocence et tant de candeur? Peut-être elle n'a jamais entendu de si près la voix d'un homme. Et lui, Frédéric, était-il encore un homme? Toutes ces idées passaient dans son esprit, glaçaient son cœur et coupaient la parole sur ses lèvres.

Enfin, d'une voix étouffée par un soupir, il lui dit : « Mademoiselle, permettez-moi de vous présenter ce dessin pour une pervenche que je cueillerai sur votre fenêtre. »

Gabrielle eut peur et leva les yeux; la figure de Frédéric n'avait rien de très-rassurant; néanmoins, son air suppliant et sa pâleur plaidèrent pour lui. « C'est le peintre d'enseignes, murmura-t-elle entre ses dents. » Elle trouva très-simple de le laisser cueillir une pervenche; c'était la première fois qu'on daignait s'occuper de son jardin. Pendant qu'elle réfléchissait, Frédéric avait déroulé le dessin. « Mon Dieu! dit-elle frappée de voir son image comme si elle se fût trouvée devant une glace éloignée. C'est pour moi? reprit-elle avec une joie enfantine. — Oui, dit Frédéric un peu enhardi. — Mais, monsieur... » Elle rougit et laissa tomber le portrait sur la verveine. « Ne craignez rien, je vous ai vue, je vous ai trouvée belle; je sais que les jeunes filles aiment les miroirs; mais voilà que, tout en vous dessinant trait pour trait, j'ai senti que mon cœur allait plus vite que ma main. Pardonnez-moi, je ne sais pas ce que je dis; laissez-moi cueillir une de vos pervenches, et tout sera fini. »

Gabrielle était troublée au plus haut point; ces paroles bizarres, dites par un ouvrier mal vêtu et de mauvaise mine, tombaient dans son oreille comme les mots d'une langue étrangère; elle voyait bien que Frédéric l'aimait, et cet amour répandait un grand effroi dans son cœur. Cependant elle reprit bientôt le calme de son innocence. Elle cueillit elle-même une pervenche pour Frédéric. « Tenez, monsieur, mais je ne veux pas garder votre dessin. — Ah! si vous saviez avec quel respect et quelle adoration je l'ai fait? Nous ne nous reverrons pas; pourquoi ne pas garder chacun un souvenir de cette fraîche matinée? »

Disant cela, Frédéric prit la pervenche entre ses lèvres. « Eh bien! oui, dit Gabrielle en rentrant dans la chambre, je dirai tout à ma mère. Adieu! — Adieu! »

Frédéric ne voulut point achever de retoucher l'enseigne : « Non, non, dit-il en s'éloignant, je ne suis plus un peintre d'enseignes! »

Il alla trouver le buveur qui la veille avait applaudi à son dessin; il lui offrit de crayonner son portrait moyennant deux écus. A ce prix, il trouva des chalands sans nombre. Quelques jours de travail se passèrent ainsi. Frédéric n'était presque pas changé en apparence; il avait toujours un cabaret pour atelier; c'était là que posaient les chalands, entre deux bouteilles de vin. Mais quoiqu'il s'enivrât encore, un regard intelligent pouvait déjà remarquer les premiers indices d'une métamorphose. Frédéric avait retrouvé l'ardeur d'un homme qui poursuit un but; un éclair de noble gaieté passait çà et là sur sa figure; on pouvait deviner, en voyant son front, qu'une pensée active était revenue s'y fixer.

Après avoir fait une vingtaine de portraits, il s'habilla avec une certaine recherche. Gabrielle le vit passer un soir. La noble fille, depuis un mois qu'elle avait cueilli une pervenche pour Frédéric, pensait souvent à lui; elle ne l'avait pas revu; mais plus d'une fois, durant les heures de travail, le souvenir de cette figure pâle et flétrie était venu la distraire. Elle plaignait Frédéric sans savoir s'il était à plaindre. Elle ne l'aimait pas, mais elle ne pouvait se défendre d'un élan généreux de sympathie. Le soir qu'il passa sous sa fenêtre, elle laissa tomber sur lui un tendre sourire de sœur. Frédéric s'éloigna avec une nouvelle vie dans l'âme; sous les ruines, un rayon et un souffle du printemps ravivaient quelque touffe d'herbe odorante, quelque fleurette épanouie.

Tous les soirs, sans se l'avouer, Gabrielle cherchait à découvrir Frédéric parmi les passants; mais il ne passa plus.

Un matin, un ouvrier lui remit cette lettre, qu'elle lut tout haut devant sa mère :

« Je vous écris en tremblant, Gabrielle; je n'oserais le faire si la mort n'était là près de moi pour m'encourager et pour m'enhardir. Avez-vous oublié le peintre d'enseignes, celui qui crayonna votre adorable figure avec tant de bonheur inespéré? Le pauvre diable est à sa dernière heure; le voilà qui achève son chemin, son triste, triste chemin! Le croiriez-vous? vous m'avez sauvé! J'étais dans la fosse aux lions comme Daniel; les lions, ce sont les passions immondes qui se disputent le cœur; vous avez été l'ange envoyé de Dieu. Je ne suis plus dans la fosse où depuis onze ans je m'enfonçais de plus en plus; mais, hélas! je sens encore les morsures des lions. La mort, qui détruit tout, peut aussi tout réparer. « Bien mourir, » disaient les anciens, bien mourir, c'est le plus grand acte de la vie. Je voulais vivre encore, vivre avec votre souvenir, sinon avec vous-même; mais les morsures étaient mortelles. J'ai voulu me remettre au travail; il ne me restait qu'une étincelle de feu, elle s'est évanouie à la première heure d'enthousiasme. Pourtant qu'il m'eût été doux d'avoir le temps et la force de me relever jusqu'à vous, de fouler d'un pied victorieux les guenilles de mon âme! Dieu ne m'a pas permis cette joie! Que la volonté de Dieu soit faite! Loin de me plaindre du ciel, je le bénis à genoux; je vous bénis, vous qui avez délivré mon cœur des malédictions. Je me laisse aller à une folle exaltation, je ne suis pas fou pourtant, mais la lumière qui me fut longtemps cachée m'éblouit. Savez-vous quel est mon dernier rêve? écoutez-moi. Je m'imagine que vous allez venir répandre un pardon de grâce, de paix et d'innocence à mon lit de mort. Si vous veniez, ne serais-je point déjà dans le ciel? Mais vous ne viendrez pas, vous auriez trop peur; cependant ce serait une bonne œuvre agréable à Dieu.

« Frédéric Leroy. »

« Rue Saint-Louis, maison du marchand de vins. »

Gabrielle relut cette lettre pour la comprendre un peu.

« Irai-je? demanda-t-elle à sa mère, qui savait l'histoire du portrait et de la pervenche. — Si c'est une bonne œuvre, si ton cœur te dit d'y aller, va, ma fille. »

Gabrielle partit à l'instant avec sa jeune sœur. Elle

trouva Frédéric au-dessus d'un cabaret, dans une petite chambre de l'aspect le plus misérable.

« Quoi! vous êtes venue? dit-il en la voyant entrer. Elle fut effrayée de sa pâleur lugubre, elle ne répondit pas. « Si vous saviez, reprit-il, comme mon cœur est heureux! » Frédéric faillit succomber à cette émotion. « Vous ne mourrez pas ! dit tout à coup Gabrielle; vous ne mourrez pas! — Je suis condamné, non pas par les médecins, qui se trompent toujours, mais par Dieu, qui ne se trompe jamais. D'ailleurs, pourquoi vivre? — Pourquoi vivre? reprit-elle en baissant la tête et d'une voix affaiblie, parce que je vous aime. »

A ce mot inespéré, Frédéric se souleva sur son grabat, saisit la main de Gabrielle et y appuya ses lèvres déjà glacées. « Hélas! dit-il tristement, je pourrais vivre, que je ne voudrais pas de votre amour; je n'en serais jamais digne. Gardez votre amour pour quelque jeune cœur pur et dévoué, pour celui qui vous embellira de ses fraîches espérances. Pourtant, si vous m'aimiez, ne retrouverais-je pas encore quelque rayon de ma jeunesse dévastée? L'âme est comme le ciel : les nuages peuvent l'obscurcir, mais non l'atteindre; qu'il vienne un beau jour après de sombres hivers, l'âme reparaît dans toute sa pureté. Tenez, Gabrielle (permettez ce doux nom à mes lèvres), depuis que vous êtes là, je me sens jeune comme autrefois; il me semble que j'échappe à un mauvais rêve et à une mauvaise nuit. »

Frédéric, que cette secousse de joie avait épuisé, retomba sur l'oreiller presque évanoui; à peine s'il lui restait la force d'ouvrir un peu les yeux. A cet instant, un ivrogne de ses amis, qui remplissait assez bien l'office de garde-malade, entra avec un crucifix dans les mains. « Figurez-vous, dit cet ivrogne à la jeune fille, figurez-vous qu'il veut se confesser. Il a bien changé depuis quelques jours. Je l'ai connu dans un temps où il n'eût voulu pour tout confesseur qu'un broc de vin. — Du vin! du vin! dit Frédéric dans le délire; qu'on m'apporte du vin et la cabaretière! — Gabrielle! Gabrielle! »

La jeune fille eut peur et voulut s'éloigner; déjà sa petite sœur était dans l'escalier; mais, entendant encore prononcer son nom, Gabrielle demeura : « Me voilà, dit-elle. — Vous avez bien fait de venir, reprit Frédéric; tout est fini, adieu; je m'en vais avec votre pervenche. » Et Frédéric se mit à chanter, d'une voix lente et plaintive, un refrain naïf où il disait que son âme allait s'envoler avec la pervenche cueillie par Gabrielle. « Aussitôt qu'il bat la campagne, dit le compagnon du cabaret, il se met à chanter cela. Un si franc buveur chanter une pareille litanie! Ah! si vous saviez comme il buvait bien! »

Gabrielle partit en essuyant ses larmes. En arrivant chez sa mère, elle effeuilla en signe de deuil toutes ses fraîches pervenches.

Frédéric ne mourut pas; on le conduisit à la Pitié, où il demeura tout l'été et tout l'automne. Quand il revint au monde, comme il me disait lui-même, il courut sous la fenêtre enchantée où il avait, pour la dernière fois, senti battre son cœur. La fenêtre, si vivante au printemps par les fraîches figures encadrées de fleurs, était fermée et déserte. Où était allée Gabrielle?

Depuis trois ans il la cherche partout, parmi celles qui vivent et parmi celles qui sont mortes.

« Si je la retrouve vivante, m'a-t-il dit avec enthousiasme, je redeviendrai un peintre; si je ne la retrouve pas, je resterai peintre d'enseignes. Avec elle, je pourrais vivre entre deux rêves; sans elle, je ne puis vivre qu'entre deux vins. »

XIX

LE TEMPS

I

Je suis allé tout à l'heure sur mon balcon sans pouvoir ouvrir les yeux sur le roman familier de tous les jours qui prend mon esprit et mon cœur. Je n'ai vu ni mes voisins ni mes voisines. J'aurais beau faire pour me détacher d'hier, aujourd'hui n'existe pas encore pour moi, quoique le soleil marque midi. Ce qui prouve que le temps n'est qu'un paradoxe.

Le Temps avec ses ailes! quelle pauvre invention des poëtes! le Temps est un rêveur qui va, qui vient, tantôt sur le vent, tantôt sur la carapace d'une tortue. Celui qui le premier s'est avisé de mesurer le Temps est un insensé. Est-ce qu'on mesure Dieu? est-ce qu'on mesure le monde invisible? Or le temps, c'est Dieu dans le monde invisible.

O Temps! mon ami, tu as beau m'apparaître avec tes ailes, je me moque de tes airs effarés. Celui de nous deux qui suit l'autre, c'est toi. Couche-toi donc à mes pieds, car je ne veux pas marcher aujourd'hui; je veux vivre d'hier tout mon soûl. Arrache une plume de tes ailes, et donne-la-moi pour écrire une page que je te forcerai d'emporter sur ton dos. Tes ailes, ô Temps! mon ami, cachent une hotte de chiffonnier. C'est là-dedans que la postérité jette ses lambeaux glorieux. Ma page, si tu veux la porter, vivra bien jusqu'à demain.

II

Les deux contrastes.

***

Je vois là-bas, à cette fenêtre, sur le toit — non loin des hirondelles et des nuages, — je vois deux belles filles, penchées sur un jardin suspendu — comme à Babylone.

Ces deux belles filles ont bu du lait à la même source. Ce sont deux sœurs et deux contrastes : l'une se nomme Jeanne, et l'autre Madeleine.

Jeanne arrose les fleurs, et Madeleine les cueille.

Tout à l'heure, Madeleine étudiera sa figure devant son miroir; car ce que Madeleine aime le plus au monde, c'est Madeleine.

***

Voyez-vous, là-bas, cette jolie fille si parée avec sa méchante robe, comme elle allume le regard de tous les passants.

C'est Madeleine.

* * *

Voyez-vous, plus loin, cette franche et naïve beauté, haute en couleur comme les roses? Elle réjouit mes yeux, et je l'ai surnommée la *Folle du logis*. Camille Roqueplan a peint avec amour, j'ai failli dire a *cueilli*, sa charmante figure tout épanouie.

C'est Jeanne.

* * *

Où vont-elles, les deux sœurs? Elles vont où les entraîne leur poésie? car la poésie, c'est comme l'air, tout le monde en vit.

Jeanne va gaiement à la barrière retrouver son amoureux, un beau de la barrière qui l'épousera bravement par-devant l'écharpe tricolore.

* * *

Elle sera battue et contente, la pauvre Jeanne! Elle souffrira toutes les douleurs de la maternité et de la misère, mais elle aimera son nid. — Elle aimera tous ceux qui auront déchiré son sein, elle aimera celui qui, deux fois par semaine, rentrera ivre — ivre de vin violet! — et la battra si elle n'est pas en gaieté.

Elle aimera son homme et ses enfants, parce que Dieu sera avec elle.

* * *

Et Madeleine, où va-t-elle?

Elle va trouver un étudiant qui fume un cigare en retroussant sa moustache. Il va lui acheter une robe à triples volants et un chapeau tout enguirlandé de fleurs et de dentelles. Après quoi, ils iront danser ensemble à la Chaumière — après quoi,

ils iront souper ensemble — après quoi — ils n'iront pas voir
lever l'aurore. —

Après quoi, elle ira partout, excepté chez elle; car ce premier lit que protégeait le rameau de buis, sa sœur seule y reviendra.

***

Madeleine, comme l'enfant prodigue, dépensera tous les trésors de son cœur et de sa jeunesse, sans jamais trouver un homme qui l'aimera bravement — aujourd'hui et demain!

Elle courra toujours pour se fuir elle-même, parce que Dieu ne sera pas avec elle.

***

Et un jour elles se rencontreront, les deux sœurs. Et en se voyant demi-nues, la mère féconde dira à la femme stérile, comme la voix de l'Écriture :

« Tu n'as embrassé que le vent et tu n'as écrit ton nom que sur les flots. Cache, cache tes seins flétris : moi, je les montre avec fierté, car j'y vois encore les lèvres de mes onze enfants. »

XX

PARADOXES

Pourquoi on quitte Paris.

On quitte sa maîtresse pour en prendre une autre;
on cherche bientôt la première dans la seconde. On

quitte Paris pour chercher quelqu'autre pays ; — en quelque lieu qu'on aille on cherche à retrouver Paris, car Paris est à l'intelligence française ce que la femme est au cœur de l'homme.

Un beau matin on s'imagine qu'on va s'ennuyer à Paris ; un journal vous parle de la mer du Nord ; vous pensez à l'Orient et vous voilà en route — sur le chemin de fer, en poste, sur le bateau. Vous voyez des arbres qui passent, des troupeaux qui ruminent, des pigeons qui battent des ailes. — Vous allez ; vous voyez des horizons clairs ou vaporeux, des villes qui ont l'air d'être là à s'ennuyer depuis la création du monde. — Vous allez toujours — et toujours les mêmes tableaux. Vous êtes dans l'enthousiasme. Vous regrettez de n'avoir pas la palette d'un Claude Lorrain ou d'un Ruysdael. Vous plaignez ces pauvres Parisiens qui étudient le monde en lisant les gazettes, et ne voient le ciel qu'en passant le pont des Arts. Vous vous arrêtez dans une ville où tout ce qu'il y a de charmant vient de Paris. La première chose que vous demandez, c'est un journal de Paris. Vous vous promenez par la ville ; vous finissez par rencontrer une figure qui vous séduit ; vous alliez l'admirer, quand on vous apprend que c'est une femme qui vient de Paris.

On va en Orient pour y étudier les costumes : on y trouve les Turcs qui suivent rigoureusement les modes de Paris ; on va en Allemagne pour y étudier la littérature : on y voit représenter sur les théâtres les *Bohémiens de Paris*, et on lit dans les journaux les *Mystères de Paris* ; on va à Berg-op-zoom pour y étudier (il faut bien préparer son chemin à l'Institut) les danses à caractère des matelots hollandais, et on y voit danser la polka de Cellarius. — Toujours Paris, Paris partout. — De sorte que, s'il me fallait répondre à cette question : — Pourquoi quitte-t-on Paris ? — je répondrais : — Pour voir Paris.

Car, il faut oser le dire, le pays le moins exploré aujourd'hui, c'est Paris lui-même. Le poëte dit aux philosophes : « N'allez pas vous perdre dans les mers lointaines de la métaphysique, ô vous qui mourez sans avoir fait le tour de vous-mêmes ! » Ne faudrait-il pas dire aux Parisiens qui voyagent : Pourquoi faites-vous autant de chemin avant de voyager dans Paris ? L'Orient n'est plus qu'à Paris, à Paris seul sont les forêts vierges ; rien de nouveau sous le soleil, si ce n'est sous le soleil de Paris.

Autre point de vue.

Cependant je commence à croire que je me suis trompé ; il serait plus juste de dire que Paris n'existe pas : j'ai plus d'une bonne raison pour nier Paris. Un homme n'existe que par son caractère, une femme que par sa physionomie, un poëte (c'est tout à la fois un homme et une femme) n'existe que par son originalité ; or les villes sont comme les poëtes, les femmes et les hommes. Quel est le caractère, quelle est la physionomie, quelle est l'originalité de Paris ? J'ai dit qu'on trouvait Paris partout, c'est un paradoxe. On ne trouve Paris nulle part, et moins encore à Paris qu'ailleurs. Piron, reconnaissant des vers de Corneille et de Racine dans une tragédie de Voltaire, les saluait avec respect. Moi, retrouvant dans mes voyages les modes, les coutumes, les aspects de Paris, je m'imagine retrouver ma bonne ville, et j'ôte mon chapeau à ces vieilles connaissances; mais la vérité est que Paris a tout simplement pris aux autres pays ce qui le distingue aujourd'hui. Je m'habille à Paris comme on s'habille à Londres, tout à l'heure j'ai acheté un twine; je dîne avec du roastbeef et du beefsteak; je fume, comme un Hollandais, des cigares de la Havane, tout en buvant une choppe de bierre allemande; je danse la polka comme un Hongrois; je chante des airs de Rossini; je prends du thé, comme un Chinois, dans de la porcelaine de Saxe; je me passionne pour le vin du Rhin, pour la Grisi ou pour le vin d'Espagne; si j'ai une galanterie à faire à une Parisienne, je lui donne des cachemires des Indes et des dentelles de Flandre; quand j'ai le temps d'avoir des chevaux, je les fais venir d'Afrique ou d'Écosse; si j'avais de l'esprit, on dirait que j'ai de l'humour.

Mais je m'aperçois que ce second paradoxe détruit le premier? Pourquoi donc ai-je écrit le premier? Peut-être parce que je voulais écrire le second.

elle-même, la paresse qui songe et qui ne pense pas.

Je regardais avec quelque orgueil, sans penser cependant à l'Académie des sciences, je regardais la sensitive de mon voisin, c'est-à-dire ma sensitive, car elle est bien à moi puisque je l'ai ressuscitée.

Je songeais que mon navire emporté par tous les vents passait trop rapide maintenant devant le rivage éternel et immobile qui s'appelle le Temps.

Je songeais que, loin des rumeurs politiques de la vieille Europe, il y avait une bonne heure à passer sous le ciel doré avec quelque femme, trois fois femme, comme m'apparaissait Neïdja : la femme de l'esprit, la femme de la passion et la femme de la beauté.

Je regardais avec un vague regret le mur mitoyen de vigne vierge et de roses de Bengale qui me sépare de ma voisine, quand ma voisine, détournant le feuillage, a montré sa charmante figure : divin portrait peint par Dieu et encadré par les roses.

— Je vous salue, madame.

Elle sourit de son adorable sourire.

— Adieu, monsieur, car je pars dans une heure.

Elle avait pâli et je pâlis moi-même.

— Vous partez! Pourquoi?

— Pourquoi? Si vous ne le savez pas, je ne vous le dirai pas.

— Où allez-vous?

— Est-ce que je le sais moi-même? A Venise, peut-être.

— A Venise! Et si j'étais parti?

— Je serais partie moi-même; nous aurions voyagé

ensemble. A Venise, j'aurais laissé tomber mon masque, et vous auriez vu Neïdja... Prenez donc garde, mon voisin, vous effeuillez nos roses mitoyennes...

XXII

OU LE LECTEUR FERMERA MON LIVRE ET OUVRIRA SA FENÊTRE

. . . .
. . . .

VOYAGE A VENISE

I

PRÉFACE DE VOYAGE

Depuis que je ne lis plus, je voyage. Ce monde — qui n'est pas le meilleur — est un roman que j'ouvre çà et là, au hasard, tantôt à la page connue, tantôt à la page inconnue. Dans le roman du monde, comme dans celui de l'amour, il faut savoir sauter des pages à propos. On saute par-dessus Pontoise, comme on saute par-dessus une déclaration galante. Je viens de sauter par-dessus Pontoise dans un wagon du chemin du Nord.

Montesquieu disait : « L'Allemagne est faite pour y voyager, l'Angleterre pour y penser, l'Italie pour y séjourner, la France pour y vivre. Montesquieu avait-il lu ce vieux proverbe : *Italia para nacer, Francia para vivir, Espana para morir?*

—Les Français vivent comme les arbres, sous le même

ciel, au même soleil, enracinés dans le sol. Il est reconnu que les Français ne voyagent guère, — j'allais dire ne voyagent pas. — Le Parisien ne s'embarque volontiers que pour Saint-Cloud, ou ne prend sans souci la poste que pour Fontainebleau. Apprendre à vivre, c'est apprendre à mourir. Il faudrait plutôt dire : Voyager, c'est s'habituer à la mort. Qui le sait? Peut-être, en effet, que la tombe n'est qu'un nouveau pays, — l'autre monde, comme on dit. — Ce début est consolant pour ceux qui aiment les voyages et qui craignent le dernier. — Le dernier voyage est le seul qu'on fasse régulièrement en France : on traverse la mort; mais les Alpes! mais les Pyrénées! Je ne parle pas des Français en temps de guerre : ils vont partout. Je ne parle pas des Françaises qui vont à Bade : elles ne vont nulle part. — J'avoue que, pour le Parisien, Paris est un monde toujours inconnu. Je me suis mis en route un matin, de bonne foi, pour voyager dans la rue Saint-Denis; j'y ai fait de grandes découvertes archéologiques, j'y ai trouvé les origines du théâtre national et de la peinture française. J'ai commencé à écrire mon voyage, mais il m'eût fallu le souffle du Juif errant. J'ai reconnu d'ailleurs qu'il fallait écrire et ne pas voyager, — ou plutôt voyager et ne pas écrire.

Ainsi, le jour où je partais pour Venise, j'ai rencontré un des trois à quatre historiens qui annoncent aujourd'hui la grandeur et la décadence de la république des doges; cet historien digne de foi voyageait de la boutique de son libraire à la Bibliothèque royale et au musée du Louvre : Canaletto a défiguré Venise avec tant de talent ..

Pour moi, si j'écris aujourd'hui, ne m'en veuillez pas trop : je n'ai plus d'argent pour voyager. D'ailleurs je n'écris pas, je conte.

On dit communément que tout chemin conduit à Rome; sur la foi de cet axiome, je me suis confié au chemin de fer du Nord pour aller de Paris à Venise. Je suis allé saluer encore une fois Rubens à Anvers, et Rembrandt à Amsterdam ; tous ceux qui voyagent (pour voyager et non pour arriver) avoueront comme moi que la belle route pour aller en Italie, c'est de remonter le Rhin et de traverser le mont Saint-Gothard. Les lacs de Guillaume Tell vous conduisent jusqu'au pied de cette montagne des Géants; les beaux lacs d'Italie vous accueillent de l'autre côté à leurs fêtes éternelles.

Depuis mon départ de Paris jusqu'à mon arrivée à Venise, je n'ai pas rencontré un Français, je ne parle pas des artistes, qui sont de tous les pays. Cependant je me souviens qu'au sommet du Righi il y avait en même temps que moi un Parisien né à Paris, qui parlait de Paris, des femmes de Paris et de l'Opéra de Paris.

Ce Parisien forcené était un auditeur au conseil d'État qui tenait sans doute beaucoup à son titre, car il l'inscrivit en majestueux caractères sur le registre des voyageurs : — *Auditeur au conseil d'Etat!* — C'était inutile, monsieur, car nul d'entre nous ne vous niait les oreilles. On comprend jusqu'à un certain point qu'on prenne ce titre-là pour aller au concert; mais pour aller voir les splendides paysages du Righi !

De Milan à Venise, j'ai voyagé avec un philosophe

allemand qui savait toutes les langues, — même la sienne. — Nous parlâmes longtemps de l'art moderne en Allemagne. Comme nos compagnons de voyage étaient Anglais, et qu'en leur qualité d'Anglais ils avaient vu trois ou quatre fois Venise, je priai mon philosophe, à diverses reprises, de les interroger sur le pays où nous passions. Il s'interrompit dans ses digressions d'art et (selon son habitude depuis que nous étions ensemble) transmit fidèlement ma question. Quand on lui eut répondu, il garda le renseignement pour lui et continua avec passion à discuter les doctrines d'Overbeck.

Voilà tout ce que j'appris de Milan à Venise.

Le paysage n'est pas accidenté, mais la nature y est pleine de force et de saveur; elle enivre le regard par son exubérance, par son éclat et par sa couleur. Elle étale avec pompe tout son luxe de pampre qui court en arcades épanouies sur les champs de houblon, de maïs et de tabac.

II

DE VICENCE A PADOUE

Près de Padoue, au sein de ce riche pays
Où le pampre s'étend sur le blé de maïs
(Que n'ai-je vos pinceaux, Titien ou Véronèse,
Pour ce divin tableau digne de la Genèse!),

LE VOILE SACRÉ

Une femme était là, caressant de la main
Un bambino couché sur l'herbe du chemin :
Plus souples et plus longs que les rameaux du saule,
Ses cheveux abondants tombaient sur son épaule ;
Elle était presque nue, à peine un peu de lin
Lui glissait au genou ; plus d'un regard malin
Courait comme le feu de sa jambe hardie
A sa gorge orgueilleuse en plein marbre arrondie.

Elle se laissait voir, naïve en sa beauté,
Sans chercher à voiler sa chaste nudité ;
Dieu l'avait faite ainsi, comme il avait fait Ève,
Un matin qu'il voulait réaliser un rêve :
Pourquoi cacher au jour ce chef-d'œuvre charmant
Créé pour être vu, divin enchantement !

A la fin, devinant qu'on la trouvait trop belle,
Elle voulut voiler cette gorge rebelle ;
Elle étendit la main, mais le voile flottait :
Son front avait rougi ; de femme qu'elle était,
Elle redevint mère : — avec un doux sourire,
Un sourire plus doux que je ne saurais dire,
A son petit enfant elle donna son sein.
O sublime action ! Les anges par essaim,
Chantant Dieu, sont venus pour voiler de leurs ailes
L'altière volupté de ces saintes mamelles.

III

VENISE

Sannazar a chanté Venise par les hyperboles les plus audacieuses. Il met en scène Neptune et Jupiter. « Voyez, dit le dieu de la mer au dieu de la foudre, voyez Rome et voyez Venise ! Vantez tant qu'il vous plaira votre Capitole et votre Tibre, œuvre des pygmées et fleuve des pygmées. Regardez l'une et l'autre ville; vous direz que Rome a été bâtie par les hommes et que Venise n'a pu l'être que par les dieux :

> Si pelago Tibrim præfers, urbem aspice utramque :
> Illam homines dices, hanc posuisse deos.

Byron s'écriait : « Je te salue, ô Cybèle des mers qui m'apparaît dans le lointain couronnée d'un diadème de tours et commandant avec majesté aux flots et aux divinités de l'Océan ! »

N'oublions pas le sonnet d'Alfieri :

> Ecco, sorger dall' acque io veggo altera
> La canuta del mar saggia reina...

Campanella a écrit un beau sonnet sur Venise :

« Nouvelle arche de Noé, qui, soulevée sur les flots, préserva de sa perte la race juste, quand Attila, le fléau de Dieu, s'abattait sur l'Italie.

« Tu n'as jamais été profanée par la servitude ; tu produis des héros qui pensent et qui savent. Aussi on te nomme à juste titre Vierge immaculée et mère féconde.

« Tu nages dans la mer, tu rugis sur la terre, et tu voles dans le ciel !

« O reine ! tour à tour poisson et lion ailé, — le lion de Saint-Marc — portant l'Évangile. »

Les poëtes ont chanté Venise, les romanciers y ont conduit leurs héroïnes, les voyageurs en ont décrit les mœurs, les peintres ont reproduit ses palais et ses églises ; mais ni les romanciers, ni les poëtes, ni les voyageurs, ni les peintres n'ont réussi à représenter à l'imagination ni aux yeux cette merveille orientale. Devant Venise il faut fermer le quatrième livre de Child-Harold, il faut voiler les plus jolies pages de Canaletto, ce paysagiste d'un pays sans terre. Il n'y a qu'un tableau qui puisse donner une idée de Venise, c'est Venise.

Quand on arrive à Venise, on est tenté de s'écrier comme le prophète devant Tyr : « Comment avez-vous péri, vous qui habitez dans la mer ! O ville superbe ! des îles seront épouvantées en voyant aujourd'hui les vagues seules sortir des portiques de vos palais. »

Quand on entre à Venise, le cœur est saisi d'une soudaine tristesse. Le lion de Saint-Marc est dans la cage dorée. L'Adriatique, la mer des poëtes, qui venait, aux beaux siècles, battre avec amour les palais de marbre pour bercer la volupté de Violante, l'Adriatique elle-même est morne et sombre depuis qu'elle ne réfléchit plus que des palais déserts et lamentables. Peuple de la République, où es-tu ? Car ce n'est pas toi que je rencontre endormi sur ces seuils délaissés. Peuple de la République, qu'as-tu fait de ta mère? Tu l'as livrée, la belle et savoureuse fille de l'Adriatique, à la passion des rois étrangers. Ils ont envahi sa couche, ils l'ont enchaînée avec leurs mains sacriléges, ils l'ont battue comme une fille de joie. Et toi, peuple de la République, tu ne t'es pas réveillé pour mourir, en t'écriant comme le poëte :

> Qui vivra sera libre, et qui meurt l'est déjà !

Venise est sortie de la mer, comme Vénus; comme Vénus, Venise fut belle et passionnée, toute aux folies du cœur, toute aux ivresses des lèvres et des yeux.

Venise, « la reine de la mer! » c'est une ville d'un autre monde; dès qu'on a mis le pied dans ses silencieuses gondoles vêtues de noir comme des catafalques, on oublie tout d'un coup le pays d'où l'on vient, on est tout à Venise, par le cœur qui bat comme par la tête qui pense. C'est là surtout qu'on voyage dans la mort : c'est le silence de la tombe, c'est l'odeur de la tombe, c'est la tombe elle-même. Mais qui ne voudrait habiter un pareil monument, poëme grandiose où l'architecture et la sculpture ont chanté tour à tour les plus belles strophes de la poésie orientale?

Venise est sortie de la mer belle et victorieuse, elle a dompté cette fière et ombrageuse cavale qui ne se soumet qu'à l'éperon d'or du maître invisible. Mais peu à peu la mer reprend son empire, elle bat en brèche la ville abandonnée, elle dévore chaque nuit un grain de pierre au palais ducal, elle entre dans le palais des Foscari et des Barbarigo, elle submerge tous les rêves de marbre de Palladio. Celle qui est sortie de la mer sera engloutie par la mer. Si Venise avait encore ses enfants, les enfants de la République, elle pourrait lutter et battre avec l'aviron des doges les vagues triomphantes; mais Venise n'a plus d'enfants suspendus à ses mamelles flétries; à quoi bon des enfants, d'ailleurs? Pour qu'ils deviennent les esclaves de l'empereur d'Autriche. On tente en vain de sauver Venise d'une mort prochaine : il n'y a plus de ville là où l'on n'entend plus battre le cœur du peuple. Venise n'est plus qu'un glorieux sépulcre comme Jérusalem.

Aller à Venise, pour les artistes, c'est aller en pèlerinage. Je ne saurais dire avec quelle pieuse ferveur je saluai, dans le lointain transparent, tout à la fois bleu, rose et doré, les dômes et les clochers. Tout chrétien que je suis, j'avoue que ce n'était pas l'idée de Dieu qui rayonnait sur ces églises : c'était le souvenir de Titien et de Véronèse, les maîtres éclatants qui vivent dans le soleil, même au delà du tombeau.

Il a peu de temps encore, on arrivait à Venise en gondole et en barque; aujourd'hui que le chemin de fer envahit tout, on débarque par un chemin de fer. Du reste, j'aime beaucoup cette façon de traverser la mer dans l'équinoxe.

Le chemin de fer ne tardera pas à supprimer les Alpes. Dans l'état où est tombé Venise, ce chemin de fer semble bien moins destiné à y conduire qu'à sauver les débris de la ville à son dernier jour.

A mon arrivée, Venise avait son ciel italien, ce qui n'arrive pas tous les jours; l'empereur d'Autriche ne s'est pas contenté d'y envoyer sa politique et ses soldats, il y a envoyé les giboulées et les orages de son pays.

Un omnibus attelé de deux rameurs nous prit au débarcadère et nous conduisit à l'hôtel. — Au *Leone-Bianco* — la reine de Hollande a retenu tout l'hôtel. — A Danielli — la famille Galitzin a tout envahi.

On nous conseilla d'aller à la *Luna*, du moins jusqu'au lendemain : pourquoi pas à la *Luna?* j'aime la lune, au clair de la lune. — Cet hôtel est situé sur le grand canal, devant le jardin du Palais-Royal, presque sous les arcades de la place Saint-Marc : on ne saurait désirer un plus lunatique logement.

Il paraît que dans tous les pays il faut aimer la lune aux heures de rêverie et non aux heures des repas. L'hôtelier nous donna de belles chambres dallées de mosaïque et couvertes d'arabesques, mais il nous avertit qu'on ne dînait pas à la *Luna*. — On ne dîne pas? — C'est bien pis, répliqua-t-il, on dîne mal.

C'était la première fois que je rencontrais un hôtelier de cette espèce. Nous étions vivement touchés de son avertissement; nous sortîmes pour aller chercher ailleurs « la fortune du pot, » mais la fortune du pot ne se rencontre pas à Venise. On y vit un peu de vent et de soleil, avec une orange, un raisin sec, du gâteau de riz, du café. Il n'y a point de restaurateurs; je ne parle pas de quelques sombres cabarets où il m'a paru impossible de voir ce qu'on mange en plein midi. Les gens du peuple n'ont point de ménagères; ils déjeunent et dînent dans la rue avec un crabe bouilli; point d'intérieur, point de feu, à peine un grabat entre deux cloisons. Les gondoliers vivent dans leurs gondoles, où ils ne chantent pas les vers de Torquato.

Cependant mon philosophe allemand voulait dîner; moi je ne vivais plus que par les yeux : je n'étais pas venu à Venise pour dîner.

IV

SAINT-MARC

J'étais planté comme un point d'admiration devant la basilique de Saint-Marc, cette merveille grecque, romaine et gothique, ce songe des *Mille et une Nuits*, ce poëme plein de vie et de couleur qui chante plutôt la gloire de l'art que la gloire de Dieu. Dieu dans sa simplicité de bon père de famille, n'aime pas toutes ces éblouissantes richesses. La basilique Saint-Marc est une mosquée autant qu'une église. Jamais on n'a confondu si harmonieusement les styles divers du génie architectural, la suprême élégance des Grecs et le luxe éclatant des Bysantins.

Déjà tout émerveillés du portail et des dômes qu'illuminait un gai soleil de septembre, des fameux chevaux de Corinthe, du groupe de porphyre, du lion mutilé, nous entrâmes avec un soudain éblouissement: ces mosaïques à fond d'or, courant sur toutes les voûtes et traduisant l'histoire sainte depuis Adam jusqu'aux évangélistes; ces pavés de jaspe et de porphyre; ces colonnes innombrables de marbre, de bronze, d'albâtre, de vert antique et de serpentin; ce bénitier, chef-d'œuvre du quinzième siècle, qui s'élève sur un autel antique, chef-d'œuvre sans date; le fameux candélabre, la *Pala d'oro*, les tombeaux, tout ce luxe d'or et de marbre, d'art et de poésie, où le soleil, à son couchant, jetait quelques vifs rayons, confondait ma curiosité.

Je m'étais arrêté non loin de l'hôtel, devant une porte de bronze où trois figures en relief m'avaient frappé.

— Ce ne sont pas là des gens d'église, dis-je à mon compagnon.

J'avais reconnu Titien. Il avait reconnu Arétin. Nous découvrîmes bientôt que la troisième tête était celle de Sanzovino, qui a passé trente années à sculpter et à ciseler cette porte.

Arétin est là dans toute son audace. C'est une tête vivante qui porte avec insolence le cachet d'un odieux caractère tempéré par l'esprit. Arétin était marchand de louange ou de calomnie : Titien lui-même le peignait pour être proclamé un grand artiste ou pour adoucir ses diffamations.

Mais le Tintoret n'eut pas les mêmes ménagements; un jour il alla chez le poëte et lui prit mesure avec un pistolet : « Pierre Arétin, vous avez trois de mes pistolets de haut, » lui dit-il. Le peintre était bien nommé Robuste.

La parole d'Arétin, c'était l'épée de Damoclès suspendue sur tout le monde. Aussi ce fut un beau jour pour ses ennemis et même pour ses amis que le jour où l'on put inscrire sur lui, sans crainte de le réveiller :

Qui giace l'Aretin poëta tosca
Che d'ognun disse male che di Dio,
Scusandosi col-dir'io n'ol conosco.

C'était un puissant et infâme journaliste, qu'on peut regarder comme le créateur du *chantage*. N'a-t-il pas fait chanter François Ier et Charles-Quint, sans compter les mille petits souverains de l'Italie? Les uns lui envoyaient une chaîne d'or, les autres un cheval; — les plus pauvres des coups de bâton, tout simplement; — ce qui ne l'empêcha pas de faire graver des médailles où il prit insolemment le titre de *divin*.

Il faut avouer que son portrait est une des bizarreries de Saint-Marc. Michel-Ange ne dirait pas, il est vrai, de cette porte de Sanzovino comme il disait de celle du baptistère de Florence : la *porte du Paradis*.

On resterait plus longtemps à Saint-Marc, si le palais ducal n'était à côté. Si le palais ducal est le Capitole du pouvoir aristocratique, le pont des Soupirs en est la roche Tarpéienne. Sombre histoire! Dès la première page, Marino Faliero, qui la commence, a la tête coupée, et Calendrio l'architecte, ce précurseur de Michel-Ange, finit ses jours sur l'échafaud.

L'aspect du palais ducal est tout à la fois sévère et riant, comme un château gothique bâti par un amoureux au retour des croisades; c'est le génie du Nord et de l'Orient confondus dans une même pensée. Les chapiteaux des colonnes du premier ordre de la façade, avec leurs feuillages, leurs figures et leurs symboles qui ont un accent hardi et primitif; la logietta de Vittoria, la della Carta, les statues grecques de la façade de l'Horloge, l'Adam et l'Ève de Rizzo, la petite façade de Bergamasco, le Mars et le Neptune de Sanzovino, l'escalier d'Or, sont une splendide entrée en matière.

Dans le palais, qui n'est plus habité que par les chefs-d'œuvre, il y a une bibliothèque; mais les vrais historiens de Venise, ce sont les peintres. Toute l'histoire de la république est écrite sur les plafonds du palais.

— Si nous allions dîner? me dit tout à coup mon philosophe.

Je le suivis en silence. Il venait de me rappeler à la vie à peu près comme s'il m'eût dit: — *Frère, il faut mourir!*

V

UN TABLEAU VIVANT DE VÉRONÈSE

Je n'avais pas encore vu de Vénitienne. Tout d'un coup je vis apparaître, comme par magie, un tableau de Paul Véronèse dans tout son éclat et dans toute sa désinvolture.

C'étaient quatre jeunes filles blondes — brunes à reflets dorés, des filles du peuple vives et paresseuses, cherchant le soleil et le gondolier. Chaque fille du peuple, à Venise, a deux amants pareillement aimés : le soleil et le gondolier, le règne de l'un commence quand l'autre achève le sien.

En voyant passer dans leur nonchalance de reine ces belles filles nées pour être belles et non pour le travail, j'admirais tour à tour Dieu dans son œuvre et Paul Véronèse par le souvenir. Elles allaient à peine vêtues de l'air du temps. Elles n'ont ni bonnet, ni chapeau, ni aucune de ces horribles inventions des femmes du Nord qui ont peur de s'enrhumer. Leurs cheveux abondants sont à peine retenus sur la nuque par un peigne d'écaille. Il y a toujours quelque touffe indocile qui s'échappe *bruyamment* comme une gerbe d'or. Leur robe est à peine agrafée ; leur corsage orgueilleux rappelle celui de la maîtresse de Titien au Musée du Louvre ; il n'est pas beaucoup plus voilé. Elles se drapent en chlamyde avec une majesté orientale dans un châle de cent sous. Quelquefois elles se drapent sur la tête comme les Espagnoles. Elles traînent avec beaucoup de grâce des mules de bois ou de maroquin d'une jolie coupe, à haut talon. Elles sont d'assez belle taille cependant pour ne pas rappeler les vers de Juvénal :

> Breviorque videtur
> Virgine Pygmæa nullis adjuta cothurnis ;

c'est à dire, quand elle n'a pas ses patins, *elle paraît plus petite qu'une Pygmée*. Elles sont toutes coloristes ; elles cherchent les couleurs amies ou les oppositions harmonieuses. Il semble qu'elles aient été à l'atelier des peintres vénitiens du siècle d'or. C'est bien le même effet violent, le même amour des teintes ardentes, le même style étoffé, n'atteignant ni au simple ni au sublime, mais éclatant en magnificences théâtrales; le style de Véronèse à Venise, de Rubens à Anvers, de Giordano à Naples et de Lemoine à Paris. Cicéron n'eût pas aimé les femmes de Venise, mais Pline les eût adorées.

Titien, le roi suprême des coloristes même en face de Rubens, même en face du Giorgione et de Véronèse, ne reconnaissait que trois couleurs, le blanc, le rouge et le noir; il y trouvait ses ciels, ses Violantes, ses doges, ses arbres et ses rayons. Les femmes du peuple à Venise n'aiment que ces trois couleurs; le soleil achève le tableau.

VI

LA MAITRESSE DU TITIEN

Dès mon arrivée à Venise, j'ai pensé que l'idéal était une invention du Nord : le Midi n'est jamais vaincu par l'art. A Venise, ni Bellini, ni Giorgione, ni Titien, ni Véronèse, n'ont surpassé dans leurs madones ou leurs courtisanes la beauté des filles de l'Adriatique.

Les maîtres vénitiens, comme les maîtres flamands, ont reproduit avec tant de vivante vérité l'œuvre de Dieu, qu'à chaque pas à Anvers ou à Venise on croit rencontrer un tableau ou un portrait. On s'arrête tout émerveillé en s'écriant : Quelle couleur et quelle lumière ! On croit d'abord saluer le peintre, Titien ou Véronèse, Rubens ou Van Dyck : c'est Dieu qu'on salue.

Je n'avais pas encore vu de tableaux ; je rencontrai sur la Guidecca, en revenant de San-Giorgio-Maggiore, dans une gondole assez rafalée, une belle fille de vingt ans d'un éclat inouï, d'une jeunesse exubérante. La santé a aussi sa poésie. Je reconnus du premier regard la Flora du Titien, la fille de Palme le Vieux. Elle avait un bouquet à la main, bien moins éclatant, bien moins épanoui qu'elle-même. Elle se penchait nonchalamment sur la Guidecca pour voir sa beauté, tout en secouant sur ses lèvres les fleurs déjà flétries de son bouquet. Le gondolier qui la conduisait à la place San-Marco la regardait avec passion ; il chantait à demi-voix les notes bizarres des bacchanales du Lido. C'était un beau gondolier vêtu de haillons, mais dans le style vénitien. On ne saurait avoir une idée de sa grâce à ramer sans l'avoir vu à l'œuvre. La belle l'écoutait avec le charme d'un vague souvenir d'amour. Dieu sait la folle passion que ces notes perdues lui rappelaient. J'étais tout à Titien et à sa maîtresse. Leur histoire n'est connue de personne, pas même de leurs historiens.

LE POÈME DE VIOLANTE

Elle était la fille de Palma, la belle Violante.
Quand le quinzième printemps eut fleuri sur ses joues, le peintre s'agenouilla devant sa fille, comme devant une image de la sainte Vierge Marie, reine des anges.

« Violante, Violante, lis épanoui dans mon amour sur les flots bleus de la belle Venise, ta gloire en ce monde sera incomparable : la Vierge que je vais peindre pour l'Église de la Rédemption sera ton image fidèle, ô Violante!

« Car tu es l'image des saintes filles qui sont là-haut dans le ciel où est Dieu.

« Car l'or de tes cheveux est tombé du ciel comme un rayon d'amour; car la flamme qui luit dans tes yeux, c'est la flamme divine que les anges allument sur leurs trépieds d'argent. »

Et, disant ces mots, le peintre prit sa palette, et peignit pour la gloire de l'Art et pour la gloire de Dieu.

La Vierge qui s'anima sur le panneau de bois de cèdre fut un chef-d'œuvre tout rayonnant d'amour et de vérité.

Quand le tableau fut achevé, la belle Violante s'envola comme un oiseau pour aller chanter sa chanson. Elle était née pour aimer comme toutes les filles de la terre. Dieu lui-même, qui aime la jeunesse en ses égarements, jette des roses odorantes sur le chemin de Madeleine pécheresse.

Comme elle allait chantant sa chanson, elle rencontra Titien et son ami Giorgione.

— Mon ami Titien, quel chef-d'œuvre tomberait de nos palettes si une pareille fille daignait monter à notre atelier! Quelle Diane chasseresse fière et élégante! Quelle Vénus tout éblouissante de vie et de lumière!

— Si elle venait dans mon atelier, dit Titien tout ému, je tomberais agenouillé devant elle et je briserais mon pinceau.

Violante alla dans l'atelier du Titien : il ne brisa point son pinceau. Après avoir respiré avec elle tous les parfums enivrants d'une aube amoureuse, il la peignit des fleurs à la main, plus belle que la plus belle.

Giorgione vint pour voir ce portrait; mais Titien cacha la femme et le portrait.

Longtemps il vécut dans le mystère savoureux de cette passion si éblouissante et si fraîche : c'était le rayon dans la rosée.

Un jour, plaignez la fille de Palme le Vieux! Titien exposa le portrait de sa maîtresse. Tout le monde allait l'aimer, mais l'aimait-il encore?

L'Art est un paradis terrestre où l'amour vient s'épanouir, tantôt comme un beau lis digne du rivage sacré, tantôt comme une belle rose pleine d'altière volupté.

Après avoir souri aux Vénitiens par les yeux et les lèvres de sa maîtresse, Titien, enivré par le bruit... (Plaignez Palme le Vieux, qui ne voyait plus sa fille que dans les Vierges de la Rédemption!), Titien métamorphosa Violante en Vénus sortant de la mer vêtue de vagues transparentes.

L'Art avait étouffé l'Amour; Violante était si belle, qu'elle se consola dans sa beauté; son règne était de ce monde, elle régna.

Un soir, à l'heure du salut, elle entra à l'église de la Rédemption. La voyant entrer, on disait autour d'elle: Voilà Violante qui se trompe de porte.

En respirant les fumées de l'encensoir, elle tomba agenouillée devant un autel où son père venait prier souvent. L'orgue éclatait dans ses louanges à Dieu; les jeunes Vénitiennes chantaient avec leurs voix d'argent l'hymne à la reine des anges.

Violante leva les yeux, ces beaux yeux qu'avaient allumés toutes les passions profanes.

Son regard tomba sur une figure de Vierge, la plus pure, la plus noble, la plus adorable qui fût dans l'église de la Rédemption.

— Sainte Marie, mère de Dieu, murmura-t-elle doucement, priez pour moi.

Elle était frappée de la beauté toute divine de cette Vierge, qui semblait créée d'un sourire de Dieu.

— Hélas! on me dit que je suis belle, c'est encore un mensonge de l'amour; la beauté, la voilà dans tout son éclat avec une pensée du ciel.

Un souvenir était venu agiter son cœur, un vague souvenir, un éclair dans la nue.

— Quand j'étais jeune, dit-elle en contemplant la Vierge, quand j'avais seize ans...

Elle tomba évanouie sur le marbre : elle avait enfin reconnu cette Vierge si belle qui se détachait sur un ciel d'or et d'azur : c'était la Vierge de Palme le Vieux.

Violante s'était reconnue.

— O mon Dieu! s'écria-t-elle en dévorant ses larmes, pourquoi avez-vous permis cette métamorphose?

Elle qui la veille encore se trouvait si belle dans son miroir de Murano, elle cacha sa figure comme si elle voyait dans toute l'horreur de ses égarements.

Elle se leva et sortit de l'église, respirant avec une sombre volupté l'amère odeur de la tombe.

Où alla-t-elle? Le soleil, l'amoureux soleil de Venise vint sécher la dernière perle tombée de ses yeux. Où alla-t-elle? On était dans la saison où le pampre commence à dévoiler ses altières richesses.

Elle rencontra Paul Véronèse, qui la couronna des premières grappes dorées de la Brenta. O ma Vierge! disait Palme le Vieux ; ô mon Idéal! disait Giorgione ; — ô ma Maîtresse! disait Titien ; — ô ma Bacchante! dit Paul Véronèse.

HYMNE A VIOLANTE

DÉDIÉ A GIORGIONE

O fille de Palma! Violante adorée,
Poëme que Titien jusqu'à sa mort chanta,
Folle œuvre du Très-Haut par le soleil dorée
Comme un pampre lascif qu'arrose la Brenta!

LA MUSE DE L'ATELIER

Fleur de la volupté, superbe Violante,
Ton nom vient agiter la lèvre avant le cœur,
Tu soulèves l'amour sur ta gorge brûlante
Où les pâles désirs s'abattent tous en chœur.

O fille de l'Antique et de la Renaissance!
Espoir des dieux nouveaux, souvenir des anciens,
Païenne par l'éclat et la magnificence,
Histoire en style d'or des amours vénitiens,

Sur le marbre un peu blond de ton épaule altière,
Que j'aime tes cheveux à longs flots répandus!
Dans ces spirales d'or que baigne la lumière,
Que de fois, en un jour, mes yeux se sont perdus!

Palma faisait de toi sa plus pure madone,
La vierge de quinze ans t'adore en ses portraits,
Titien faisait de toi Madeleine qui donne,
Qui donne à ses amants ses visibles attraits.

O femme! tour à tour chaste comme Suzanne
Et faible comme Hélène, — Idéal, Vérité, —
Viens me dire pourquoi, divine courtisane,
Pourquoi Dieu t'a donné cette ardente beauté.

C'est qu'il faut que le cœur à l'esprit s'harmonise;
Titien cherchait encor les sentiers inconnus:
Pour qu'il eût du génie, ô fille de Venise!
Tu sortis de la mer comme une autre Vénus.

Dans tes yeux noirs et doux sa gloire se reflète,
Car cet or qu'on croirait au soleil dérobé,
Ces prismes, ces rayons, ces fleurs de sa palette,
Par un enchantement, de tes mains ont tombé.

Oui, grâce à toi Titien réalisa son rêve:
Sans l'amour à quoi bon les splendeurs de l'autel?
Dieu commence l'artiste et la femme l'achève;
C'est par la passion qu'on devient immortel!

VII

TITIEN ET GIORGIONE

Après avoir vu le portrait vivant de Violante, je vis son portrait peint ; mais est-elle moins vivante dans l'œuvre du Titien, sous sa couleur de feu ? Cette belle fille se retrouve dans presque toutes les galeries italiennes. Est-elle toujours peinte par Titien ? On y reconnaît la touche du maître, mais le plus souvent il n'y donnait que le dernier coup de pinceau, — le plus difficile, celui qui révèle le génie. Voici la raison de toutes ces Violantes attribuées à Titien. « Son atelier était un sanctuaire impénétrable. Lorsque ce grand maître sortait de sa maison, il laissait ouverte la porte de son atelier afin que ses élèves pussent copier furtivement les tableaux qu'il y laissait. Au bout de quelque temps il trouvait plusieurs de ces copies à vendre, il les achetait et les retouchait ; de sorte que ces copies devenaient les originaux. Il lui arrivait même de les signer. » Après cette affirmation de Lanzi, historien digne de foi, on peut dire avec Théophile Gautier : « Hormis les sept ou huit musées royaux ou princiers où la généalogie des tableaux se conserve depuis qu'ils sont sortis de la main du peintre, toutes les toiles que l'on attribue aux grands peintres italiens ne sont que d'anciennes copies. » Cependant tous ces grands peintres italiens ont été si fertiles, surtout les Vénitiens! Les deux Bellini peignaient encore à quatre-vingt-dix ans ; Montegna, Palma et Tintoretto étaient vaillamment à l'œuvre à quatre-vingts ans. Pour Titien, tout le monde sait qu'il mourut de la peste à quatre-vingt-dix-neuf ans.

Quelle vie éclatante, toute pleine de génie et de gloire! A son dernier jour il avait conservé toute la verdeur de ses vingt ans. J'ai vu à l'Académie des Beaux-Arts son premier et son dernier tableau, qui sont placés dans la même salle comme deux curieuses pages d'histoire : le croira-t-on? le tableau le plus hardi, le plus vivant, le plus lumineux, c'est le dernier. Je dirai même que, pour moi, c'est le plus beau tableau de ce peintre séculaire. Ainsi du génie de Rembrandt, qui commença avec la sagesse et la patience, qui finit par les libertés et les hardiesses les plus sauvages. Homère écrivait l'*Odyssée* dans l'hiver de sa vie.

Puisque j'ai parlé de Rembrandt, je dirai tout de suite que j'ai vu à Venise une de ses Madeleines hollandaises.

A force de vérité, Rembrandt devient sublime comme d'autres à force d'élévation et d'idéal. Il y a à Venise une Madeleine de ce maître qui est un chef-d'œuvre d'expression et qui contraste singulièrement avec toutes les Madeleines des maîtres italiens. C'est une belle et simple Hollandaise; mais pour ce sublime poëme n'y a-t-il pas des modèles dans tous les pays? Si elle n'est pas belle par la grandeur des lignes, elle est belle par la douleur et le repentir (douleur et repentir de la première fille venue ; mais pourquoi faire toujours de Madeleine une femme trop illuminée des splendeurs du

Christ, un poëte par le cœur, une Sapho chrétienne chantant ses péchés plutôt qu'elle ne les pleure?). Cette Madeleine de Rembrandt, on voit bien qu'avant de lever les yeux au ciel elle a aimé les hommes de la terre ; on voit bien qu'elle a pleuré de joie avant de répandre ces belles larmes que le génie a cristallisées. Elle n'est pas nue comme ses sœurs ; on la voit à mi-corps et de face, habillée en Hollandaise ; elle montre une main admirable comme les faisait Rembrandt en ses jours de bonne volonté. Elle vit encore de la vie humaine par le cœur, qui est l'orage de la créature ; toutes les passions qui l'ont agitée sur la mer des dangers sont à peine assoupies dans son sein.

Les inquiétudes de la pensée n'ont pas tourmenté la figure du Titien ; il n'a rien compris aux épouvantements bibliques ni au paradis idéal de l'art. Il s'est contenté d'être vrai et rayonnant. Vivant à Venise dans toutes les joies furieuses de la volupté, il eut pour muse une bacchante et noya sa poésie dans la chevelure de sa maîtresse tombant comme une pluie d'or sur la neige de ses épaules. Il a peut-être manqué à Titien quelque atteinte du mauvais ange, un amour trompé, une lutte sourde avec la misère, une grande peine de cœur : il a vécu heureux durant quatre-vingt-dix-neuf ans, admiré de tous, même des rois, même des empereurs. François Ier ramassait son pinceau et Charles-Quint lui donnait les plus éclatantes lettres de noblesse. « Après avoir ouï le conseil de nos bien-aimés princes, comtes, barons et autres dignitaires du saint-empire, dans la plénitude de notre pouvoir césaréen, nous te créons comte du Sacré Palais de Latran, de notre cour et de notre impérial consistoire, t'en octroyons le titre par ces présentes, t'élevons à cette haute dignité et t'inscrivons au nombre des autres comtes palatins. Toi et tes enfants et leurs héritiers à perpétuité, nous vous déclarons aussi nobles qu'on peut l'être dans la plus haute condition humaine, comme si vous étiez nés de noble race, procréés par quatre aïeux paternels et maternels. Nous t'octroyons le glaive, l'éperon, la robe et la ceinture d'or. »

Mais la dernière heure de cette longue vie radieuse et sans orages fut le drame le plus sombre qui ait passé sur un homme.

Titien avait deux fils et une fille : Pomponio, Horace et Lavinie Pomponio fut prêtre, Horace fut peintre, Lavinie fut belle. La peste vint fondre sur Venise, Horace fut des premiers atteints. Titien voulut veiller son fils, son cher Horace, celui qu'il croyait destiné à recueillir son héritage ; il tomba atteint sur le même lit. Il eut la douleur de voir mourir Horace ; il allait expirer lui-même, quand Pomponio, qui était le plus mauvais prêtre de ce seizième siècle si fécond en mauvais prêtres, accourant en poste de Milan, se précipita dans le palais Barbarigo, que son père habitait depuis longtemps. Il ne s'inquiéta point de fermer les yeux de son père, il pilla les meubles de prix et les tableaux précieux pour les vendre à l'encan.

Titien, le glorieux artiste, mourut seul, sans un ami, sans un serviteur pour lui dire adieu. Pomponio était moins qu'un serviteur. Il s'enfuit en toute hâte de Venise, laissant son père sans sépulture. Celui que François Ier et Charles-Quint regardaient comme leur égal n'a pas eu un tombeau. On lui élève à cette heure un monument en face de celui de Canova, mais on n'a pas recueilli ses os. C'est à peine si Venise commence à reconnaître que ses peintres sont dignes de respect comme ses doges.

On taille du marbre pour Titien, mais on laisse Paul Véronèse sous une humble pierre, dans l'ombre d'une église abandonnée qui tombe en ruines, Saint-Sébastien, un sépulcre sans majesté.

Si pourtant Giorgione n'était pas mort en pleine jeunesse, comme un épi déjà doré dont le grain est encore vert, Titien serait-il le roi des coloristes accepté par la postérité? Titien n'était que l'homme de talent quand Giorgione vivait; quand Giorgione ne fut plus là, il osa être un homme de génie. En étudiant avec sollicitude l'œuvre des Vénitiens, on reconnaîtra bientôt que Titien a tout simplement copié trois maîtres, Zucati, Bellini et Giorgione. Et encore a-t-il atteint à toute la suavité de Bellini, à toute la poésie romanesque de Giorgione, cet autre Aristote armé d'un pinceau? La Madeleine de Titien égale-t-elle la Madone de Bellini? La célèbre *Assomption* vaut-elle le *Moïse enfant* de Giorgone? Sa passion pour la palette ne domina point Giorgione au point de lui restreindre l'horizon, comme il arriva pour Titien. Sa symphonie est moins bruyante, mais plus élevée. Dans le *Moïse enfant*, dans la plupart de ses tableaux, il n'a mis en opposition qu'un petit nombre de couleurs, toujours admirablement rompues par les ombres; aussi son harmonie est-elle sévère dans son éclat.

Il reste à Venise peu d'œuvres de Giorgione. On sait

qu'il peignait la fresque sur la façade des palais, selon l'usage du quinzième siècle. A peine en voit-on aujourd'hui quelques vestiges pieusement conservés. On reconnaît Giorgione du premier regard à sa fermeté de touche, à la fraîcheur orangée de ses carnations, au jet et à l'agencement de ses draperies; on le reconnaît surtout à son accent noble et fier. C'est un grand seigneur en peinture qui porte une vaillante épée et des éperons d'or.

VIII

TABLEAU DES PEINTRES VÉNITIENS

Si j'avais à peindre ce radieux tableau, je choisirais un triptyque, comme ceux des peintres primitifs. Sur le panneau central j'inscrirais en lettres de feu : *Siècle d'or*; le premier volet, je le consacrerais au siècle d'argent, et le dernier au siècle d'*alliage*.

Dans le premier volet, au-dessous des maîtres mosaïstes qui sont l'enfance de l'art, je grouperais autour de Giovanni Bellini, le peintre ineffable, Schiavoni, qui dérobait les anges à Dieu et les emparadisait dans son œuvre; Gentile Bellini, le passionné du vieux style; Andrea Montagna, ce Vénitien amoureux de l'antique, enthousiaste inspiré du ciel, qui le premier ouvrit les yeux aux peintres vénitiens sur les pompeux paysages de la Brenta; le Squarcione, surnommé le premier des peintres par ses élèves; Vittore Carpaccio, « qui avait la vérité au fond du cœur, » dont les figures, par leur mouvement et leur expression, semblent avoir une âme; Girolamo de Santa-Croce, le gracieux peintre des bacchanales, aube déjà lumineuse de Giorgione; Giam-Battista Cima, ou plutôt le Conegliano, qui a tant de charme et de vérité dans ses mouvements, dans ses airs de tête, dans son coloris; Montagnana, l'excellent styliste aux teintes *padouanes*; le correct et savant Francesco da Ponti; Bartolomeo, qui composait ses tableaux avec des feuilles d'or autant qu'avec des couleurs; Andrea di Murano, qui cache sa sécheresse par certains aspects de l'antique; les Vivarini, les éclatants coloristes, les peintres pieux et savants; Carlo Crivelli, le Pérugin exagéré de Venise; le svelte et élégant Marco Basaïti; enfin, quelques figures moins dignes de l'histoire et que l'oubli a voilées dans les demi-teintes.

Sur le panneau central, nous voyons apparaître quatre groupes tout rayonnants. C'est d'abord Giorgione à la touche hardie et dorée, autre Andrea del Sarto; Pietro Luzino, son élève et son rival, qui de la peinture *cavalière* était tombé dans l'art des grotesques, qui enleva la maîtresse de son maître et le fit mourir de chagrin; Sébastien del Piombo, le peintre aux couleurs transparentes, qui, à la mort de Raphaël, fut salué, en face de Jules Romain, le premier peintre de l'Italie: Giovanni d'Idine, qui eut un instant la palette de Giorgione et le pinceau de Raphaël; Francesco le More, qui avait la main pour exécuter, quand Jules Romain ou un autre voulait bien penser pour lui ; Lorenzo Lotto, qui tempérait son pinceau véhément par le jeu des demi-teintes, qui mourait les mains jointes devant une image de la Vierge de sa création, digne des figures de Leonard de Vinci; Palme le Vieux, le père de Violante, le maître de Bonifazio, Palme, qui avait l'air de cacher son pinceau dans ses adorables têtes de Vierges inspirées par la beauté de sa fille, avant qu'elle eût rencontré Tiziano; le rude et doux Rocco Marconi; Brusasorci, le poëte épique qui avait pris une palette au lieu d'une plume; Pàris Bordone, plein de grâces et de sourires; le Pordenone, le robuste et le passionné, qui rivalisa avec Tiziano, le pinceau à la main et l'épée au côté.

C'est ensuite le groupe de Titien, le grand maître Nicolo di Stefano, Francesco, Orazio, Fabrizio, Cesare, Tomasso et Marco Vicelli; Tizianello et Girolamo di Tiziano, tous de la famille du roi des coloristes, font cercle autour de lui, ainsi que Bonifazio, *l'ombre de son corps*; Campagnola l'érudit; Calisto Piazza, qui signait ses tableaux Tiziano sans offenser personne.

Au troisième groupe on voit rayonner sur un fond d'outremer un peu cendré la figure aux teintes vineuses du véhément et délicat Tintoretto, qui, chassé de l'atelier de Titien le jaloux, avait écrit sur le mur de sa pauvre chambre : *Le dessin de Michel-Ange et le coloris de Titien.* Tintoretto, qui eût été un des plus grands peintres, « si dans beaucoup de ses tableaux il ne se fût trouvé indigne de Tintoretto. » Près de lui apparaît Dominico Tintoretto, qui suivit les traces de son père, « comme Ascagne suivit celles d'Énée; »

Maria Tintoretto, l'ange de la maison, qui fut belle par le cœur, par la figure et par le génie, la joie et la douleur de son père, qui avait souri à son berceau et qui pleura toutes ses larmes sur son tombeau.

Tout près de Tintoretto, saluez, dans cette clarté douteuse, mais d'un effet magique, cette arche de Noé où ce génie instinctif qui se nomme Bassano s'amuse comme un enfant avec tous les animaux antédiluviens. Il est entouré de ses quatre fils, tous marqués du même air de tête, de Jacopo Apollonio et Jacopo Guadagnini, qui le rappellent de loin; d'Antonio Luzzarini, ce noble Vénitien qui le reproduisit jusqu'à l'illusion.

Voici le quatrième groupe, qui se détache sur un fond transparent devant un palais à sveltes colonnes, à portiques majestueux, où l'on célèbre quelque pieux festin avec une magnificence toute païenne. Reconnaissez-vous ce grand seigneur de la peinture à son air de tête riant, à l'élégance de ses mouvements, à la splendeur théâtrale de son costume? C'est Paolo Véronèse; il s'appuie nonchalamment sur son frère Benedetto, le peintre des ornements et de la perspective; il entraîne à sa suite ses deux fils Carlo et Gabriele, qui ne furent que des enfants de grand homme; Parasio et del Friso, qui ont eu aussi une part d'héritage; enfin tous les imitateurs serviles.

Nous sommes au deuxième volet; nos yeux éblouis par tant d'éclat, tant de magie, tant de rayonnement, ne distinguent pas d'abord ces teintes grises étouffées par l'ombre. Cependant nous voyons apparaître Jacopo Palma le Jeune, le maître des maniéristes, celui-là qui fut le dernier du siècle d'or et le premier du siècle d'*alliage*, ce génie indécis qui allait de Raphaël à Véronèse, de Polydore à Tintoret, grand maître si les tableaux de ces quatre maîtres n'existaient plus. On voit aussi dans l'ombre se dessiner vaguement Boschini, qui peignait comme un matamore se bat; Corona le grandiose; Vicentino, le peintre historien de la république; Peranda, le poëte; Malombra, le portraitiste: le doux et gracieux Pilotto. Plus loin encore on aperçoit la secte des ténébreux qui vinrent au dix-septième siècle apporter à Venise le style de Cavaraggio, comme Triva, Saracini, Strozza, Berevensi, Ricchi. L'œil est attiré par un groupe qui rappelle au premier aspect le beau règne de la peinture vénitienne; c'est Contarino, Tiberio Tinelli, le lumineux et délicat Forabosco, Belleti, Carlo Ridolfi, Vecchia. Mais voilà que l'ombre se déchire comme la brume au soleil levant : quelle est cette figure radieuse? N'est-ce pas encore Titien ou Véronèse? C'est Varotari le Padouan. Quelle grâce et quelle énergie! quel amour du beau romanesque! Ah! si l'Arioste était là! Les femmes de Titien et de Véronèse n'ont pas cette élégance héroïque et cette fraîcheur saisissante. Il est entouré de ses élèves Scaliger, Rossi et Carpioni; il laisse un peu de place à Liberi, le plus savant des peintres vénitiens; au farouche et puissant Piazzetta, qui étincelle dans l'ombre; à Canaletto, le paysagiste de ce pays où il n'y a pas un coin de terre; à l'impétueux et souriant Tiepolo, qui fut le dernier Vénitien, — parce que la Rosalba, qui vint après lui, était une femme.

Que de figures dignes de mémoire j'ai noyées dans le lointain nuageux de ce tableau! Et pourtant j'ai entassé Pélion sur Ossa, confusion sur confusion. La renommée est une vieille paresseuse qui se contente de prononcer çà et là un beau nom et qui redit toujours le même. Que de poëtes et d'artistes qui ont le génie et qui n'ont pas la gloire! Ce sont après tout les plus riches, car on ne saisit pas la gloire et on puise à pleines mains dans le génie.

Peut-être, au lieu d'esquisser un tableau, j'aurais dû imiter ce fou de Boschini, qui, dans un poëme burlesque, trace *une carte de navigation pittoresque, dialogue entre un sénateur vénitien et un professeur de peinture sous les noms d'*EXCELLENCE *et de* COMPÈRE, *divisé en huit vents au moyen desquels le vaisseau de Venise est conduit dans la haute mer de la peinture, où il domine en maître à la confusion de ceux qui ne connaissent pas la boussole.* On voit qu'il y avait des Scudéri à Venise. La carte de navigation pittoresque ne vaut-elle pas la carte du Tendre?

Ah! si j'avais eu à ma disposition cette géographie de la peinture vénitienne avec un vaisseau de la république pour voguer en pleine mer du génie! Comme j'aurais découvert l'île, de Giorgione, toute peuplée de palais mauresques avec des pelouses d'amoureux chantant, au murmure des fontaines de marbre, les vers héroïques de l'Arioste! Et l'île de Titien, avec Vénus endormie sur des roses ou Violante qui agrafe son corsage devant un miroir de Murano que soutiennent des amours! Et l'île de Véronèse, où l'eau est changée en vin pour enivrer ses gais convives, nés pour les festins et les galantes aventures! Et toutes ces îles où règnent Bellini et Tintoretto, Sébastien del Piombo ou Palma le Vieux, Bassano ou Varotari, enfin tous les vrais rois de l'Adriatique.

IX

L'ACADÉMIE DES BEAUX-ARTS

Les peintres vénitiens n'ont pas regardé dans la vie avec les yeux de l'âme; ils n'ont pas ouvert les portes d'or de l'invisible et de l'infini; ils se sont contentés de sourire au monde périssable sans pressentir le monde immortel. Ils ont cueilli la fleur de la vie sans s'apercevoir que dans le calice il y avait une larme du ciel. Qu'il y a loin des rêveries amoureuses du Corrége aux nymphes charnelles de Titien! avec Corrége, la volupté est toute en flammes, mais elle a des ailes; avec Titien, c'est une femme couchée qui entr'ouvre un rideau.

Venise n'a jamais ressenti les inquiétudes de la pensée; elle a aimé Dieu sans s'élever jusqu'à lui; elle s'est enivrée de la beauté rayonnante de ses femmes et des grappes dorées de la Lombardie. La mer, qui lui apportait, comme une esclave à jamais docile, tous les trésors de l'Asie, tout le luxe et tout l'esprit de l'Europe, la mer, aux heures de tempête ou de calme, ne lui a jamais apporté les solennelles méditations qui font les rêveurs et les poëtes. Venise n'a lu, pour ainsi dire, que le roman de la vie; elle écoutait les folles chansons du banquet quand la philosophie lui voulait enseigner ses tristes vérités, ou bien elle attirait la philosophie au banquet, et lui versait, par la main d'une belle fille aux seins nus, le meilleur vin de Chypre qui eût voyagé sur la mer.

Ces réflexions me vinrent dès que j'eus franchi le seuil de l'Académie.

Il y a aussi à Venise une Académie des beaux-arts; mais celle-là ne fait pas de tort aux vivants et rend un culte aux morts. Cicognara, le fondateur, a surtout voulu qu'elle fût le refuge de tous les chefs-d'œuvre épars dans les églises, les palais et les couvents en ruines. C'est Cicognara qui a découvert l'Assomption, un chef-d'œuvre du Titien enfoui durant des siècles dans l'église des Frari sous une couche de poussière qui le masquait même aux yeux des peintres. Je n'essayerai pas de décrire l'effet de ce tableau, qui a recouvré sa virginale fraîcheur. C'est tout Titien. Michel-Ange et Rubens seraient seuls dignes de louer cette composition grandiose et ce coloris éclatant.

L'Académie renferme plus d'un chef-d'œuvre. Toute l'école vénitienne est là qui rayonne avec les noms des maîtres primitifs et des maîtres souverains.

Venise a eu peu de sculpteurs parmi les mosaïstes et les peintres. Cependant l'Académie renferme quelques marbres et quelques bronzes, bas-reliefs et statues de sculpteurs vénitiens : ainsi le bas-relief daté de 1545, représentant en marbre doré la Vierge et l'Enfant Jésus, si simple et si expressif. Le ciseau de Canova est exposé au-dessous d'une urne de porphyre qui contient sa main. Canova est venu le dernier comme pour faire un mausolée en marbre blanc à la mère patrie des artistes-dieux.

Canova avait voulu élever un tombeau à Titien dans l'église des Frari, en 1794; il avait publié le projet de ce monument, mais vint la chute de la république, et Titien fut abandonné dans son coin obscur. Le projet de Canova servit à son propre tombeau dans la même église. C'est une large pyramide en marbre de Carrare avec cette inscription : *Ex consolatione Europæ universæ.*

Aujourd'hui enfin on taille le marbre du tombeau du Titien, mais on oublie Paul Véronèse dans Saint-Sébastien, où l'araignée file silencieusement sa toile sur les chefs-d'œuvre délaissés et détruits du grand coloriste : l'histoire d'Esther et de Mardochée. J'ai passé tout seul un après-midi devant ces peintures radieuses. Il m'a pris peu à peu une profonde tristesse à la pensée qu'il était là, seul, dans la double nuit de la tombe, celui qui avait vécu en si bruyante et si joyeuse compagnie, celui qui avait si longtemps dérobé au soleil ses rayons et sa gaieté.

La tombe s'est aussi ouverte à Venise pour Sanzovino et pour Arétin. Sanzovino, le grand artiste si tourmenté et si voyageur durant sa vie, n'a pas eu de repos à sa mort. Sa dépouille a erré d'une église à une autre. Arétin n'a plus de sépulture. Il fut enterré à Saint-Luc, où se retrouve son portrait peint par Alvise dal Friso; mais si la tombe a disparu, son nom impie retentit encore dans l'église par la bouche des prêtres qui se sont transmis ses dernières paroles après l'extrême-onction. Il mourut, selon eux, en disant ce vers :

Guardate mi da'topi, or che son unto.

Cependant j'avais lu qu'Arétin était mort en éclatant de rire, au récit des aventures de ses sœurs, courtisanes vénitiennes qui vendaient l'amour comme il vendait l'éloge.

J'ai pieusement visité toutes les églises de Venise pour y saluer Dieu, mais surtout pour y retrouver l'ombre des grands artistes flottant devant leurs tableaux ou sur leurs mausolées. J'ai conversé longtemps avec Palladio dans son église du Rédempteur, le soir, pendant que les capucins faisaient leur prière. Sanzovino m'apparaissait partout et m'initiait aux beautés de cette architecture étrange faite pour Venise et impossible ailleurs.

X

LA JEUNE FILLE QUI SE NOURRIT DE ROSES

Les peintres vénitiens ne sont pas venus jusqu'à nous dans leur postérité, hormis un seul, André Schiavoni, dont j'ai visité les arrière-petits-fils. Déjà, à propos d'une exposition de peinture à Amsterdam, j'ai nommé les Schiavoni modernes de Venise qui ont conservé la religion du coloris et la passion des airs de tête voluptueux. Le vieux Schiavoni avait plus de génie, mais non plus d'amour dans le pinceau.

Un matin, de bonne heure, j'étais en route sur le grand canal, voulant visiter dans la journée la plupart des palais dont la façade séduit les yeux depuis Saint-Marc jusqu'au Rialto. Mon gondolier s'arrêta tout à coup devant un palais de style mauresque en me disant d'un air entendu :

— Une belle galerie, une belle femme, une belle fille !

Cela valait bien la peine de s'arrêter un peu. Il sonna. Après trois ou quatre minutes, une vieille vint ouvrir qui me fit signe de la suivre. L'entrée en matière manquait de splendeur. La porte et l'escalier ne rappelaient nullement un ancien palais de Venise tout chargé d'or et de marbre. La vieille me fit passer dans une espèce d'antichambre tapissée de tableaux fraîchement peints dans un style doucereux, des tableaux de pacotille pour la Russie, contrée de l'*art poli*. Jusque-là, je m'imaginai que mon gondolier avait voulu s'amuser avec sa belle galerie, sa belle femme et sa belle fille. Je voulais rebrousser chemin, sous prétexte que je m'étais trompé de porte; mais, comme je songeais à battre en retraite, je vis s'ouvrir une vraie galerie peuplée de quelques mauvais marbres de la Renaissance, des bustes sans nez et sans oreilles, comme des antiques consacrés.

J'entrai dans cette galerie d'un pied de plus en plus défiant, quand une nouvelle figure se montra à l'horizon. C'était le maître du logis, un homme déjà vieux, type vénitien déprimé par le costume moderne. Il vint à moi et m'ouvrit enfin un cabinet très-curieux à étudier. Au premier aspect, je fus ébloui comme si j'étais entré chez le soleil en personne. J'étais chez les enfants du soleil : Giorgione, Bellini, Titien, Véronèse, Tintoret, répandaient là tout leur rayonnement ; jamais on n'avait réuni de plus éclatant mirage. C'était Ève nue pour la première fois, parce qu'elle cachait sa nudité ; c'était Madeleine repentante, avec toute la splendeur de Madeleine pécheresse ; c'était Vénus au sein de neige, Diane au pied d'argent ; c'étaient tous les symboles amoureux des poëtes et des religions. Le dirai-je? je crus vaguement d'abord entrer dans un harem, — ce qui m'a prouvé la faillibilité, — d'autres diront l'infaillibilité, — du génie vénitien.

Tous ces tableaux amoureux ne me représentaient ni Ève ni Madeleine ; — la science avec toutes ses misères, le repentir avec ces amères voluptés ; ni Vénus, ni Diane ; — Vénus, la fête du cœur ; Diane, l'amoureuse qui triomphe de l'amour. Je ne voyais que des femmes à la surface. Le symbole s'était évanoui sous l'éclat de la palette ; j'étais ébloui mais par les yeux seulement.

Ce qui me frappa d'abord, fut une jeune fille endormie dans le *Jardin des Roses*. Son amant veillait et protégeait son sommeil. Le Jardin des Roses est sur le bord de la Brenta. Ce groupe charmant me rappela vaguement les Boucher ; mais c'était une vive peinture, beaucoup plus ancienne, dont l'éclat était tempéré par une certaine mélancolie étrangère au talent sans souci de Boucher. Quoique l'accent des figures fût un peu rustique, on découvrait une vraie distinction dans ces deux charmantes expressions. C'étaient des paysans ou des grands seigneurs déguisés en paysans. Quoique le sommeil fermât les yeux à la jeune fille, on devinait qu'elle avait les plus beaux yeux du monde. Un léger sourire dorait ses lèvres, comme si un songe d'amour y eût passé avec le baiser idéal de son amant.

Parmi toutes ces fraîches et luxuriantes apparitions, j'avais encore remarqué une créature originale qui n'avait pas la prétention de rappeler une figure consacrée. C'était une œuvre du vieux Schiavoni, œuvre de cœur où le peintre se laisse aller au génie, sans y penser, un jour de bonne fortune pour la palette. Qu'on se figure une jeune fille d'une fraîcheur féerique devant une table chargée de roses. C'est l'heure de son repas : elle mange des fleurs. Aussi a-t-elle, selon l'expression d'un ancien, les joues nourries de roses. Voilà une idée toute poétique, une idée de rêveur allemand. Je suis convaincu que Schiavoni a créé cette belle mangeuse de fleurs sans songer qu'il y eût là un sujet de sonnet pour un poëte. Le sonnet existe. Vous ne devineriez jamais qui l'a rimé? C'est ce coquin de Le Pays, dans ses *Amitiés, Amours et Amourettes* :

A IRIS
QUI MANGEAIT ORDINAIREMENT DES FLEURS

Ie ris de vostre goût, je vous jure ma foy :
Hé quoy ! manger des fleurs, c'est faire bône chere ;
Ah ! vrayment vos repas ne vous coûteront guerre,
Quoique vous les nommiez de vrais repas de roy.

Un cuisinier chez vous n'aura jamais d'employ,
Vous pouvez au jardin faire votre ordinaire ;
Mais cessons de railler sur semblable matière,
Quittez cette habitude, Iris, et croyez-moy.

Car, quand l'hiver viendra faire sentir sa rage,
Qu'on ne verra les fleurs que sur votre visage,
Que la rigueur du temps n'oseroit outrager,

Que ferez-vous, Iris, dans ce malheur extrême,
Si, faute d'autres fleurs que vous puissiez manger,
Vous vous trouvez réduite à vous manger vous-même?

Le Pays était un Vénitien, sinon pour la couleur, du moins pour le concetti. Au lieu d'un tel poëte, pourquoi Schiavoni n'a-t-il pas eu un Rosegarten ou un Bürger pour expliquer cette œuvre charmante?

— Vous aimez ce tableau? me demanda le maître du logis.

— Beaucoup, lui dis-je : il y a dans cet air de tête je ne sais quelle volupté idéale qui me va jusqu'au cœur. J'ai déjà vu cette belle créature dans mes visions de vingt ans. Elle habite les régions dorées de quelque paradis de Mahomet.

— Eh bien, monsieur, cette belle mangeuse de fleurs, peinte il y aura bientôt trois siècles par mon trisaïeul, — car je suis un Schiavoni (je m'inclinai devant la postérité de Schiavoni), — je vais vous en montrer une copie saisissante.

— Vous êtes vous-même peintre, monsieur?

— Oui, monsieur ; la copie dont je vous parlais est une de mes œuvres les moins mauvaises, vous allez en juger.

M. Schiavoni rappela la vieille, qui s'était éloignée, et lui parla en italien de Venise. Je ne compris pas un mot. Je regardai alors avec quelque curiosité ce descendant du vieux peintre, qui conserve après trois siècles le génie traditionnel du coloris.

— Voilà, dit-il tout à coup.

Il indiqua du doigt une belle fille de vingt ans qui arrivait toute souriante sur le seuil du cabinet.

Elle était vêtue sans recherche, avec abandon, comptant trop sur sa figure, sur son cou fier et nonchalant, sur ses épaules de marbre, pour ne pas dédaigner les ressources du costume. Ses cheveux bruns à reflets dorés étaient à peine retenus par le peigne. C'était une si abondante chevelure, que Madeleine pécheresse s'en serait fait un vêtement, en ses jours de profanes souvenirs, pour cacher aux vents de la sollicitude les flammes du passé.

— Eh bien, monsieur, me dit le père, ne trouvez-vous pas la copie digne de l'original ?

J'étais confondu par la ressemblance : le même dessin, la même expression, le même éclat.

— Monsieur Schiavoni, je crois que vous surpassez le célèbre Schiavoni ; je ne donnerais pas vos œuvres pour les siennes, ou plutôt je donnerais l'original pour la copie. Ce prodige peut-il donc s'expliquer ?

— Tout ce que je puis vous dire, c'est que cette figure, peinte suivant la tradition, est le portrait de ma grand'mère (ma grand'mère du seizième siècle) ; mais je vous raconterai tout à l'heure cette histoire.

Je dis quelques mots à la jeune fille, une bêtise, comme par exemple : Vous êtes aussi une mangeuse de fleurs ; votre esprit déjeune d'une chimère et votre âme d'une illusion. Elle répondit par un adorable mouvement de cou et de lèvres, elle s'inclina avec une grâce exquise et s'éloigna vers l'escalier.

Nous revînmes devant le tableau, et M. Schiavoni parla ainsi :

LE DERNIER SOUPER DE GIACINTA

« Voici l'histoire de Schiavoni et de Giacinta, un pauvre peintre et une belle fille.

« Il commença par être peintre d'enseignes. Il était né à Sebenigo, en Dalmatie. Il vint de bonne heure à Venise, où nul peintre alors célèbre ne daigna lui servir de maître.

« Cependant Titien le rencontra un jour qu'il allait, ses tableaux à la main, les offrir à un marchand. Le grand peintre fut surpris de la touche originale de Schiavoni. — Qui donc t'a enseigné ces tons transparents et ces belles attitudes? — Je ne sais pas. — Pourquoi cette pâleur? — J'ai faim.

« Titien prit la main de Schiavoni et l'emmena à la bibliothèque de Saint-Marc : — Voilà de quoi gagner ton pain.

« Schiavoni peignit trois ronds près du campanile : des cavaliers sabrant leurs ennemis; un évêque qui assiste des pauvres; un roi qui distribue des récompenses à ses soldats.

« Mais, après quelques jours de repos, il retomba en pleine misère; il n'avait travaillé que pour payer ses dettes et passer gaiement le carnaval. Il ne rencontra plus Titien, il n'osa plus aller à lui.

« Il se consolait dans l'amour d'une belle fille qu'il avait vue un soir pleurant sur le Rialto. — Pourquoi pleurez-vous? — Mon père est embarqué et ma mère est morte. — Venez avec moi, car moi aussi je pleure et comme vous je suis seul.

« Elle le suivit. Elle lui donna sa beauté, il lui donna son cœur. Mais Dieu sans doute ne bénit pas ces fiançailles.

« Pourtant ils espérèrent. Lui, le grand peintre, il avait fait de son art un métier; il peignait des enseignes ou des copies. Ils habitaient une petite maison non loin des palais Barbarigo et Foscari. La nuit ils entendaient chanter les joies de la vie; ils ne pouvaient s'endormir, parce qu'ils avaient faim.

« Giacinta n'avait pas faim pour elle, mais pour ses enfants. Tous les ans, elle avait un enfant de plus, — et huit années déjà s'étaient écoulées depuis la rencontre sur le Rialto. — La Providence a de cruelles ironies.

« Les Pères de Sainte-Croix vinrent un jour commander une Visitation à Schiavoni : il se mit au travail, en croyant que les mauvais jours allaient finir pour sa chère Giacinta. Le tableau achevé, ce fut une fête dans l'église. Venise tout entière vint apporter des fleurs devant la madone.

« Le peintre demeura en l'église jusqu'à la nuit. Quand tous les fidèles se furent retirés, il s'approcha des Pères de Sainte-Croix, et leur demanda un peu d'argent. — Nous n'en avons pas; emportez des fleurs, comme un tribut à votre génie.

« Schiavoni saisit avec désespoir deux bouquets de roses et s'enfuit comme un fou. Giacinta était à sa rencontre avec ses huit petits enfants sur le seuil de la porte. — Des bouquets de roses ! dit-elle avec son divin sourire. — Oui, voilà quelle est la monnaie des Pères de Sainte-Croix ! dit Schiavoni en jetant avec fureur les roses aux pieds de sa maîtresse.

« Elle pâlit et ramassa les roses. — Je vais servir le souper, dit-elle, amuse un peu ces pauvres petits.

« Schiavoni appela les enfants dans son atelier. Pauvre nichée affamée qui criait misère par tous ses becs roses ! Quand il reparut, la table était mise; tous les enfants prirent leur place accoutumée.

« Dès que Schiavoni se fut assis, Giacinta lui servit sur deux plats d'étain les bouquets de roses effeuillées.

« Ce fut le dernier souper de Giacinta.

« Schiavoni tenta de vaincre sa mauvaise destinée par le travail, par la prière, par le génie. Il mourut à la peine.

« Cette belle fille, qui se nourrit de roses, c'est le portrait de la pauvre Giacinta. Sans doute, Schiavoni le peignit de souvenir en versant toutes les larmes de son cœur. N'est-ce pas que les roses sont tristes à voir, quand on pense à ce souper où il n'y avait pas une miette de pain?

« Hélas ! reprit M. Schiavoni après un silence, moi, je n'ai pas de génie, et j'habite un palais ! Des deux Schiavoni, quel est le plus pauvre ? »

M. Schiavoni essuya une larme.

J'étais tristement incliné devant Giacinta. Je découvrais peu à peu sous son sourire ineffable toutes les angoisses qui l'avaient conduite à la tombe. — Giacinta ! Giacinta ! murmurai-je. Moi-même je sentis une larme dans mes yeux. J'aurais voulu presser sur mon cœur cette belle créature si injustement frappée.

J'entendis un bruit de pas, je me retournai tout au sentiment qui avait saisi mon âme. C'était encore Giacinta ou plutôt c'était mademoiselle Schiavoni qui venait avertir son père d'une visite du consul de Russie.

— Giacinta ! Giacinta ! lui dis-je en lui prenant la main et en lui baisant le front, — ah ! si vous viviez, comme je vous aimerais !

M. Schiavoni habite l'ancien palais Justinien, qui touche aux fameux palais des Foscari. Étrange jeu des destinées ! Il y a deux cent cinquante ans, les Foscari étaient les rois de la république, et Schiavoni mourait de faim à l'ombre de leur palais ; aujourd'hui les descendants de Schiavoni ont un palais, et les Foscari n'osent plus regarder celui de leurs ancêtres. L'an passé il existait encore quatre Foscari à Venise. L'un des quatre est mort comme le vieux Schiavoni, « sans laisser de quoi se faire enterrer. » On a quêté dans les églises de l'ancienne république pour lui faire des funérailles dignes de son nom. Il reste trois Foscari : le premier vit obscurément dans un coin avec trois cent soixante-cinq zwanziger de revenu (dix-sept sous par jour !) le second est facteur de la poste aux lettres, — un Foscari ! — le troisième est bouffon dans un petit théâtre. — J'aime mieux cela. Il brave la fortune en riant.

Le bouffon, c'est le seul qui se souvienne des doges ses aïeux.

Le tableau le plus vivant de la galerie Schiavoni, c'est un *Adam et Ève* du Tintoret, d'une lumière et d'une fraîcheur éblouissantes. Ève rappelle un peu celle de Lucas de Leyde et celle d'Albrecht Dürer, ces païens du Nord qui ont créé la femme pour les yeux plutôt que pour le cœur.

M. Schiavoni a un fils qui est peintre, comme l'ont été tous les Schiavoni depuis près de trois siècles. Celui-ci n'a pas la touche hardie de son père; l'amour des grands seigneurs tartares pour l'*art poli* l'a presque à jamais perdu : il peint des Vierges en porcelaine, contenant son pinceau comme un cavalier timoré contient son cheval. C'est d'ailleurs un homme d'esprit qui travaille pour la fortune, ne voulant pas de la gloire du vieux Schiavoni à la condition de souper avec des roses, — même en compagnie de Giacinta. — Il excelle à faire des tableaux de Bellini et même de Giorgione, où il ne manque guère que leur signature. Comme je paraissais très-amoureux des œuvres de ces deux grands peintres, il m'a promis de me faire en quelques jours une Vierge de l'un et une courtisane de l'autre. C'est surtout à Venise que l'art de contrefaire les vieux peintres est à son plus haut point. Il y a des ateliers modernes d'où il n'est jamais sorti un original. La Russie emporte tous les ans cent Titien, cinquante Giorgione, cent Véronèse, cinquante Bellini de contrebande. En arrivant à Venise, on salue partout les peintres du siècle d'or ; mais bientôt, harcelé par les copies, on ne veut plus les reconnaître, même dans leurs œuvres.

M. Schiavoni me demanda d'un air distrait s'il y avait encore en France des peintres dignes de renommée. Vanité des vanités ! Je ne savais que lui répondre; j'avais envie de lui vanter M. Bidault et M. Pingret. Je lui répondis gravement par M. Delacroix et par M. Ingres. Il me pria de lui dire s'ils faisaient la figure ou le paysage.

J'ai eu quelquefois, poursuivit-il, le désir d'envoyer mes tableaux aux expositions de Paris; mais, après tout, à quoi bon rechercher une gloire si lointaine?

Cet homme avait raison : les conquêtes du génie ne sont pas comme les conquêtes de la guerre, elles ne veulent pas se perdre dans l'espace ; il ne leur faut qu'un peu de place au soleil. Que de poëtes et que de peintres qui n'écrivent leurs poëmes qu'en vue d'un petit nombre d'esprits élevés, dédaignant les acclamations de la foule ! — la foule qui se tromperait toujours, si elle n'était çà et là entraînée dans son enthousiasme vagabond par l'enthousiasme consacrant des rois de la pensée.

M. Schiavoni me parla avec chagrin de la difficulté d'avoir des modèles : se donner corps et âme au premier gondolier venu, c'est admis parmi les filles du peuple ; mais se dévoiler la gorge, ou l'épaule, ou la jambe, dans un atelier, voilà ce qui indigne les courtisanes vénitiennes. Elles veulent bien que l'amour arrache son bandeau pour les voir à loisir ; mais elles craignent la concupiscence des yeux, comme disait saint Paul. Elles qui ne rougissent jamais, elles rougiraient de se déshabiller gravement pour poser en Diane chasseresse, en Madeleine repentie ou en Nymphe bocagère. On ne parvient à faire poser une Vénitienne qu'après lui avoir fait une déclaration galante. La passion, c'est le feu de joie qui purifie les ténébreuses vapeurs de la volupté.

M. Schiavoni me pria d'aller le revoir ; il me promit de venir me voir à Paris. Promesses de voyage ! On se donne cœur et âme pendant une heure ; — une heure après, on s'est presque oublié. Je ne trouvai pas curieux d'aller revoir M. Schiavoni : j'avais lu son livre jusqu'au bout ; sans doute, s'il vient à Paris, il n'aura pas le temps de m'ôter son chapeau dans la rue, ni moi non plus.

XI

UNE DANSEUSE OUBLIÉE

J'ai rencontré mademoiselle Taglioni dans l'ancien palais Grimani, à la poste aux lettres. Ce n'était plus cette charmante vision détachée du ciel de l'Opéra, cette femme qui semblait se souvenir, quand elle dansait, d'un temps où elle avait des ailes. Jeunesse ! jeunesse ! pourquoi les fuis-tu comme les autres, celles qui se sont abreuvées à ta coupe d'or, celles qui ont vécu de toutes les poésies, celles qui ont répandu d'une main distraite toutes les fleurs odorantes de l'amour ! Mademoiselle Taglioni n'est plus cette exquise Bohémienne de l'art des Camargo, s'élevant par la grâce à la hauteur de la fantaisie; c'est une citoyenne qui paye beaucoup de contributions, qui gouverne ses terres et ses maisons, je veux dire ses palais : elle en a trois ou quatre à Venise, c'est-à-dire la valeur d'une maison dans la rue Saint-Denis.

Ce jour-là, mademoiselle Taglioni était devant le bureau de la poste aux lettres attendant son tour comme la première mortelle venue, elle qui a été déesse et sylphide ! — J'attendais aussi et j'avançais avec elle derrière la foule.

Elle se présenta, — à son tour, — et murmura d'un air quelque peu mystérieux et embarrassée : *Marie Taglioni*.

Vanité des vanités ! l'homme de la poste restante ne connaissait pas ce nom glorieux. Pendant qu'il cherchait à la lettre T, elle le suivait des yeux et voulait lire avant lui. Toute son âme était dans la lettre qu'elle allait recevoir. Qu'allait-il donc lui dire ? — Qu'il l'aimait toujours ? — Cela se dit encore. — Qu'il la suivrait au bout du monde ? — Cela ne se dit plus.

Cependant il n'y avait plus à espérer que sur trois ou quatre lettres. L'homme du bureau allait plus lentement, comme s'il eût deviné les angoisses de celle qui attendait. Elle appuya sa main fraîchement gantée avec un mouvement d'impatience sur le rebord de la fenêtre. (En Italie, tout se fait dans la rue ou à la fenêtre.)

— *Niente*, dit tout à coup l'homme du bureau.

Ce mot frappa le cœur de la danseuse comme un coup de poignard. Elle se détacha lentement de la fenêtre sans bien savoir où aller. Ah! pauvre fée qui avez perdu la baguette d'or des enchantements! il y a dix ans, ce n'était pas vous qui attendiez une lettre; on venge aujourd'hui tous ceux que vous avez fait attendre; c'est là l'histoire de toutes les amours.

Dans la vallée humaine, la voix de l'homme qui appelle la femme est d'abord sans écho :

Sarah!

Sarah!!

Sarah!!!

A force d'être adorée, quelque déesse qu'on soit, on finit par ouvrir les yeux et par répondre comme l'écho :

Sarah!

Ah!

Enfin, la voix qui appelait avec tant d'âme s'éteint peu à peu; on n'entend plus que l'écho attristé coupant le morne silence, un cri de douleur, le cri du délaissement :

Ah!

Ah!!

Ah!!!

Oui, voilà comme on les retrouve toutes, ces déesses qui ont dansé sous le ciel de l'Opéra.

XII

DU DANGER DE DINER A VENISE

J'ai oublié de vous dire comment on dîne à Venise. Le jour de notre arrivée, nous cherchâmes bien longtemps une table hospitalière.

— Je suis sérieusement inquiet, me dit mon philosophe allemand, car je commence à croire qu'on vit à Venise comme on s'y habille, — de l'air du temps.

Nous allions d'un canal à un autre, plongeant un regard avide dans toutes les maisons. Tout le monde, à Venise, est marchand de pain et de fruits; mais, quelque dorés que soient les croûtes de maïs ou les raisins muscats, nous n'avions aucun goût pour ce régal bucolique. En voyage, on est Anglais, — pour la faim. Nous avions passé cinquante ponts ; nous étions allés du palais ducal au Rialto, du Rialto à l'arsenal, quand la Providence, qui n'abandonne jamais les hommes de bonne volonté, offrit à nos regards une affiche miraculeuse où étaient imprimés ces mots éloquents : *Pierre Marseille, restaurateur*. Nous fûmes bientôt au palais de Pierre Marseille.

On nous servit deux biftecks, quatre côtelettes, deux poulets et deux bouteilles de vin de Chypre. Je ne compte pas les entremets, ni le dessert, ni la bonne humeur des gamins qui nous servaient.

— Voyagez-vous en philosophe et en artiste? me dit mon compagnon.

— Je voyage, lui dis-je, sans parti pris. Pourquoi cette question?

— C'est parce que ce dîner sera terminé par une monstrueuse addition.

L'addition vint : Pierre Marseille n'a ni plume ni encre; ses *piccoli* font l'addition tout haut. Ils nous demandèrent quatre zwanziger (3 francs 8 sous) pour tous les deux. Nous nous promîmes bien de n'y jamais retourner, — car deux biftecks, quatre côtelettes, deux poulets, deux bouteilles de vin de Chypre, pour trois francs huit sous! — c'est moins que rien, et j'ai coutume de payer mon dîner.

— Est-ce qu'on dîne quelquefois ici? demandai-je à un *piccolissimo* qui nous avait apporté une nichée de chats pour nous récréer.

— Si, signor.

— Que voulez-vous? dis-je à mon philosophe, d'autres y ont dîné avant nous.

XIII

UN POINT DÉLICAT

Nous allâmes prendre des granits au café Florian, un café déjà célèbre sous la République, où tout le beau monde de Venise s'arrête encore le soir dans la fumée des cigares et dans la curiosité des étrangers.

C'est au café Florian qu'un soir Montesquieu rencontra Law avec son fameux diamant et ses folles utopies. « Pourquoi, lui demanda le président, n'avez-vous pas essayé, vous, le donneur de millions, à vaincre la résistance du parlement? — Parce que si les Français, répondit Law, ne sont pas d'aussi grands génies que mes compatriotes, ils sont (jusqu'à présent) beaucoup plus incorruptibles. » Que dites-vous de cette parenthèse de Law? Montesquieu part de là pour déclarer que la nature des gouvernements fait les vertus ou les vices des nations. « Un corps qui est libre pour quelques instants seulement doit mieux résister à la corruption que celui qui est toujours libre; le premier en vendant sa liberté la perd; le second ne fait que la prêter et l'énerve en l'engageant. » Venise a inspiré cette autre réflexion à Montesquieu : « J'ai vu les galères de Venise, je n'y ai pas vu un seul homme triste Cherchez donc à vous mettre au cou un grand cordon pour être heureux! »

On nous avait servi en pleine place Saint-Marc, entre

un Turc rêveur et une famille vénitienne. Cette famille était composée d'une mère, de deux filles et d'un mari ou fiancé. Je vais soumettre un point délicat au tribunal du public. Le mari, — c'était décidément un mari, — fumait nonchalamment, répondant çà et là aux questions des deux sœurs, qui étaient venues surtout pour manger des fruits glacés.

Tout d'un coup le mari secoue son cigare, quelques miettes de feu vont tomber tout droit sur le corsage orgueilleux de sa femme (le feu s'était arrêté sur la montagne). Elle se lève avec effroi, le mari ne comprend pas, je me précipite — et j'éteins le feu.

Cette fois, le mari se lève et me parle en mauvais français; je lui réponds en mauvais italien; nous parvenons à ne pas nous entendre.

Il parle plus haut, je monte à son diapason, sa femme lui explique mon mouvement « bien naturel; » car, enfin, était-il « plus convenable de me laisser brûler vive? »

C'était une comédie des plus vénitiennes : tout le monde nous regardait, tout le monde riait, surtout la jeune sœur. Il n'y avait que mon philosophe allemand qui conservât sa gravité mélancolique.

A la fin il se lève pour apaiser cet Othello improvisé. Son sérieux était plus comique encore que la situation.
— Signor...

Le mari « outragé » éclata de rire et ralluma son cigare.

Je commence à m'apercevoir qu'il me faudra parler italien à Venise. Quel italien vais-je parler avec tous ces Russes et tous ces Anglais? Ovide était obligé de parler comme les Scythes pour se faire comprendre ; Racine, voyageant en Languedoc, disait : « Je suis en danger d'oublier le peu de français que je sais. » Moi, j'ai beau faire, je ne puis m'empêcher de parler français *.

Le pays de Goldoni aime le théâtre. La Fenice rivalise avec la Scala et San Carlo. Toutefois, Milan et Naples l'emportent, parce qu'il y a plus d'argent dans ces deux villes toujours vivantes. Il m'a semblé plus d'une fois assister, aux théâtres de Venise, à des représentations données par des ombres à un rêveur demeuré par hasard debout sur les ruines du monde. Il m'est arrivé, un jour que le vrai spectacle se donnait sur l'eau, de me trouver à peu près seul à la comédie. Je suis sorti en secouant les linceuls des siècles morts.

Pour le carnaval de Venise, figurez-vous une procession de spectres qui chantent un *De profundis* sur tout ce qui fut beau et amoureux à Venise, quand Venise était la reine du monde.

---

* Racine donnait çà et là dans le concetti ; voyez plutôt ces vers écrits pendant son voyage :

La nuit a déployé ses voiles ;
La lune au visage changeant
Paraît sur un trône d'argent
Et tient cercle avec les étoiles.

C'est de l'hôtel Rambouillet tout pur. Quand les grands poëtes veulent devenir de petits poëtes, ils font comme Hercule filant aux pieds d'Omphale, ils brisent leur fuseau.

XIV

VENISE IL Y A CENT ANS

Il y cent ans, Venise avait encore son doge et ses courtisanes, son carnaval et ses gondoliers; — Venise avait encore un peintre vivant, — une femme, il est vrai, — la dernière fleur, le dernier sourire de la peinture vénitienne, Rosalba, dont l'éclat magique fait presque pâlir les mirages de La Tour.

Il y a cent ans, le président de Brosses, y voyageant avec Sainte-Palaye, écrivait : « Il n'y a plus de peintres, mais il y a encore des peintures dans les palais de quoi combler l'Océan. Nous ne songeons jamais à déjeuner, Sainte-Palaye et moi, sans nous être au préalable mis quatre tableaux de Titien et deux plafonds de Véronèse sur la conscience. Pour ceux de Tintoret, il ne faut pas songer à les épuiser. Il fallait que cet homme-là eût *una furia da diavolo.* »

Déjà les idées sur les stylets vénitiens n'avaient plus cours que parmi les badauds de France et de Navarre. Jamais un duel, jamais un assassinat; à peine s'il tombait, trois ou quatre fois l'an, un bon chrétien dans la mer; et encore c'était, disait la veuve éplorée, un insensé qui avait bu du vin de Chypre et qui était *tombé dans la rue.*

La jalousie vénitienne était aussi un paradoxe; on

n'avait pas le temps d'être jaloux. D'ailleurs, la communauté de biens était admise pour toute la famille jusqu'au trente-sixième degré. « Dès qu'une fille, entre nobles, est promise, dit le président, elle met un masque, et personne ne la voit plus que son futur ou ceux à qui il le permet, ce qui est fort rare. En se mariant, elle devient un meuble de communauté pour toute la famille; chose assez bien imaginée, puisque cela supprime l'embarras de la précaution, et que l'on est sûr d'avoir des héritiers du sang. C'est souvent l'apanage du cadet de porter le nom du mari; mais, outre cela, il est de règle qu'il y ait un amant; ce serait même une espèce de déshonneur à une femme si elle n'avait pas un homme publiquement sur son compte. » Voilà pourquoi la noblesse de Venise, qui date du cinquième siècle, est venue jusqu'à nous sans interrègne; le mari pouvait se dispenser d'être présent; il lui arrivait quelquefois de faire un voyage sur les mers lointaines, pour le service de la République, sans que sa maison eût souffert de son absence; à son retour, il la retrouvait pleine de petits enfants. Il voulait douter d'abord que ces petits enfants fussent de lui; mais il n'y avait point à douter, le Livre d'Or de Venise avait enregistré les enfants à son nom.

Il y a cent ans, la galanterie, un peu fatiguée des palais, s'était réfugiée dans les couvents. Les religieuses avaient tous les priviléges de la coquetterie : elles s'habillaient à peu près comme nos fameuses comédiennes, qui jouaient des tragédies en paniers. Tout le monde vantait le charme de leur coiffure et la coupe profane de leur robe. On voyait la gorge et les épaules, mais à travers un voile. C'était d'ailleurs un acte d'humilité : elles abandonnaient sans doute aux pauvres l'étoffe supprimée au corsage. « Il y a une furieuse brigue entre trois couvents de la ville, parce que chacun veut donner une maîtresse au nouveau nonce qui vient d'arriver. » Aujourd'hui il y a encore des religieuses, mais on ne voit plus ni gorges ni épaules.

Il y a cent ans, les gondoliers chantaient les vers du Tasse et de l'Arioste, parce qu'il y a cent ans ils conduisaient des amoureux dans leurs gondoles. Un patricien avait droit de haute justice dans l'étendue de son palais, mais la gondole était un asile sacré. « Il est inouï qu'un gondolier de madame se soit laissé gagner par monsieur; il serait noyé le lendemain par ses camarades. » C'était le voyage à Cythère de Watteau; la volupté, née de la blanche écume de la mer, était indolemment bercée par la mer dans une gondole toute de velours, de soie et d'or. Aujourd'hui, on retrouve les mêmes gondoles sveltes, élancées, courant sur l'eau comme les requins, mais on ne sait plus le chemin de l'île amoureuse.

Il y a cent ans, le carnaval durait six mois. Pendant six mois, doges, archevêques, seigneurs, prêtres, ambassadeurs, ne pouvaient sortir de la ville sans avoir un masque à la main ou sur le nez; les bacchanales païennes envahissaient les palais, les églises et les couvents; tout le monde se donnait un peu au diable, ne fût-ce que pour avoir la joie ineffable de revenir à Dieu. Aujourd'hui, on ne se donne ni à Dieu ni au diable; il y a encore des masques, il n'y a plus de carnaval. La passion faisait les courtisanes; aujourd'hui, c'est l'argent. Il y avait des théâtres où se révélait le génie vénitien par l'esprit et par la musique; il n'y a plus de génie national depuis que l'Autriche y a fait retentir sa musique, et que son esprit y court les rues.

Il y a cent ans, la place Saint-Marc était « pavée de courtisanes, » comme l'enfer est pavé de bonnes intentions : aujourd'hui, on n'y voit plus courir que des colombes. On rencontre des colombes à Venise comme on rencontre des chiens à Paris. On sait qu'aux anciens temps, le jour des Rameaux, il était d'usage de lâcher, « d'au-dessus du portail de Saint-Marc, une multitude de pigeons avec un petit rouleau de papier à la patte, ce qui les forçait de tomber après quelques instants de lutte. » Le peuple se ruait dessus et leur tordait le cou pour souper. C'était la poule au pot de Henri IV. Il arriva que chaque année trois ou quatre pigeons échappèrent à cette Saint-Barthélemy et se réfugièrent sur les Plombs du palais ducal, comme pour se consoler dans l'espoir avec les prisonniers. Ils se multiplièrent à l'infini. Le conseil des Dix, attendri, rendit un décret portant qu'ils seraient nourris aux frais de la République. Aujourd'hui, il n'y a plus de prisonniers sous les Plombs, et les pigeons apprivoisés se promènent nonchalamment en manchettes sur la place Saint-Marc, comme des bourgeois endimanchés.

Il y a cent ans, c'étaient encore l'art et le luxe qui gouvernaient à Venise. On se ruinait royalement pour dorer les lambris, les plafonds et les cadres de son palais. Vous ne devineriez pas ce que devenaient les bâtardes ou les orphelines abandonnées par leur famille à la sollicitude de la République. On avait bâti pour elles des hospices, où elles n'avaient d'autres devoirs à remplir qu'à chanter la gloire de Dieu et la gloire de Venise. Aussi c'était dans ces hospices comme un perpétuel concert d'anges. Les séraphins du paradis de saint Pierre, les péris du paradis de Mahomet, ne vous ont jamais, dans vos rêves, donné l'idée de cette radieuse musique. Elles étaient toutes belles, parce que le génie des arts couronnait leur front et rayonnait dans leurs yeux. Elles étaient vêtues de blanc, et portaient dans les cheveux un bouquet de grenades. Elles jouaient du violon, de la flûte, de l'orgue, du hautbois, du violoncelle. « Il n'y a si gros instrument qui puisse leur faire peur; leurs voix sont adorables pour la tournure et la légèreté. La Zabetta est surtout étonnante par l'étendue de la sienne et les coups d'archet qu'elle a dans le gosier. Pour moi, je ne fais aucun doute qu'elle ait avalé le violon de Somis. »

Il y a cent ans, on commençait pourtant à abandonner son palais, parce qu'on ne s'y trouvait plus assez grand; — ainsi nos aïeux abandonnaient leurs châteaux à tourelles; — aujourd'hui, il n'y a presque plus de Vénitiens dans ces beaux palais du style oriental. Les Vénitiens du dix-neuvième siècle sont des Russes et des Anglais à moitié ruinés qui habitent ces demeures princières pour faire des économies. Madama la duchesse de Luchesi Palli, — ci-devant la duchesse de Berry, — est aujourd'hui la reine de Venise. Mademoiselle Taglioni est plus riche; mais, avec ses trois ou quatre palais, elle n'est toujours qu'une déesse de l'Opéra.

Il y a trois cents ans, on ne s'habillait pas tous les

jours à Venise : voyez plutôt les courtisanes du Titien; il y a deux cents ans, on s'y habillait avec un luxe inouï : demandez à Véronèse; il y a cent ans, on s'y habillait d'une perruque et d'un manteau pour braver les fureurs de l'été; aujourd'hui, on s'y habille comme à Paris. — O pays du style étoffé et théâtral ! ô patrie de la palette ardente !

Il y a cent ans, les prêtres déjeunaient d l'autel et soupaient du théâtre. On les voyait le soir à l'Opéra folâtrer avec les courtisanes, se démasquer devant elles pour recevoir en face du public des coups d'éventail sur le nez. Aujourd'hui, les prêtres n'ont plus assez d'argent pour avoir des vices.

Il y a cent ans, l'inquisition n'était plus qu'une ombre de puissance, parce que sa justice n'avait plus les ténèbres du mystère. Devant ce tribunal odieux, le conseil des Dix plaçait trois juges souverains. Dès que l'inquisition montrait ses ongles, un des trois juges souverains se levait et suspendait le jugement. Le conseil des Dix, de son côté, était fort débonnaire; il fallait que l'accusé fût bien criminel pour être enfermé dans les Puits ou sous les Plombs. Aujourd'hui la justice de Venise, ayant à combattre Silvio Pellico, a voulu illustrer une dernière fois les Puits et les Plombs du palais ducal*.

Les prisons de Venise, qui ont été le prétexte de beaucoup de déclamations et de quelques tragédies en

---

* On voit encore un geôlier qui se glorifie d'avoir porté à Silvio Pellico son manteau pour aller au tribunal. C'est un vieux soldat de Bonaparte qui pleure en parlant du prisonnier de Sainte-Hélène, mais qui vous montre sans jamais s'attendrir les prisonniers soumis à sa garde.

cinq actes, ne sont ni trop haut ni trop bas. Les Puits ne sont pas sous l'eau; les Plombs ne sont pas au ciel. Les Puits sont des cachots fort habitables aux jours de mélancolie. La République, qui ne voulait pas la mort du pêcheur, les a revêtus de planches pour empêcher toute humidité. Les Plombs sont des espèces de mansardes d'où on jouit d'un des plus beaux panoramas du monde, c'est-à-dire Venise nageant sur la mer avec les cinquante îles qui l'environnent. Casanova ne s'y trouvait pas bien, parce que Casanova n'était pas un rêveur*. « Mais un président du tribunal de Venise, le comte Hosemberg, qui les a habités, a écrit dans un journal qu'il souhaitait à beaucoup de ses lecteurs de n'être pas plus mal logés **. »

Il y a cent ans, l'Évangile de Saint-Marc, exposé dans le *Trésor* à côté du clou, de l'éponge et du roseau de la Passion, était écrit en latin sur papyrus; aujourd'hui il est écrit en latin sur parchemin (il y reste à peine quelques lettres éparses). Il y a cent ans, il y avait, comme aujourd'hui, des incrédules; on osait douter de l'authenticité de cette sainte merveille, sous le prétexte assez taquin que les apôtres ont toujours écrit en hébreu ou en grec.

Il y a cent ans, on ne dînait guère et on ne soupait pas à Venise. Les salles à manger étaient peintes par le Bassan ou ses élèves; on y voyait épars les plus beaux

---

* On sait que Casanova rejetait la lecture de la *Consolation*, de Boèce, parce qu'il n'y trouvait indiqué aucun moyen d'évasion.

** Valéry. Le même voyageur est de notre opinion sur l'ancien gouvernement de Venise : à l'arrivée des Français, en 1797, les registres de condamnations pour crimes d'État ayant été ouverts, on ne trouva que quatorze condamnés depuis le commencement du siècle.

fruits du monde, les plus rares victoires de la chasse et de la pêche; mais sur la table il n'y avait presque rien à mettre sous la dent. C'était le regard qui dînait. « Les Vénitiens, avec leur faste et leurs palais, ne savent ce que c'est que de donner un poulet à personne. J'ai été à la conversation chez la procuratesse Foscarini. Pour tout régal, sur les trois heures, c'est-à-dire à onze heures du soir de France, vingt valets apportent, dans un plat d'argent démesuré, une grosse citrouille coupée en quartiers, qualifiée du nom de melon d'eau, mets détestable s'il en fut jamais. Une pile d'assiettes d'argent l'accompagne, chacun se jette sur un quartier et s'en retourne à minuit souper chez soi. » Aujourd'hui, cela n'a pas changé : — toujours les plats d'argent et les melons d'eau, à cette variante près qu'on m'a offert un soir, sur un plat de vermeil, une pomme de Normandie. Les pommes de Normandie sont très-recherchées à Venise. J'ai vu plus d'une grande dame y mordre à blanches dents, — comme si c'eût été la pomme amère.

Il y a cent ans, Alfred de Musset, qui était alors un amoureux de Grenade et de Venise, chantait avec son timbre d'or :

> Dans Venise la rouge
> Pas un bateau qui bouge,
> Pas un pêcheur dans l'eau,
>   Pas un falot.
>
> Ah! maintenant plus d'une
> Attend au clair de lune
> Quelque jeune muguet,
>   L'oreille au guet.

CHANSON

Pour le bal qu'on prépare
Plus d'une qui se pare
Met devant son miroir
　　Le masque noir.

Laissons la vieille horloge
Au palais du vieux doge
Lui compter de ses nuits
　　Les longs ennuis.

Comptons plutôt, ma belle,
Sur ta bouche rebelle
Tant de baisers donnés
　　Et pardonnés.

Comptons plutôt tes charmes,
Comptons les douces larmes
Qu'à tes yeux a coûté
　　La volupté.

Aujourd'hui, les plus hardis chantent sur les gondoles des cantiques en l'honneur du pape Pie IX, — le réformateur. — Le monde ne s'est que trop réformé depuis un siècle. L'esprit humain est comme le soleil, qui n'éclaire que la moitié du globe à la fois, — ou comme la mer, qui perd d'un côté ce qu'elle gagne de l'autre. Rome a un peu plus de liberté qu'il y a cent ans; mais où est la République de Venise? Dans la tabatière de M. de Metternich.

XV

PROMENADES EN GONDOLE

On ne s'étonne plus, comme autrefois, que les gondoles soient invariablement vêtues de drap noir étoilé de clous d'or. C'était la couleur de la République, c'est la couleur de la République défunte.

Les morts seuls ont le privilége de se faire conduire au cimetière dans des gondoles rouges, couleur de deuil de la République, — couleur de sang. — C'est le dernier voyage. On ne se dispute jamais les gondoles rouges.

La Malibran n'aimait pas le noir, car, pour elle, le noir était un pressentiment de la tombe. Elle osa un jour lancer une gondole grise devant la Piazetta. Ce fut toute une révolution. La pauvre Malibran fut sifflée pour la première fois de sa vie.

Rien n'est doux à l'esprit paresseux comme un voyage sans but dans ce dédale qui s'appelle Venise. Le fil d'Ariane, c'est le gondolier. On se laisse bercer indolemment, en proie aux rêveries les plus étranges. On dirait qu'on voyage outre tombe, dans un pays habité par les âmes. A peine si l'on est réveillé à chaque coin de rue par le cri musical du gondolier : — *Castellani — Nicolotti*. — Caron n'était pas plus silencieux dans son voyage achéronesque.

Quand vous serez en gondole, n'oubliez pas la promenade à Chioggia, où bat encore le cœur vénitien, où plus d'un membre du conseil des Dix allait incognito oublier son tribunal dans les joies amoureuses, où Titien allait chercher ses figures réalistes, où Léopold Robert groupait sa scène des pêcheurs, où Goldoni recueillait des saillies pour ses *Gare Chiozzotte*. N'oubliez pas l'île Saint-Lazare, où Byron allait étudier avec les Arméniens. Le couvent des laborieux méchitaristes est peut-être la plus digne de toutes les institutions monastiques. Les réformistes contemporains doivent à leurs idées un voyage à l'île Saint-Lazare. Ils n'y trouveront pas, comme dans les communautés religieuses clair-semées en Europe, la stérile renonciation au monde, à Satan, à ses pompes et à ses œuvres. Les Arméniens vivent de la vie, avec le ciel pour horizon, dans l'étude qui élève l'âme inquiète et qui console le cœur vaincu.

XVI

LES BACCHANALES DU LIDO

Je suis arrivé un soir au Lido sans y songer. Mon gondolier avait donné un rendez-vous galant : il fallait que j'y allasse. C'était le jour des Bacchanales. Tous les mois les Vénitiens saluent la nouvelle lune au Lido par des danses grotesques, des tarentelles échevelées, invraisemblables, impossibles, au son d'une musique en délire où le violon et le fifre luttent de sons aigus. On boit beaucoup, on crie beaucoup, on s'agite beaucoup. Le bal de l'Opéra, que dis-je! la descente de la Courtille est moins folle et moins rugissante. Tout le peuple est là, qui secoue ses haillons et sa gaieté. Quand les filles sont tombées sans souffle sur l'herbe arrosée de vin, les hommes dansent ensemble jusqu'à ce qu'ils tombent à leur tour. Il ne s'est pas encore trouvé de peintre pour consacrer ces Bacchanales par le caractère de l'art. O charmants amoureux de Giorgione et d'Arioste! reconnaîtrez-vous le Lido à ce tableau que j'ose à peine esquisser, vous qui alliez rêver au bord des vagues bleues de cette île poétique!

Le Lido, aujourd'hui, n'est guère que la barrière. Mont-Parnasse de Venise. Seulement le ciel y est plus beau et la mer y répand sa solennité.

Les Vénitiens appellent cela des bacchanales, comme ils appellent l'escalier du palais ducal l'escalier des Géants. O les merveilleux amplificateurs! Ils seraient dans l'Olympe au banquet des dieux qu'ils ne seraient pas plus olympiens.

Beaucoup de leurs palais sont d'humbles maisons bourgeoises de province. Leur escalier des Géants, un vrai géant ne le verrait pas en passant; leur pont des Soupirs n'a qu'une arche. Les Bacchanales du Lido sont des fêtes pastorales où on ne boit pas une goutte de vin. Si vous cherchez la maison du Titien, vous trouverez le mur d'un jardin dans un petit cul-de-sac appelé le *Détroit de Gallipoli !* Pourtant il y a dans toutes ces ruines des hommes et des choses je ne sais quoi de fastueux et de grandiose qui explique bien cette épitaphe d'un patricien de Venise, qui exprime le noble regret d'avoir été contraint d'échanger son titre contre celui de grand-duc de Toscane*.

Il n'est pas jusqu'aux Facchini qui ne parlent de leur origine antédiluvienne et de leurs travaux d'Hercule.

Les touristes vous ont mis en garde contre les Facchini. C'est un préjugé barbare que de médire des Facchini, en les peignant comme des ogres et des Barbe-Bleue. Le Facchino est un gai compagnon qui vit du soleil tant qu'il peut (on le met çà et là en prison pour ses vertus), qui rançonne de fort bonne grâce et qui donne du ragoût au voyage. Supprimez le Facchino, l'Italie n'a plus le même accent : le Facchino vous égaye, vous irrite, vous donne du montant. On a vu des philanthropes anglais et des progressistes français donner des coups de bâton aux Facchini, parce que ces pauvres diables les voulaient servir avec trop de zèle. Après tout, pourquoi tant de colère pour quelques bajocci de plus ou de moins ! Le Facchino a tout au plus les miettes de la table du voyageur en Italie. Quand on professe la philanthropie à Londres et le progrès à Paris, on doit honorer l'humanité qui souffre à Venise ou à Rome. C'est surtout dans les États du pape que j'ai rencontré le Facchino primitif. Comme j'arri-

---

* On sait que les patriciens de Venise ne voulaient pas se charger de titres, — comme les belles Vénitiennes ne voulaient pas se charger de diamants.

vais à Ferrare devant le palais de madame Lucrèce, j'éternuai — sans doute d'admiration. — Un Facchino habillé en dandy se précipita à ma rencontre et me dit un *Dieu vous bénisse!* de l'air le plus gracieux; après quoi, comme j'allais le saluer avec reconnaissance, il me tendit la main et me demanda un paolo (onze sous). Il s'était incliné, il avait parlé, il fallait bien payer. Je payai de bonne grâce, en lui demandant son tarif. Les États du pape sont peuplés d'honnêtes gens tout aussi occupés; il faudra bien du génie à Pie IX pour métamorphoser ses mendiants en hommes.

Mon gondolier me conseilla d'aller me divertir un peu au spectacle des Bacchanales pendant qu'il irait dans l'ancien cimetière des Juifs, où il était galamment attendu. Je suivis une guirlande fanée de jeunes folles, qui couraient en dansant, appelant à elles une troupe de galants enluminés, qui tournaient en rond autour de trois ou quatre bouteilles d'osier, que chacun saisissait à son tour et portait à ses lèvres sans avoir le droit de s'arrêter. Les pauvres délaissées avaient beau appeler : les galants n'avaient plus de baisers que pour la bouteille. Cependant elles étaient belles par la jeunesse et la gaieté. Véronèse et Varotari auraient enivré leurs yeux aux tableaux rayonnants de leurs chevelures dorées ruisselant sur leurs épaules de marbre.

Quel luxe de vie et de volupté ! il ne leur manquait qu'une couronne de pampres. Elles étaient vêtues de quelques haillons prétentieux: elles portaient au cou et aux doigts des verroteries de Murano; mais elles étaient surtout vêtues de leur jeunesse et parées de leurs folies.

Tout à coup elles furent dispersées par un véritable ouragan, c'est-à-dire par un groupe de danseurs qui s'abattirent sur elles comme sur une proie toute fraîche. C'étaient les Romains sauvages se précipitant, comme aux jours du combat, sur la vertu effarée des Sabines.

XVII

LA MAITRESSE DE LORD BYRON

Il y avait ce soir-là, au Lido, dans un cercle de cabarets improvisés, deux à trois mille Vénitiens qui étaient venus pour être acteurs ou spectateurs aux Bacchanales.

C'était une peuplade très-animée et très-pittoresque. L'île était assiégée de barcarols du côté de Venise; du côté de la pleine mer, le rivage était couvert de baigneurs. Je m'étais arrêté non loin de San Micheli, cette forteresse qui semble taillée en plein roc, devant une marchande d'huîtres. Je voulais savoir pour la première fois si les huîtres de l'Adriatique ont la saveur des huîtres d'Ostende. Les huîtres étaient excellentes. La marchande exposait les débris d'une beauté grave, altière, expressive; elle avait conservé tout l'éclat de ses beaux yeux.

Comme je mangeais mes huîtres, le comte de F***, que j'avais rencontré au palais Barbarigo, vint s'arrêter devant moi.

— Est-ce qu'elle vous a dit son histoire? me demanda-t-il.

— Son histoire! La destinée s'est donc amusée avec une marchande d'huîtres?

— Elle a été pendant six semaines la maîtresse du plus grand poëte du monde..

— La maîtresse de Byron!

Elle avait entendu ce nom magique.

— Lord Byron, dit-elle avec un sourire mélancolique et une voix dolente.

— Voyons, lui dit le comte de F***, racontez-nous cela en deux mots. Nous mangerons des huîtres tant que durera votre récit.

Elle se fit un peu prier.

— C'est de la folie, murmura-t-elle en levant les yeux au ciel comme pour y lire ce beau roman de sa vie depuis longtemps oublié.

« C'était ici, il y a longtemps; j'étais à danser comme celles qui dansent là-bas; il se promenait à cheval sur le rivage; il vint jusqu'au milieu des Bacchanales. J'étais la plus folle, il me trouva la plus jolie.

« — Donnez-moi cette belle fille, dit-il à celui qui dansait avec moi, donnez-la-moi, vous verrez comme je vais la faire valser à cheval!

« Mon danseur me saisit et me jeta dans les bras du cavalier, qui me pressa sur son cœur et éperonna son cheval Ah! quelle danse désordonnée! J'avais si peur de tomber, que je n'avais pas peur pour ma vertu. Je me blottissais sur mon cavalier comme la biche sous la ramée pendant l'orage.

« C'était la première fois que je me sentais à cheval ; je me croyais sur une vague à l'heure du flux. A chaque seconde, je tremblais de m'abîmer dans la mer. Je vous le dis : un vrai conte de fées !

« Le soir était venu, la nuit tombait sur nous, j'entendais les chants joyeux des Bacchanales à travers le galop du cheval et le mugissement des vagues. Je descendis de cheval pour entrer dans une gondole toute de velours et de soie. Ah ! quel voyage ! — Mais vous ne mangez plus, messieurs ? »

En effet, nous dévorions ce roman qu'elle nous racontait en dialecte vénitien, avec des images pompeuses, comme si Byron parlait par sa bouche.

Elle continua ainsi :

« Nous abordâmes au palais Mocenigo. J'étais heureuse, effrayée, éperdue. Un palais, un grand seigneur, des laquais, quand ma mère m'attendait près du Rialto pour souper dans notre chenil ; ma mère, une marchande de poissons ! Ces laquais ouvraient des yeux grands comme les arcades du palais ducal ; je n'osais passer devant eux ; mais lui, qui m'aimait déjà, me soutint à son bras et me conduisit dans sa chambre.

« Dès qu'il eut fermé la porte, il me donna un cachemire turc et m'ordonna de jeter ma robe par la fenêtre ; il m'attendait pour souper, il ne voulait pas que ma pauvre robe fût du festin.

« J'étais fort en peine. J'avais un lambeau de mantille, que je laissai tomber à mes pieds. Je dégrafai ma ceinture, tout en m'éloignant dans l'ombre des rideaux.

J'étais décidée à ne pas aller plus loin; mais il parut s'impatienter, et je laissai tomber ma ceinture sur le tapis. — Hâtez-vous, me dit-il, je vous attends pour souper. Jamais je n'en aurais fini s'il ne m'eût aidée un peu. Et comme il y allait!

« Le lendemain, il m'avertit qu'une gondole m'attendait à la porte du palais pour me conduire chez ma mère. — Je ne veux pas m'en aller, lui dis-je. Il pria, il ordonna; je fus inébranlable. — Est-ce que j'oserais jamais, lui disais-je, me montrer au soleil du Rialto? ma mère me battrait; mais ce n'est pas ma mère que je crains, c'est le soleil. — Eh bien, me dit-il en m'embrassant, vous partirez ce soir quand le soleil sera couché. — Jamais! m'écriai-je avec exaltation.

« Nous passâmes la journée gaiement et tristement. Que voulez-vous! il s'amusait et s'ennuyait avec moi. Je ne savais que lui dire, sinon que je l'aimais et voudrais mourir pour lui — Allons, messieurs! encore quelques huîtres.

« Le soir venu, il me prit doucement la main. — Adieu, me dit-il en m'entraînant, le soleil est couché! adieu! nous nous reverrons bientôt!

« Je ne savais plus résister, je me laissai conduire comme un enfant. Quand nous fûmes sur le péristyle, il me fit signe de descendre dans sa gondole; le gondolier m'attendait, rame en main. — Adieu! dis-je d'un air décidé. Il voulait m'offrir la main, mais déjà je m'étais élancée dans le canal...

En vérité, messieurs, vous n'aimez pas les huîtres!

« Vous comprenez bien que je ne restai pas longtemps dans l'eau. Ce fut lui qui me sauva. Quand je revins à moi, j'étais encore dans sa chambre; un médecin venait d'entrer; pour lui, il me soulevait la tête avec la tendresse d'un frère. Il était touché jusqu'aux larmes de mon adieu dans l'eau. — Margarita, me dit-il avec passion, vous resterez avec moi toujours. — Toujours! murmurai-je tristement. Le *toujours* de lord Byron dura six semaines, six siècles, il est vrai, si les siècles se comptent par les heures de joie. Quels beaux jours! quelle fête pour le cœur! quelle adorable folie!

« Nous allions tous les jours dans cette chère gondole, où je cachais mon bonheur, du palais Mocenigo à quelque île lointaine, souvent au Lido, où nous retrouvions le beau cheval, qui hennissait en nous voyant. Ah! comme j'aimais la mer! la mer qui me parlait d'amour et de mort!

« Lui, quand il me parlait, je ne comprenais jamais. Et pourtant j'écoutais avec délices. J'entends encore sa voix. Il paraît que j'avais fait une belle action en me jetant à l'eau, car il me disait souvent que, dans toute l'Angleterre, il ne trouverait pas une femme qui fît si bien cela.

« Je n'ai pas recommencé, du reste, et j'aimerais mieux être condamnée à vendre des huîtres et des poissons pendant trois ou quatre siècles que de boire un second coup en pleine eau.

« Ai-je besoin de vous dire la fin? C'est toujours la même histoire, la fin ne vaut pas le commencement. Au bout de six semaines, il me pria d'aller vivre avec ma mère, me jurant que son palais me serait toujours ouvert. Il attendait un ambassadeur, il ne pouvait le recevoir en ma compagnie. Cette fois, j'allai toute seule à la gondole... et je ne me jetai pas dans le canal...

« Je ne le revis plus que de loin en loin; il m'avait bien aimée, il m'oublia bientôt. Un jour on me refusa la porte du palais Mocenigo; le lendemain il m'envoya une bourse pleine d'or. J'étais près de ma mère, devant le palais Grimani. Je jetai la bourse dans le canal, je courus à la maison, je me délivrai de ma robe de soie, je déchirai mes dentelles, je m'habillai avec une vieille robe de ma mère, et me voilà... J'ai vendu des poissons et des huîtres... J'ai pris mon parti, j'ai fermé le livre à la plus belle page. Que voulez-vous! je ne savais pas lire. »

Nous écoutions encore. — Messieurs, vous n'en avez mangé que cinquante-trois. A un demi-zwanziger par huître : total, vingt-sept zwanziger.

Ce furent ses dernières paroles. Nous trouvâmes les huîtres un peu chères. Le total était arbitrairement résolu, mais nous payâmes sans nous plaindre.

Cette marchande d'huîtres avait eu son heure de poésie. Byron lui-même, le suprême génie, n'avait jamais eu une si belle inspiration que Margarita lui disant adieu et s'élançant dans la mer. C'est la passion qui fait le poëte.

Je regardai cette femme avec une curiosité de plus en plus ardente, cette femme qui s'était montrée une amante sublime, et qui n'avait plus rien de la femme, depuis qu'elle avait fui le rivage odorant de la jeunesse, et que la soif du gain avait flétri ses lèvres.

Byron a raconté quelques fragments de son histoire avec Margarita. Son récit ne s'accorde pas de point en point avec celui de cette héroïne tempêtueuse. Ainsi il ne dit pas qu'il l'ait sauvée lui-même. Voici d'ailleurs un portrait de Margarita par Byron :

« Elle prit sur moi un ascendant que je lui disputais souvent, mais qu'elle gardait toujours. Cet ascendant, c'étaient son œil noir, sa physionomie sombre et expressive; elle avait le caractère vénitien dans le dialecte, dans la pensée, dans les manières, dans sa naïveté folâtre. De plus, elle ne savait ni lire ni écrire, elle ne pouvait me fatiguer de ses lettres. J'en reçus cependant deux, qu'elle fit écrire par un notaire, un jour que j'étais malade. Fière, impérieuse, arrogante, elle avait l'habitude de faire ce qui lui convenait sans trop s'inquiéter du temps, du lieu, ou des personnes qui étaient là; et, si les femmes du palais s'avisaient de vouloir la contredire, elle les battait.

« Quand je la connus, j'étais en *relazione* avec la signora ***, qui, la rencontrant un jour, fut assez malavisée pour lui faire des menaces; car elle avait entendu parler de notre promenade à cheval. Margarita lui arracha son voile et lui cria : — Vous n'êtes pas sa femme, et je ne suis pas sa femme! Vous êtes sa maîtresse, et moi, je suis sa maîtresse! Du reste, quel droit avez-vous de me faire des reproches? S'il m'aime mieux que vous, est-ce ma faute? Si vous voulez le garder, attachez-le au cordon de votre jupe. Mais parce que vous êtes plus riche que moi, ne croyez pas que vous puissiez me parler sans que je vous réplique! Et, après ce morceau d'éloquence, elle s'éloigna, laissant auprès de la signora une nombreuse assemblée pour disserter sur le galant dialogue survenu entre elles.

« Il lui vint mille caprices insensés. Elle était charmante avec son *faziolo* : elle voulut avoir un chapeau et des plumes; toutes mes raisons pour m'opposer à ce ridicule travestissement furent inutiles. Ensuite elle voulut avoir un vêtement de grande dame. Il lui fallait la robe à queue; toute résistance devenait impossible, et elle traîna avec elle sa maudite queue partout où elle allait.

« Elle m'aimait avec violence. Un jour d'automne que j'étais allé au Lido avec mes gondoliers, une bourrasque nous surprit et nous mit en danger. La gondole était pleine d'eau, la rame perdue, la mer orageuse ; la pluie tombait par torrents, nous voyions la nuit s'avancer, et le vent ne s'apaisait pas. Enfin, après de grands efforts, nous rentrâmes à Venise, et j'aperçus Margarita sur les marches du palais Mocenigo, les yeux baignés de larmes, les cheveux épars et flottant sur son sein, trempés par la pluie. Avec son visage pâle et ses regards errant sur la mer qui grondait à ses pieds, elle ressemblait à Médée descendue de son char, ou à la divinité de la tempête. Pas une autre créature vivante n'était là pour saluer notre arrivée. Quand elle me vit, elle n'accourut pas à moi, comme on aurait pu s'y attendre, mais elle cria : *Ah! cun della Madonna, na esta per andan all' Lido.* Et puis elle battit tout le monde, gondoliers et domestiques. »

Byron ne dit pas s'il fut battu lui-même. Cela ne me paraît pas douteux. Au théâtre n'est pas sifflé qui veut, disait Voltaire. — En amour n'est pas battu qui veut, disait Byron.

Nous revînmes à Venise, à la nuit close, par un beau clair de lune. Ne me parlez pas du Colysée au clair de la lune. Le plus beau spectacle nocturne de l'Italie, c'est Venise avec son silence, son aspect oriental, ses palais qui se mirent dans l'eau, la gondole solitaire, les dômes argentés, la voix solennelle des églises. La lune est le soleil des ruines. C'est par ce soleil éteint qu'il faut voir aujourd'hui cette ville qui s'éteint.

XVIII

LES COURTISANES

Jean-Jacques Rousseau a été pour ainsi dire ambassadeur à Venise, puisque M. de Montaigu abandonnait tout, moins les appointements, à son secrétaire. Dans les *Confessions*, d'où vient qu'on ne trouve pas une seule page pour peindre la ville des doges telle qu'elle apparut aux yeux du philosophe de Genève? Pas un mot de Titien ni de Véronèse, ni des palais, ni des tableaux. Aux dix-septième et dix-huitième siècles, l'art ne pénétrait plus dans la littérature. Winckelmann disait : « Les écrivains ne sont pas plus en état de parler des tableaux ou des statues que les pèlerins ne le sont de faire la description de Saint-Pierre de Rome. » On avait la foi, on n'avait pas les yeux. Jean-Jacques ne savait voir que les montagnes, les forêts et les lacs. On doit toutefois reconnaître que Rousseau a peint avec la palette du Padouan un portrait de courtisane vénitienne; regardez :

« Je vois approcher une gondole. — Prenez garde à vous, voici l'ennemi. La gondole aborde : une fille éblouissante, brune de vingt ans, coquette et vive, vint s'asseoir à côté de moi et me parla italien avec un accent qui me fit tourner la tête. Elle prit tout à coup possession de moi comme d'un homme à elle. Zulietta me donnait à garder ses gants, son éventail, son *linda*, sa coiffe; m'ordonnait d'aller ici ou là, de faire ceci ou cela, et j'obéissais. Écoute, Zanetto, me dit-elle, je ne veux pas être aimée à la française, ne me reste pas à demi ; au premier moment d'ennui, va-t'en. Le soir, nous la ramenâmes chez elle. Tout en causant, je vis deux pistolets sur sa toilette ; c'étaient ses compagnons de plaisir. Je la trouvai, le lendemain, *in vestito confidenza*. Les jeunes vierges des cloîtres sont moins fraîches, les beautés du sérail sont moins vives, les houris du paradis sont moins piquantes. Ses manchettes et son tour de gorge étaient bordés d'un fil de soie garni de pompons ou plutôt de roses. C'était la porte de l'Élysée. »

Il y a encore des courtisanes à Venise, mais il n'y a plus de Zulietta. Ceux qui veulent les connaître, au point de vue de l'art, devront se contenter de leurs folles chevelures, de leur cou fier et de leur gorge somptueuse. Pour le reste, elles sont indignes des courtisanes qui posaient devant Phidias et Praxitèle. Elles font comprendre que, si on a remplacé la ceinture de Vénus par la robe discrète, c'est que l'humanité voulait cacher ses flancs appauvris et ses jambes grêles. Aussi les courtisanes consentent à poser devant l'amour, qui aime le mystère, mais elles refusent hautement de poser devant l'art, qui aime le soleil.

XIX

ADIEU!

Venise est l'exil dans l'exil ; c'est déjà l'autre monde ; c'est plutôt le souvenir de la vie que la vie elle-même. Voilà l'opinion de madame de Luchesi Palli (la duchesse de Berry), qui habite un des plus beaux palais de la ville de marbres et de briques. Elle est devenue Vénitienne, parce qu'elle est née à Naples, mais elle est Française par le souvenir — par l'espérance peut-être. — En entrant chez elle, l'hospitalité vous accueille si gaiement, que tout étranger se croit dans son pays. On y trouve plus d'une page d'histoire de France : un soulier de Louis XIV peint par Rigaud que M. le comte de Chambord voudrait bien chausser; le livre de prières de Marie-Antoinette; la *Famille pauvre* de Prudhon, éloquente plaidoirie démocratique que chaque roi devrait avoir dans la salle du trône; des lettres de Henri IV que Henri V a relues souvent; — tout un Musée, tout un Louvre, tout un Versailles.

Madame de Luchesi Palli, depuis qu'elle est en Italie, semble avoir défié les hivers. Il n'a point encore neigé sur son front. Il y a des femmes devant lesquelles le temps passe sans compter. Les païens avaient inventé les Heures couronnées de roses.

La plupart des palais célèbres sont abandonnés aux étrangers. Quelques-uns ne sont pas habités, mais l'Europe voyageuse y va trôner çà et là. Ils ont tous quelques chefs-d'œuvre à étaler; mais, peu à peu, la Russie et l'Angleterre auront dévasté Venise. Ainsi, reverrai-je à mon prochain voyage la *Madeleine* du Titien et la *Suzanne* du Tintoret au palais Barbarigo, où elles sont en vente, deux profanes pour lesquelles je donnerais quatre madones de Raphaël?

Oui, je retournerai dans ce pays, qui ose être beau sans arbres et sans chevaux; où la fraîche Adriatique répand, en été, je ne sais quelle fraîcheur du paradis idéal; où le vent oriental est si doux l'hiver, qu'il est surnommé, par les Vénitiens, le « manteau des pauvres. » J'irai manger, ô Venise! tes bœufs de Styrie, tes muges de Chioggia, tes poulets de Rovigo, tes bécassines de la Brenta, ton turbot chanté par Boccace, tes ortolans de la mer bleue, tes beaux fruits d'Este et de Montagnana. J'irai boire, ô ville aquatique! ton vin de Chypre et ton *val Pollicella.* J'irai, ô cité voluptueuse, île du monde olympien oubliée dans le monde nouveau, porte du paradis ouverte par Satan, j'irai revoir tes femmes dorées qui ont tué Giorgione et Léopold Robert.

Que celui qui doit aller à Venise ne lise pas ces pages perdues. Il faut que le pays du voyage soit une forêt vierge, où les aventureux puissent faire à leur tour des découvertes. A quoi bon le mot de l'énigme avant d'avoir lu l'énigme? Le vrai voyageur est comme l'amant passionné : il dédaigne les portes ouvertes à tous, puisqu'il passe par la fenêtre[*].

---

[*] Les voyageurs qui aiment les points sur les I et qui ont horreur de l'imprévu (l'imprévu! le cheval indompté du voyage!) à leur arrivée à la ville impossible iront demander aux bouquetières de la place Saint-Marc ce qu'il faut faire à Venise de son temps, de son cœur et de son argent.

FIN

TABLE

VOYAGE EN HOLLANDE

I.	Julienne et ses deux canonniers..............	1
II.	La Tour. — Paul Potter. — Van Ostade..........	5
III.	Bruxelles...................................	7
IV.	En vue de Berg-op-Zoom.....................	10
V.	Pourquoi on a inventé l'imprimerie............	15
VI.	Entrée en matière...........................	19
VII.	Comme quoi il n'y a pas de buveurs d'eau en Hollande...	26
VIII.	La belle Hélène de Harlem....................	28
IX.	Les Tulipes.................................	34
X.	Le paradis perdu............................	37
XI.	Les tableaux................................	52
XII.	Comment on devient poëte....................	56
XIII.	Les tabagies................................	66
XIV.	Une ferme hollandaise.......................	70
XV.	L'Iliade et l'Odyssée........................	76
XVI.	Divagations................................	88
XVII.	Philosophie du voyage.......................	90

VOYAGE A MA FENÊTRE

I.	Comment me vint l'idée de ce voyage...........	95
II.	Ce qu'on voit par la fenêtre..................	97
III.	Le conte qu'il faut conter aux femmes..........	104
IV.	Que la jeunesse est la muse de la vie. — Que ceux qui ont été jeunes à vingt ans le sont toujours.........	118
V.	Histoire d'une belle jeune fille que je ne connais pas....	125

VI.	Ma voisine de profil.	130
VII.	Paris à vol d'oiseau.	135
VIII.	La vie de château	149
IX.	Liberté. — Egalité. — Fraternité.	151
X.	La vie est un roman.	154
XI.	Une page du bréviaire de M. de Cupidon.	157
XII.	Histoire de ma voisine.	160
XIII.	Mon voisin. — Histoire d'une sensitive.	212
XIV.	Au delà des Alpes.	218
XV.	Ce qu'on entend par la fenêtre.	222
XVI.	Par la pluie.	229
XVII.	Que la pensée humaine va toujours par quatre chemins.	235
XVIII.	Histoire du peintre d'enseignes.	259
XIX.	Le temps.	266
XX.	Paradoxes.	269
XXI.	La fin du voyage.	273
XXII.	Où le lecteur fermera mon livre et ouvrira sa fenêtre.	276

VOYAGE A VENISE

I.	Préface de voyage.	277
II.	De Vicence à Padoue.	280
III.	Venise.	282
IV.	Saint-Marc.	287
V.	Un tableau vivant de Véronèse.	290
VI.	La maîtresse du Titien.	292
VII.	Titien et Giorgione.	298
VIII.	Tableau des peintres vénitiens.	305
IX.	L'Académie des beaux-arts.	309
X.	La jeune fille qui se nourrit de roses.	312
XI	Une danseuse oubliée.	323
XII.	Du danger de dîner à Venise.	326
XIII.	Un point délicat.	328
XIV.	Venise il y a cent ans.	331
XV.	Promenades en gondole.	340
XVI.	Les bacchanales du Lido.	343
XVII.	La maîtresse de lord Byron.	345
XVIII.	Les courtisanes.	355
XIX.	Adieu!	354

www.ingramcontent.com/pod-product-compliance
Lightning Source LLC
Chambersburg PA
CBHW050746170426
43202CB00013B/2313